智財權新研發
——財經科技新興議題

曾勝珍 | 著

五南圖書出版公司 印行

序文——感動

2019年的春天，動筆寫這篇「感動」的序文。

首先感謝五南圖書出版公司靜芬副總編、佳瑩責編與眾執編的協助，一直支持我，將我的研究心得與讀者們分享，每每聽聞讀者們的回應，一直在臺中南屯區嶺東科技大學任教的我，總是感動能得到大家的肯定。

自2002年跟隨陳文吟老師學習智財法至今，本書是我個人包括改版在內的第22本專書，如同陳老師對我的鼓勵與提攜，這本書收錄數篇我的愛徒們與我的共同著作。無論對我的恩師，或是我的研究生們，一路走來，我都是感動。

當年我就讀博班時小兒子是幼稚園大班，其他三個孩子們都在小學。2018年12月我美麗乖巧的大媳婦生下小孫兒，到現在的每一天，每一時刻，我都充滿了對生命的感動。

我的家人們與狗狗們對我的愛，是我生活中日日夜夜的感動，我期許自己在各方面皆能更加精進，扮演好每一種角色（我是奶奶了！）。

曾勝珍 謹誌
2019年4月15日

目錄

第六章　離職後競業禁止之相關法規研析
曾勝珍、王惠玲

205

|第一章|
社群網站與著作權UGC條款
適用之探討

曾勝珍、張鉉昌

第一節　前言

　　在過去的十年，社群網站（social media）的廣泛使用，對媒體宣傳模式改變極大，包括美國證交會（The Securities and Exchange Commission, SEC）亦認為，Twitter與Facebook對組織宣傳與新聞公告有極大助益[1]，公司使用社群網站揭露資訊的原則在於公平，不能獨厚某些投資人也不能全然依賴。2008年SEC指出公司可以在其官方網頁公告敏感資訊，然而公司執行者或受僱人的個人臉書，便需要限縮公司資訊被公布的內容，尤其是重要資訊只能經由官方網頁公告[2]。社群網站已經變成消費者購物，閱讀新聞與購物，甚或與他人社交的工具。過去所謂秀才不出門能知天下事，社群網站使得人們不需要經過搜索，光是被動的接受，便能得知許多即時的最新訊息，天涯若比鄰的觀念呈現在網路上，無國界跨地域的新領域概念。

　　公司與企業可以藉網路平台，作為對投資人與股東布達與溝通的管道，媒體的廣泛運用。2013年9月的研究報告指出，使用網路的成年人有73%使用社群網站，因此善用此類平台有事半功倍的功能[3]。以美國18歲至35歲的青年人為例，半數熱衷於球隊的支持活動，其中35%的比例並利用社群網站作為溝通與聯繫的管道，眾多職業球隊也發現利用社群網站，可以更有效率地促進對球隊的管理，並利用社群網站的經營為球隊獲取更多利益，社群網站成為絕佳的經營策略工

---

[1]　Jessica Holzer& Greg Benzinger. *SEC Embraces Social Media*. Wall St. J. (April 2, 2013, 7:49 PM), http://www.wsj.com/articles/SB100014241278873236116045783988862292997352 (last visited: 10/9/2015).

[2]　*Id.*

[3]　Ben Larkin, Stephen McKelvey, *Of Smart Phones And Facebook: Social Media's Changing Legal Landscape Provides Cautionary Tales Of "Pinterest" For Sport Organizations*, 25 JLEGASP 124 (2015).

具[4]。

　　社群網站的法律規制與相關規範的不確定性，是目前社群網站使用上最大的障礙。臺灣目前的概念仍處於模糊不清的階段，參考美國與其他國家的過程和模組後，是否可以在臺灣既定的法規外，找尋出其他的解決管道與建議，引發本文的研究動機。是否有其他國家相同的經驗與立法範例，可作為比較參考的模組；當選擇和移植另外一個國家的立法規範，如何挑選適合的法條及適用的程序，如何在引用的同時能兼容並蓄，配合不同地域的差異性，並保留原立法的優點，以下將分別探討。

第二節　社群網站與著作權UGC條款適用現況

　　2014年1月74%網路上的成年人使用社群網站，最常被使用的是臉書，但其他網站也呈逐漸增加的趨勢[5]。2015年11月的資料顯示[6]平均每個月有10億5千5百萬的人口使用臉書；2015年11月的資料顯示Twitters每個月有3億2千萬人使用；2014年4月的資料[7]顯示LinkedIn則是每月1億8千7百萬人使用；2015年9月的資料Yelp每個月是1億6千8

---

[4]　Ben Larkin, *supra note*, at 123-4.

[5]　Maeve Duggan & Aaron Smith, *Social Media Update 2013*, PEW RESEARCH CTR. (Dec. 30, 2013), http://www.pewinternet.org/2013/12/30/social-media-update-2013/?utm_expid=53098246-2.Lly4CFSVQG2lphsg-KopIg.0&utm_referrer=https%3A%2F%2Fwww.google.com.tw%2F (last visited: 12/8/2015).

[6]　*Social Media Active Users by Network*, SOCIAL MEDIA HAT (Nov. 05, 2015), http://www.thesocialmediahat.com/active-users (last visited: 12/8/2015).

[7]　*Social Media Active Users by Network*, SOCIAL MEDIA HAT (July 31, 2014), http://www.thesocialmediahat.com/active-users (last visited: 12/8/2015).

百萬人[8]。

近年來，各個國家都積極的在其著作權法內加入使用人同意條款。如歐盟認為，應該添加該條款在2008年出版的「歐盟資訊社會導引」（the EU Information Society Directive）中，近年來順應知識經濟的著作權綠皮書中[9]，因為網路電子化與現代化的影響，歐盟也積極呼應著作權法應當結合當今社會趨勢，增加對網路使用與迎合當今時勢的除外規定[10]；與此同時，美國貿易局也發表綠皮書[11]，增加對混合著作的再次創作和電子時代的第一次銷售原則規範。澳洲法律改革委員會則針對原本狹隘的合理交易規範，是否應該開放平台配合當今電子時代，做有關於著作權合理使用的增修規定[12]，目前像YouTube的影音製作的使用，重新混音與編曲（remixes）、什錦歌曲（mash-ups）、切割片段（cut-ups）、滑稽模仿即惡搞（spoofs）、拙劣地模仿（parodies）、諷刺（satires）、漫畫（caricatures）、集錦模仿的混成曲（pastiches）、機械影片（machinimas）等諸多方式，皆對傳

---

[8] *About Us*, YELP, An Introduction to Yelp Metrics as of September 30, 2015 test2 http://www.yelp.com/about (last visited: 12/8/2015).

[9] Commission of the European Communities, *Copyright in the Knowledge Economy* (Green Paper, COM(2008) 466/3, 2008) at 20, http://ec.europa.eu/internal_market/copyright/docs/copyright-infso/greenpaper_en.pdf (last visited: 8/31/2015).

[10] Peter K. Yu, *Can the Canadian UGC Exception Be Transplanted Abroad ?* 26 I.P.J. 176 (2014). Also see Commission of the European Communities, Public Consultation on the Review of the EU Copyright Rules (2013), http://ec.europa.eu/internal_market/consultations/2013/copyright-rules/index_en.htm (last visited: 8/31/2015).

[11] Internet Policy Task Force, U.S. Department of Commerce, *Copyright Policy, Creativity, and Innovation in the Digital Economy* (2013) at 38, http://www.uspto.gov/sites/default/files/news/publications/copyrightgreenpaper.pdf (last visited: 9/1/2015).

[12] Australian Law Reform Commission (ALRC), *Copyright and the Digital Economy: Final Report* (2013) at 123, http://www.alrc.gov.au/sites/default/files/pdfs/publications/final_report_alrc_122_2nd_december_2013_.pdf (last visited: 9/1/2015).

統著作權法產生極大的不同影響[13]。

　　2013年美國SEC認為Netflix Inc.公司的執行長Reed Hastings在社群網站上告知投資者，自誇該影音串流（streaming-video）公司在一個月內首次使用率超過10億小時，因而使Netflix Inc.公司股價上揚，SEC隨即展開對Netflix Inc.公司的調查，攸關是否故意公告公司的某些資訊[14]。社群網站的活躍性也引起美國政府對制定相關法規與規範的重視，聯邦貿易委員會（the Federal Trade Commission, FTC）增加消費者保護的條文[15]，FTC下設置全國廣告部（the National Advertising Division, NAD）管理全國廣告的真實與準確性，藉以確保網路媒體廣告對公眾造成的影響[16]，而其中最重要的文件為「FTC對廣告背書與證明書的指引管理」（the FTC Guides Concerning Use of Endorsements and Testimonials in Advertising，以下簡稱Guides），文件中的原則和指示雖然不具備司法效力，但是成為廣告業界遵奉的圭臬，包括社群網站上的廣告與文宣都須遵守[17]。

　　FTC要求社群網站上的產品宣傳，必須標示使用人與贊助商之間的關聯。2012年NAD展開Nutrisystem減肥食品公司展示在Pinterest網站照片的調查，以決定是否符合FTC要求作為網站平台證明書的商品，必須公開產品內容與原料說明[18]，在其照片黏貼版上公開張貼消

---

[13] Peter K. Yu, *supra note*10, at 177.

[14] Jessica Holzer& Greg Benzinger. *SEC Embraces Social Media*. Wall St. J. (April 2,2013, 7:49 PM), http://www.wsj.com/articles/SB100014241278873236116045783 98862292997352 (last visited: 10/9/2015).

[15] 15 U.S.C. § 45 (2006).

[16] NAD Case Reports, http://www.bbb.org/council/the-national-partner-program/ national-advertising-review-services/national-advertising-division (last visited: 11/7/2015).

[17] Ben Larkin, *supra note*3, at 137-138.

[18] Paul C. Van Slyke, *Testimonials and Pinterest: Lessons FromNutrisystem*. Law360. com (July 25, 2012, 1:48 PM), http:// www.law360.com/articles/362355/testimoni-als-and-pinterest-lessonsfrom-nutrisystem (last visited: 11/8/2015).

費者減肥成功實例[19]。FTC調查後發現，相關案例只是少數成功減肥者的案例，Nutrisystem必須公開一般消費者的減肥案例，使大眾皆能獲知Nutrisystem減肥系統產生的效果[20]；2014年FTC發出一封信，要求一家鞋子零售商停止在Pinterest網站舉行的促銷競賽，競賽中該家鞋商要求所有與賽者必須在Pinterest網站，設置照片黏貼版展示其商品，然而卻未要求必須標示該競賽項目，僅僅在照片欄中簡單標示競賽項目，未符合FTC的要求──必須闡明照片與贊助商之間的關聯[21]。

　　Facebook與Twitter是目前最廣為使用的社群網站，運動團體與球隊組織也積極開拓其他如照片共享網站，Pinterest能使球隊取得相當利潤[22]。2014年9月經由the Pew Research Center中心所做的問卷調查，針對滿18歲的成人使用社群網站的比例分析，2012年使用臉書（Facebook）有67%，2013年提高為71%，2014年維持為71%（見圖1.1），仍是最受歡迎的網站[23]。問卷中亦顯示，52%的成人使用2到3種的社群網站，相較2013年42%的使用率增加極大[24]；此外，問卷中占總調查人數56%的老年人（超過65歲）半數以上使用臉書，使用比例為31%[25]。其他首次的還包括18到29歲的年輕族群使用Instagram的比例過半（53%）；擁有大專以上學歷使用LinkedIn網站的人口也首

---

[19] *Id.*

[20] 16 C.F.R. Pt. 255. 2 (b).

[21] Matthew Liebson, Daniel McInnis, Thomas Zych& Darcy Brosky, *When Does Social Media Use Create a Product Endorsement*?" Lexology.com (July 15, 2014), http://www.lexology.com/library/detail.aspx?g=af99e026-55ba-4cf5-8aa1-0b6ca6116b4d (last visited: 11/9/2015).

[22] Ben Larkin, *supra note*3, at 127.

[23] *Social Media Update 2014*. Pew Research Center (Jan. 9, 2015), http://www.pewinternet.org/2015/01/09/social-media-update-2014/ (last visited: 10/2/2015).

[24] *Id.*

[25] *Id.*

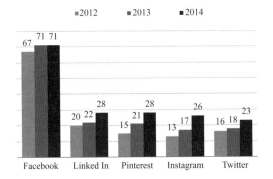

Social media sites, 2012-2014

% of online adults who use the following social media websites, by year

■2012　　■2013　　■2014

Pew Research Center's Internet Project Surveys, 2012-2014. 2014 data collected September 11-14 & September 18-21, 2014. N=1,597 internet users ages 18+.

PEW RESEARCH CENTER

圖1.1　2012-2014較常被使用的社群網站比較

次達到50%的比例[26]。

　　在投資理財行業，社群網站也成為理財顧問對客戶公布訊息，或者是招攬未來潛在客戶的理財工具。到2014年1月的統計，74%的成年人使用社群網站[27]，而達五分之三比例的理財顧問們也善用此類工具，公布促銷的訊息，張貼對理財顧問們的教育訓練或增加對潛在顧客們的宣傳[28]，超過53%比例的理財顧問，也認為將在未來幾年，增加使用社群網站的比例[29]。超過55%的投資顧問，認為使用社群網站

---

[26] *Id.*

[27] *Social Networking Fact Sheet*, PEW RESEARCH CTR., http://www.pewinternet. org/fact-sheets/social-networking-fact-sheet/ (last visited: 11/30/2015).

[28] Sarah Tanaka, *It Is Time For Investment Advisers To Join The Conversation About Social Media*, 31 J. Marshall J. Computer & Info. L. 425 (2014).

[29] THE SECOND ANNUAL STUDY OF ADVISORY SUCCESS, PERSHING 14

最大的危機，乃涉及法律規範的不確定性[30]，因為網站上公布的廣告資訊有可能來自於其他獨立的第三人，如果採樣的保證案例內容不實或取樣不足，會違反證明書規則（the Testimonial Rule），禁止任何廣告上的證明書或推薦書直接或間接地與該產品有關[31]。

醫療產業目前也採取社群網與病患互動，如同之前的投資理財顧問，必須恪守保密義務[32]。雖然網路可以縮短醫病之間的關係，然而當回覆病患疑義時，要謹慎小心避免洩漏任何有關病患的個人隱私[33]。2014年美國律師協會（the American Bar Association）統計有75%的律師使用社群網站（圖1.2）[34]，近年來越大型的律師事務所使用的比率越高[35]，因應趨勢積極配合社群媒體的應用，如此，不僅在掌握客戶群或是提升顧客服務上，皆能有事半功倍的效果。

(2014), https://www.pershing.com/our-thinking/thought-leadership/the-second-annual-study-of-advisory-success (last visited: 11/30/2015).

[30] Matt Sirinides, *Now is the time for advisers to embrace social media*, IN-VEST. NEWS (July 2, 2014, 12:48 PM), http://www.investmentnews.com/article/20140702/BLOG18/140709984/now-is-the-time-for-advisers-to-embrace-social-media (last visited: 12/2/2015).

[31] Sarah Tanaka, *supra note*28, at 425.

[32] 42 U.S.C.A. § 1320d-6 (2010).

[33] Suzanne D. Nolan et al., *Health Care Marketing: A Tricky Operation*, 34 HEALTH LAWYER, Oct. 2012, at 34, http://heinonline.org/HOL/Page?handle=hein.journals/healaw25&div=7&g_sent=1&collection=journals .http://www.tintup.com/blog/3-brands-that-use-social-media-in-customer-service-to-boost-happiness/ (last visited: 12/16/2015).

[34] Allison Shields, *Blogging and Social Media*, ABA Tech Report 2014 (2015), http://www.americanbar.org/publications/techreport/2014/blogging-and-social-media.html (last visited: 12/17/2015).

[35] *Id.*

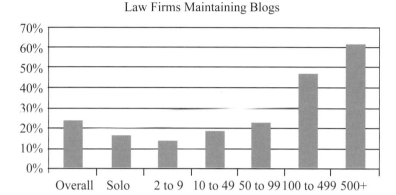

圖1.2 2014年美國律師事務所使用社群網站的比較圖[36]

*縱軸是使用比例，橫軸是表示律師事務所的律師人數。

　　然而，律師使用社群網站要格外謹慎，無論是代表公司、事務所或自己的發言，至今已經發生不當使用社群媒體的例子，如2010年伊利諾州最高法院發現，有一名公設辯護人助理竟然在其部落格，洩漏有關被代理人的訊息[37]；2014年堪薩斯州懲戒一名利用臉書和非當事人公開聯繫的律師[38]；佛羅里達州律師協會，則直接制定該州執業律師使用社群網站的準則[39]。佛羅里達州律師協會也直接跟LinkedIn網站聯絡，要求把網頁上的個人專長、專攻領域改為技術，因為只有針對律師才能用個人專長等法律的字眼，否則會違反該州律師協會的規範，後來該網站正式回覆，遵照協會要求改變其網頁用語[40]。

---

[36] *Id.*

[37] *In re Disciplinary Proceedings Against Peshek*, 334 Wis.2d 373 (Wis. 2011).

[38] *In re Gamble*, 338 P.3d 576 (Kan. 2014).

[39] Rul. Reg. Fla. Bar 4-7.1.

[40] *LinkedIn Concerns Resolved*, The Florida Bar *News*, April 1, 2014 (Revised: 12/15/2015), http://www.floridabar.org/DIVCOM/JN/jnnews01.nsf/cb53c80c8fabd4 9d85256b5900678f6c/98333b3a25befaca85257ca50044bd3f!OpenDocument&Hig hlight=0, LinkedIn (last visited: 12/25/2015).

　　佛羅里達州律師協會要求，對於第三人張貼在網頁上的不當言論，律師也有義務必須移除，因此不僅針對於自己的行為守則，包括移除第三方不當的張貼內容，當律師無法監督網頁內容時，也是違背社群網站準則；除非是第三人張貼的內容，不在律師可以移除的範圍內，該州律師協會規定律師才可以免責。佛羅里達律師協會並規定，律師不可以在社群網站上有任何鼓勵或是慫恿的行為，否則會構成引誘的罪嫌，包含律師本身在社群網站上發出的交友邀請，都算違反律師守則，除非是該邀請包括律師先前的客戶或現在客戶或即將發展成客戶關係的範圍內，才能免責。最好的立場是律師處於被動，如被邀請加入社群網站時，便不違反此守則。

　　〈The 2014 Legal Technology Survey Report〉報告指出，對全美國850位律師的問卷調查，涵蓋範圍從獨自開業到多達500名律師的大型事務所，內容關於律師們使用部落格、推特與社群網站的習慣與方式，23.9%的事務所使用法律部落格，相較於2013年26.9%的使用率，有下滑的趨勢[41]。2013年超過500人以上的事務所使用比例為47%，2014年則超過62%，顯示越大型的事務所越常使用部落格。

　　律師人數在100人到499人之間的律師事務所，使用比例超過47.1%，2014年律師個人使用部落格比例仍偏低（圖1.3），和2013年的比例相去不遠，受訪人數中有91.9%的比例，沒有使用個人部落格的習慣，個人執業和人數占100人到499人規模的事務所，反而較常有律師使用個人部落格。個人使用的比例中，一個星期大約花費2.1小時於其部落格的經營，50人至99人規模的事務所律師每週約5.5小時，99人至500人規模的事務所律師每週約3.8小時，其他則平均為每週1.7小時從事和部落格有關的活動[42]。

---

[41] Allison Shields, *supra note*34.

[42] *Id.*

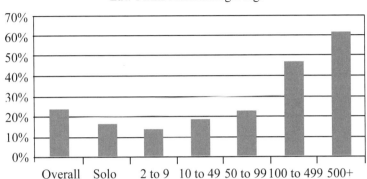

Law Firms Maintaining Blogs

圖1.3　2014年美國律師事務所使用部落格的比較圖表[43]

　　部落格對於法律事務所產生多邊效益，除可廣告宣傳事務所的名聲，最重要的是吸引顧客，律師事務所的部落格鎖定潛在客戶進行廣告宣傳，最好有固定的寫手維護管理部落格，否則由數人或多人分別管理或回覆，尤其是非律師身分進行回答時，效果當然比專業律師差，因此越大型的事務所通常會更加維護其部落格[44]。

　　美國證券交易委員會（the Securities and Exchange Commission, SEC）在2012年1月4日首度以書面形式發布「2012投資顧問使用社群網站須知」（Investment Adviser Use of Social Media, 2012 Alert）[45]，要求投資顧問使用社群網站必須符合聯邦相關證券法令的規範，特別是在應用程式、從第三人處取得的資訊內容及紀錄保存的責任等方面的規定，尤其是當其他人要在投資顧問的網站上公布訊息時，

---

[43] *Id.*

[44] *Id.*

[45] Investment Adviser Use of Social Media, 2012 Alert, https://www.sec.gov/about/offices/ocie/riskalert-socialmedia.pdf (last visited: 12/2/2015).

投資顧問有義務謹慎小心地先檢視其內容，避免違反上述規定[46]；2014年3月SEC發行「2014年社群網站保證品導引」（Guidance on the Testimonial Rule and Social Media, 2014 Guidance），針對理財顧問如何在其網站上推薦投資商品，特別是針對取樣保證的廣告宣傳加以限制[47]。

2012年到2013年投資理財顧問使用社群媒體的比例增加了10%，無論是個人使用或是專業上需要，LinkedIn、Facebook、Twitter是最常被使用的網站[48]，2014年統計中[49]律師事務所使用LinkedIn比例為56%，維持和2013年大致相同的比例；使用臉書比例為34%，也維持和2013年大致相同的比例，接近26%的律師個人使用臉書作為專業使用，因為增加了與顧客的溝通平台，無論是既存或潛在的顧客，都可以在平台上進行多方討論，甚或其他第三人皆可以經由平台得知所有資訊。社群網站改變了投資理財顧問服務顧客的方式，然而，仍須受到主管機關監督，否則將被處以罰則，SEC指控Mark Grimaldi在其網站對投資人做不實引導，Mark Grimaldi被罰款美金10萬元[50]。

臉書已經形成對球隊組織與球迷活動最好的宣傳，也是凝聚團隊精神最好的助力，以臉書宣傳球隊標語與logo搭配飲料促銷，讓球迷投票選擇將在球場販售的啤酒。目前臉書跟Twitter是最受歡迎的社群網站平台，Pinterest則在近年成為照片分享最受歡迎的網站，對於眾多團體與組織，譬如與球迷分享球賽照片，NBA便善用Pinterest電子

---

[46] Id.

[47] SEC: Advisor Use of Social Media Testimonials Sometimes OK, THINK ADVISOR, http://www.thinkadvisor.com/2014/04/01/sec-advisor-use-of-social-media-testimonials-somet (last visited: 12/3/2015).

[48] Sarah Tanaka, supra note28, at 441.

[49] Allison Shields, supra note34.

[50] Matthias Rieker, SEC Fines Investment Adviser Over Tweets, THE WALL STREET JOURNAL (Jan. 30, 2014, 6:49 PM), http://online.wsj.com/news/articles/SB10001424052702303743604579353240026212338 (last visited: 12/9/2015).

轉接板概念，讓每個球員有個人平台可以跟眾多球迷分享[51]。2014年1月13日的報導指出，美國有2,500個啤酒釀造場，其中幾乎都是手工精釀啤酒[52]，從啤酒贊助商尋求對球團活動的支持，由球隊運用社群網站連結球迷，進而達到啤酒廣告和促銷的效益，甚或再結合其他食品提供商或更多的啤酒、飲料提供商[53]，如球賽前讓球迷利用社群網站進行票選最喜愛的啤酒，或者進行線上遊戲增加娛樂性，但是最終除了球隊維持與球迷的互動，對贊助商的產品促銷獲利最多。

美國勞動關係委員會（the National Labor Relations Board, NLRB）制定有關勞方使用社群媒體的準則，同時受僱人也受「國家勞工關係法」（the National Labor Relations Act）的保障[54]，NLRB希冀規範受僱人使用社群網站的約制，使受僱人在使用社群網站時有固定遵循的準則，防範於先避免日後的糾紛。僱用人也因此得知管理與控制的範圍，如何在僱傭關係中兼顧雙方權益，值得重視。雖然社群網站的管理有其規範，限制範圍若過當，必然影響到受僱人的言論自由與隱私權，公司雖然擔心受僱人任意地談論公司的業務，也許會不經意地洩漏應該保密的營業祕密與機密資訊，受僱人可能有自己私人的社群網站，或在朋友圈和人閒談，因此，限制的範圍一定要合理[55]。

當僱用人沒有制定一定的準則，不但無法約束受僱人的行為，也

---

[51] Ben Larkin, *supra note*3, at 127.

[52] Don Muret, *Tapping New Revenue*. Sports Bus. J., January 13, 2014, at 18, http://www.sportsbusinessdaily.com/Journal/Issues/2014/01/13/In-Depth/Craft-beer.aspx (last visited: 10/10/2015).

[53] *Id.*

[54] Cressinda "Chris" D. Schlag, Article, *The Nlrb's Social Media Guidelines A Lose-Lose: Why The Nlrb's Stance On Social Media Fails To Fully Address Employer's Concerns And Dilutes Employee Protections*, 5 Am. U. Labor & Emp. L.F. 89(2015).

[55] Cressinda "Chris" D. Schlag, *supra note*, at 108-9.

無法有效管理與保障公司的社群網站，對受僱人的規範若無一致，未來有可能導致其他員工控告公司歧視與差別待遇，公司更難有效降低社群網站帶來的危機，如影響公司聲譽的員工貼文，或有意或無意間洩漏的公司機密資訊。制定使用社群網站的原則，首先先確定公司的原則，讓受僱人能自由使用的餘裕度有多大，有效的管理社群網站能達到經濟效益，不僅提高公司知名度，同時防堵日後糾紛的發生[56]。受僱人在社群網站上若洩漏公司的機密資訊，將對公司造成重大損失，尤其是祕密資訊若被洩露到競爭廠商處，對公司的競爭優勢及財務將構成重大傷害，還有防堵員工張貼對公司不利的負面訊息[57]，公司若有員工使用守則則須遵照社群媒體使用準則，公司若無守則規定，則須遵照相關法律的規範，無論是該州州法或聯邦法，守則中對於如何適用其他有關社群媒體的準則，或是不予適用，都應該標示清楚。

第三節　實務判決

　　社群網站與UGC使用條款，對當今球隊組織已經和球迷活動產生很大影響，如棒球賽中球迷A撿到擊出球場的棒球，並且拍照放置自己的臉書，然而後來球隊將其照片轉貼放置球隊網頁，並未得到A的同意，其後大量的人轉貼這張照片，A認為其權益受損因而控告球隊，侵害其著作權[58]。有關專業攝影師的實際案例如下，Agence

---

[56] Susan C. Hudson and Karla K. Roberts (Camp), *Business Leadership Symposium: Drafting And Implementing An Effective Social Media Policy*, 18 Tex. Wesleyan L. Rev. 768.

[57] NHS Employees Blasted for Facebook Leaks, IT Pro Portal (Oct. 31, 2011), http://www.itproportal.com/2011/10/31/nhs-employees-blasted-f (last visited: 2/3/2016).

[58] Ben Larkin, *supra note*3, at 135.

France Presse v. Morel v. Getty Images, Inc.案[59]，Daniel Morel是專業攝影師，拍攝2010年一場地震的照片，Agence France Presse（AFP）是無線網路新聞仲介業者，經誤認第三人是該照片作者後，擅自轉貼Daniel Morel所拍攝的照片給線上照片授權事務所Getty，Getty再授權其他人下載，但上述行為皆未取得Morel的同意，AFP最初是在Morel的推特上看到這些照片，但沒有向Morel詢問便向其他第三人（Lisando Suero）索取在Morel的推特上看到的照片[60]。

Morel主張侵害其著作權後，AFP反而提起對Morel的訴訟，Morel隨即提出反訴，主張侵害其著作權並且依據美國「千禧電子著作權法」提出控訴，此舉使AFP也將Getty列為另一名被告，藉逃脫本身責任。地方法院判決二者皆有責任，並且侵害DMCA[61]，然而對於二者是否蓄意為之有所保留。最後判決認為雙方都有犯意，並且需要賠償Morel。Morel案結論則建議運動組織在發布任何訊息於其社群網站前，應加強內部人事與智慧財產權的法令規範，此案涉及他人的著作權與商標權，因此對於網站公布任何照片或其他內容，必須先統整內部政策與法令規章。綜上所述，各社群網站應在其網路平台上公布對使用者要求遵循的規章與使用準則，其他案例說明如下。

壹、Eagle v. Morgan案[62]

從近年來與社群媒體平台有關的案件中，可以得知社群媒體平台

---

[59] *Agence France Presse v. Morel v. Getty Images, Inc.*, 934 F. Supp. 2d 547 (S.D.N.Y. 2013).

[60] Emily R. Caron, Morel Victory: Verdict Shows perils of Improper Photo Attribution. Lexology.com (Dec. 6, 2013), http:// http://www.media-privacy.com/2013/12/morel-victory-verdict-shows-perils-of-improper-photo-attribution/ (last visited: 11/3/2015).

[61] 17 U.S.C. § 512 (2013).

[62] *Eagle vs. Morgan,* No. 114303, 2013 U.S. Dist. Lexis 34220 (E.D. Pa., Mar. 12,

被廣泛應用；以LinkedIn網站為例，原球隊經理人A為了在LinkedIn網站促銷球隊活動，並達到廣告宣傳的效益，但在臨時離職後的兩週，LinkedIn網站連結的經理人，有兩週的時間仍是A的所有資訊，唯獨照片和名字卻是新任經理人B，此處衍生的問題是，究竟誰實際擁有這個帳戶？Eagle v. Morgan案[63]，1987年Linda Eagle與Clifford Brody共同創立Edcomm, Inc.公司，2009年Brody當總裁（CEO）時，決定使用LinkedIn網站作為推廣公司的工具，並且鼓勵員工也加入及給員工熟悉使用LinkedIn網站的教育訓練，Edcomm公司並未明確告知該公司員工，其為工作所使用的LinkedIn帳戶，屬於該公司財產[64]，Eagle在建立其LinkedIn帳戶後，使用公司郵件信箱作為該帳號聯繫信箱，並提供其帳號密碼給其他公司員工，Eagle此種行為違反LinkedIn網站的使用人約定，要求使用人必須保持其使用密碼的保密性，且不可讓他人使用[65]，2010年Edcomm公司被其他公司買下，Eagle也因此終止原公司的職務，其後該公司的員工更改Eagle的密碼，導致Eagle無法進入其帳戶；本案乃原告原為該公司總裁，當其離職後馬上要求原公司將LinkedIn帳戶上原本與其的連結移除，改為新任總裁Sandy Morgan的資料與照片，2012年10月賓州東區地方法院（the U.S. District Court for the Eastern District of Pennsylvania），判決原告無法舉證證明其所受損失。

此案於2012年11月進入審判，2013年3月判決確定，判決結果認為雖然原告提出的三點指控理由合理，但卻未能確實舉證損害的產生

2013).

[63] *See* Seyfarth Shaw, *Court Issues Decision in* Eagle v. Morgan: *Employee Owns LinkedIn Account but Fails to Recover Any Damages Against Former Employer*, Lexology.com (April 3, 2013), http://www.lexology.com/library/detail.aspx?g=1b8ecdfc-898b-4f12-ad86-43a856483577 (last visited: 9/24/2015).

[64] *Id.* at 6.

[65] *Id.*

與內容，因此，原告無法向被告請求賠償。被告在未經過原告同意下
使用原告Eagle名字作爲商業使用，本案法院基於以下理由判決原告
勝訴：（一）原告善盡舉證責任，證明被告行爲是未經授權的使用，
且原告的名字具有一定的經濟價值[66]；（二）原告同時舉證被告擅自
使用其名字作爲商業廣告行銷的使用[67]；（三）法院判決認爲被告侵
害原告的隱私權，並且破壞其姓名的同一性，因爲被告濫用原告的姓
名，致使社會一般大眾會誤認網站上的個人資料與原告有關[68]。

　　此案件是首度針對社群網站的判決，目前許多公益團體或運動組
織，皆利用社群網站作爲其內部聯繫或對外宣傳的工具，使用此類網
路平台，軟體或組織內部必須定期觀察與檢視網路平台內容的恰當與
正確性，否則效果可能適得其反。公司必須制定明確的內部政策，規
範社群網站帳戶的所有權歸屬，同時對於公司帳戶名稱與受僱人帳號
應做出區隔，避免如上述案例因爲負責人離職或更動，造成對公司帳
戶管理人的名稱混淆。

貳、PhoneDog v. Kravitz案[69]

　　以虛擬的案例研討，如A與B創共同創立一家運動器材的C公
司，A負責以社群網站推廣球賽與球迷活動，還有以網路平台增加和
消費者的互動，A使用的Twitter威力有接近15萬的追隨者，然而後來
A決定終止跟B的合作關係，並且另外成立一家D公司，D是與C有業
務競爭性的新公司，A馬上把推特的帳號改成自己D公司的帳號，並
接受C公司15萬的追隨者，C公司內並無其他人知道該帳戶的密碼，

[66] *Eagle v. Morgan, supra note*, at 18.

[67] *Id.* at 19.

[68] *Id.* at 22.

[69] *PhoneDog v. Kravitz*, No. C1103474 MEJ, 2011 U.S. Dist. LEXIS 129229 (N.D. Cal. Nov. 8, 2011).

也沒有針對社群網站管理的相關規定政策[70]。

以前例而言，當沒有制定明文的內部管理規則時，究竟誰擁有對Twitter帳號的管理權，PhoneDog v. Kravitz案中，被告受僱於原告的公司，負責產品檢測和公司網頁部落格的經營。被告經營該網站，並且擁有1萬7千名的追隨者[71]，被告於2010年10月離職，原告隨即要求被告停止對該部落格網站的經營與管理；被告不願意配合並且將其帳號改為個人使用[72]。2011年7月原告控告被告，並提出四點理由，被告涉嫌竊取原告營業祕密，被告故意預期獲取不正當的利益，被告過失獲取不正當的利益及詐欺[73]。被告則主張該帳戶的利益來自於他個人的經營努力；此案在2012年12月雙方和解，被告取得該帳戶的所有權，本判決對社群網站的帳戶所有權歸屬做出討論，建議公司企業內部最好明定使用規則與法令規章，避免對於帳戶所有人的爭執[74]。

參、Bland et al. v. Robert案[75]

有關郡治安官在選舉前，兩名治安官Daniel Ray Carter與Robert W. McCoy在臉書上表達支持另外一名候選人的意見，當本案被告Sheriff B. J. Roberts勝選後，解除兩名原告的職務，另一位原告則是在其臉書上，貼上另一名候選人的競選照片[76]；針對這些行為，被告

---

[70] Ben Larkin, *supra note*3, at 131-132.

[71] *PhoneDog v. Kravitz, supra note*, at 4.

[72] *Id.*

[73] Ben Larkin, *supra note*3, at 132-133.

[74] *PhoneDog v. Kravitz, supra note*, at 9-10.

[75] *Bland et al. v. Robert*, 857 F. Supp. 2d 599 (E.D. Va. 2012), *aff'd in part, rev'd in part, and remanded*, 730 F. 3d 368 (4th Cir. 2013).

[76] *Bland v. Roberts, supra note,* at 26.

也在其演講中公開表示，將在選舉後採取對非支持者的行動[77]。原告等人認為其職務不保的原因來自被告的報復行動，被告行為侵害其美國「憲法」第一修正案的言論自由保障。一審地方法院判決原告敗訴，原告上訴；第四巡迴上訴法院則判決原告勝訴，認為原告們在臉書上表達的意見，充分受到憲法的保障[78]。

Bland案則認為社群網站上所表達的「加上好友」、「喜歡」或「讚」等同意語，應該等同受到美國憲法保障的言論自由，然而此類表達還是必須留意，不能對受僱人所工作的場合造成干擾。個人的表達自由當然受到保護，但仍必須尊重工作場合也許有不同的政策規範。

肆、Emanuel v. The Los Angeles Lakers, Inc.案[79]

首例與運動組織運用智慧型手機以簡訊傳送促銷活動的案件，乃有關美國湖人隊經營球迷參與球賽，可以透過手機傳簡訊並投放在球場中的大螢幕上。本案原告參與此活動傳送了簡訊，也收到球隊的確認回覆，然而湖人隊並未將原告的訊息公布，原告依據美國1991年「電話消費者保護法」（the Telephone Consumer Protection Act of 1991, TCPA）[80]提出控訴，本案爭點在於湖人隊是否違反TCPA，未事先取得原告等人願意收到回覆簡訊的同意[81]。

本案法院判決原告敗訴，原告發出簡訊同時應代表其同意收到被告的回覆簡訊，即使被告怠於告知，僅從社會一般常識判斷，原告應

---

[77] *Bland v. Roberts, supra note*, at 26.

[78] *McVey v. Stacy*, 157 F. 3d 271, 277-78 (4th Cir. 1998).

[79] *Emanuel v. The Los Angeles Lakers, Inc.*, CV 12-9936-GW(SHx), 2013 U.S. Dist. LEXIS 58842 (C.D. Cal. April 18, 2013).

[80] 47 U.S.C. § 227 et. seq.

[81] *Emanuel v. Los Angeles Lakers, supra note*, at 2.

對於收到回覆訊息毫不意外。Buffalo Bills足球隊球迷Jerry Wojcik於2012年9月，簽名加入該球隊的活動簡訊通知服務，該項服務保證每週不會傳送超過5封簡訊，然而，其後原告與其他上千名球迷在首週皆受到6封簡訊，之後每週都是7封簡訊[82]。原告等人認為被告擅自違法寄發超量簡訊，令原告等人不堪其擾，寄發垃圾簡訊等同垃圾電話，上千名原告的法定賠償額高達美金千萬元[83]。

最終雙方達成協議，球隊贈送每名球迷美金57.5元至75元的儲值卡，總賠償額達美金3百萬元[84]。上述調查也引發聯邦通訊委員會（the Federal Communications Commission, FCC）決定增修TCPA的內容，必須要求增加消費者事前的書面同意書，取代先前僅要求取得消費者的同意即可。規範社群網站傳送簡訊的要求，對網站上品質保證的取樣，以球隊而言，影響廣及球隊聯盟、球隊、球隊代理組織、體育用品製造商……等，效力深遠[85]。

伍、其他

非常多的僱用人會使用社群網站找尋適合的員工，同時也利用社群網站做員工徵信的工具，2013年的統計數字指出，有51%的雇主，

---

[82] Darren Heitner, *Buffalo Bills Sued for Sending Too Many Text Messages to Subscribers*. Forbes (Nov. 12, 2013, 9:18 AM), http:// http://www.forbes.com/sites/darrenheitner/2012/11/12/buffalo-bills-sued-for-sending-too-many-text-messages-to-subscribers/ (last visited: 11/19/2015).

[83] *Id.*

[84] Frank Schwab, *Buffalo Bills Pay About $3 Million to Settle Lawsuit Over Text Messages*. Yahoo! Sports.com (April 23, 2014, 12:37 PM), http:// sports.yahoo.com/blogs/shutdown-corner/buffalobills-pay-about--3-million-to-settle-lawsuit-over-text-messages-163747040.html (last visited: 11/19/2015).

[85] Ben Larkin, *supra note*3, at 142.

已經使用社群網站上的資料，達到前述目的並因而拒絕應聘者[86]。智慧型手機更加助長了社群網站使用的便利性，包括受僱人都可以利用上班時間檢查手機訊息，所以受僱人也充分利用社群網站，不論公事或處理個人事務，皆可以在彈指之間順利解決。然而，近年來也衍生糾紛進而成為案例，如2014年Rap Genius解聘其總經理，在其臉書發表對the California shooter的評論後；2013年Applebee終止Chelsea Welch的僱傭契約，當她張貼一張顧客收據在Reddit上；KFC在其員工張貼一張有關其新產品的照片，於數個不同的社群網站後，解除與其的僱傭契約；白宮則因其助手員工Jofi Joseph發表在推特的不當評論而將之解僱；以上皆是這幾年來因為使用社群網站不當，產生的案例[87]。

　　世界排名前五百大的企業使用社群網站有79%的比例，Maryland, Michigan, Illinois, and California等州[88]，已經分別制定法規禁止僱用人在僱傭關係開始或期間內，要求受僱人提供社群網站的帳號。截至目前，並無法規強行要求僱用人不可以管理與控制受僱人使用社群網站的規範，並依此作為僱傭契約是否持續的條件，除非使用的內容涉及雇主歧視或違反其他保障勞工的法令。即使僱用人將受僱用使用社群網站的守則，制定得非常明確清楚，但仍可能受僱人未解其義，一味保障雇主的權益，或全權考慮受僱員工的立場，都不是良好的解決方案，是否有更有效的方式，可以兼顧僱傭雙方，以下繼續探討。

---

[86] *Number of Employers Passing on Applicants Due to Social Media PostsContinues to Rise, According to New Career Builder Survey*, CAREERBUILDER (Jun. 26, 2014), http://www.careerbuilder.com/share/aboutus/pressreleasesdetail.aspx?sd=6%2F26%2F2014&id=pr829&ed=12%2F31%2F2014 (last visited: 1/5/2016).

[87] Jessica Miller- Merrell, *History of Terminations & Firings Because of Employee Social Media Use*, BLOGGING 4 JOBS (May 7, 2013), http://www.blogging4jobs.com/social-media/history-of-terminations-firings-employee-social-media/ (last visited: 1/5/2016).

[88] Cressinda "Chris" D. Schlag, *supra note*54, at 97.

　　New York, South Dakota, and California則另定準則，規範雇主管理控制受僱人使用社群網站的政策[89]，2012年9月在Costco Wholesale Corp.案[90]中NLRB做出第一個判決見解，僱用人必須要有明確的政策，限制受僱人在社群網站上發表任何不當的言論，禁止任何破壞公司的惡意評論，或違背僱傭契約政策的內容[91]，否則將導致僱傭契約的終止[92]。審判時一位行政法的法官（administrative law judge, ALJ）認為，僱用人對社群網站的使用政策並未違背NLRB的立法意涵，然而NLRB卻不認為，在其上訴理由中指出Costco的政策正是NLRA保障中所禁止的範圍，因為Costco禁止受僱人從事任何對公司不利的行為[93]，當然包括社群網站的活動，然而，如此的規定與是NLRA保障的活動有所牴觸，亦即認定標準皆在資方，當受僱人從事社群網站的使用，只要被僱用人認為是觸犯公司政策時即可禁止，而社群網站的使用應當是被允許的，NLRB因此提出抗辯，主張一審判決結果應被廢棄[94]。

　　NLRB接著在Knauz BMW案[95]做出第二個判決見解，本案爭點有二：第一，僱用人的社群網站政策；第二，僱用人因受僱人在社群網站上張貼的內容，而決定解僱受僱人。NLRB判定僱用人對於社群

[89] Philip Gordon & JoonHwang, *New Jersey Becomes the Twelfth State to Enact Social Media Password Protection Legislation; Recent Amendment to Illinois' Law Benefits the Financial Services Sector*, http://www.littler.com/new-jersey-becomes-twelfth-state-enact-social-media-password-protection-legislation-recent-amendment (last visited: 1/5/2016).

[90] *Costco Wholesale Corp.*, No. 34-CA-012421, 2012 N.L.R.B. Lexis 534 (Sep. 7, 2012).

[91] *Id.*

[92] *Id.* at 2.

[93] *Id.*

[94] *Id.* at 3.

[95] *Knauz BMW, Inc.*, No. 13-CA-046452, 2012 N.L.R.B. Lexis 679 (Sep. 28, 2012).

網站的政策違法，因為規定內容太過寬廣[96]；然而受僱人因為不正當的使用社群網站的行為導致被解僱，NLRB則認為合法[97]。Hispanics United of Buffalo案[98]是NLRB做的第三個判決，對於雇主辭退五名受僱人的行為違法，並應賠償受僱人曾遭受的損失，理由有幾[99]：（一）受僱人的主管知道他們在臉書上公布的內容及活動；（二）僱用人也有見到張貼在臉書的內容；（三）張貼內容符合NLRA保障的內容；（四）因為受僱人張貼的內容，導致被解聘的結果。

　　一位NLRB的行政法法官在Echostar Technologies案[100]中，指出EchoStar的社群網站政策違反NLRA，如同前述Costco案中對受僱人使用社群網站的規範過寬，前述的案件闡明一個事實，僱用人必須將其受僱人使用社群網站的政策標示清楚，使受僱人有一貫遵循的標準，NLRB的執行決策會議（the Acting General Counsel, AGC）對受僱人使用社群網站的準則，制定數個審查機制，僱傭雙方皆須嚴格遵守使用社群網站的規則，受僱人即使不是以工會型態，遵循的原則還是相同，審查標準如下[101]：

　　一、僱用人必須制定明確的規範守則，才能使受僱人確認使用社群網站的限制。

　　二、要給受僱人詳盡的通知，受僱人可以使用社群網站表達意見，但是對表達的結果必須完全承擔後果與責任。

　　三、不能在社群網站上洩漏任何與企業有關的營業祕密或機密資

---

[96] *Id.*

[97] *Id.*

[98] *Hispanics United of Buffalo, Inc.*, No. 03-CA-027872, 2012 N.L.R.B. Lexis 852 (Dec. 14, 2012).

[99] *Id.* at 13.

[100] *Echostar Techs., L.L.C.*, No. 27-CA-066726, 2012 N.L.R.B. Lexis 627 (Sep. 20, 2012).

[101] Cressinda "Chris" D. Schlag, *supra note*54, at 107.

訊。

　　四、明確定義不能在社群網站上發表的侮辱性、攻擊性、毀謗性的言論爲何，避免對公司造成任何傷害。

　　五、當受僱人從事受保障的活動時，使用社群網站就不受到前述限制。

　　僱用人爲了達到社群網站的使用效益，並且能符合前述準則適用，本身必須釐清規範的態樣與限制的目的，同時要避免規範用語的不確定性，或者語意模糊，原則上受僱人可以清晰明確的使用社群網站，否則觸法，衍生僱傭雙方爭執，導致日後訟爭之累。僱用人應該在僱傭關係成立或員工的在職訓練時，讓受僱人明瞭相關規定，越早越容易避免困擾和適用疑義[102]。事實上對雇主而言，營業祕密的保護無所不在，社群網站只是受僱人溝通交流的另一個平台，如何阻止受僱人在此類平台談論有關工作，尤其是牽涉業務機密等內容，才是雇主應該考慮的重點，社群網站涉及網路平台，傳播訊息的速度無遠弗屆，增加了消息外洩的危險，這才是雇主眞正考量與擔憂的關鍵。

　　雇主普遍認爲第一個案子Costco的判決範圍過寬，第二個案子Knauz BMW的判決較爲合理[103]。對於受僱人的活動有限制，當然受僱人在網路上表達任何意見，都有其自由，關鍵在於，發表的內容不能損害公司企業的形象和聲譽，當這種現象發生時，雇主當然可以出面阻止，司法及行政機關也應當全力支持，以維持網路平台的安全與和平。受僱人若希冀享有社群網站的免責行爲，則必須符合勞工法令中的團體活動或工會行動，才能受到保障[104]，而受僱人私人言論或涉及政治的評論，並不在保障的範圍之內。因此，確認私人言論或是涉及工作的分野，並不容易釐清，受僱人會認爲收到的保障不夠，僱用人則認爲保護過大，僱傭雙方對免責與保障的界線難達一致。

---

[102] *Id.*

[103] Cressinda "Chris" D. Schlag, *supra note*54, at 113.

[104] Cressinda "Chris" D. Schlag, *supra note*54, at 114.

第四節　社群網站員工使用守則建議內容

起草員工使用守則是創造有效管理的第一步；其次，解決僱傭雙方各自的需求達到社群媒體的最大效益化；再者，雇主可以隨時更新守則內容，除了遵循法律規範做出最適模組外，雇主並需監督受僱人是否遵照員工使用守則[105]。

使用守則同樣禁止員工在社群網站的使用時，不能使用任何涉及他人智慧財產權的著作內容，或是與商標有關的標章、圖形或服務，或是洩漏其他受僱人的地址、電話傳真號碼、電子郵件信箱地址等。當員工有洩漏上述資料的行為時，即使營業祕密被不當洩漏時，公司至少能舉證有盡到監督與管理的職責；此外，當公司發現任何張貼在社群網站的內容，有損害智慧財產權或營業祕密的可能時，公司必須立刻移除內容，否則公司將面臨機密資料外洩或承擔賠償侵害他人的法律責任[106]，受僱人使用其個人社群網站有不同的狀況，可以以下述情形分別說明。

員工對外公布資訊，無論是在工作期間或非上班時間使用社群網站，這種情況下，員工無法要求對其公布的資料保有隱私權，因為，一旦在網路公布，自然放棄對張貼內容的隱私保護。受僱人在社群網站上發表的內容，是針對一般大眾，或者是鎖定特定族群，要有帳戶密碼才能進入的社群討論平台，二者產生的法律效果不同。

在需要社群帳戶才能進入的討論平台，若是僱用人擅自進入平台窺視內容，就算受僱人無法成功舉證其隱私權受到侵害，若在公營機構的僱用人則可能觸犯美國「憲法」第四修正案，公民營單位的僱用人皆涉嫌違反「儲存通訊紀錄法」（the Stored Communications Act,

---

[105] Susan C. Hudson and Karla K. Roberts (Camp), *supra note*56, at 791.

[106] Susan C. Hudson and Karla K. Roberts (Camp), *supra note*56, at 782-783.

SCA）[107]，因此，僱用人必須謹慎小心的進入該類社群網站平台[108]。
Pietrylo v. Hillstone Restaurant Group.案中[109]，法院判決受僱人雖然無
法對其張貼在MySpace的內容主張隱私權受損，然而公司經理使用威
脅其中一位受僱員工方式，才得以取得帳戶密碼進入，法院認為因為
僱主是使用威脅方式取得進入網站的途徑，判決公司違反SCA，並且
須負擔懲罰性賠償。Konop v. Hawaiian Arilines, Inc.,案[110]相同，法院
判決僱主違反SCA，一則因為沒有經過合法管道取得進入社群網站；
二則僱主並非條文中可以主張免責部分的「意圖使用人」（intended
user）。綜上所述，僱主要經由合法管道，並且成為意圖使用該網站
的使用人，才不會違反SCA。

　　員工於上班時間使用社群網站，或是利用僱用人的器材或工具，
本文建議使用守則應該明定對於此類行為的規範，如美國聯邦最高法
院City of Ontario v. Quon案[111]，法院對於受僱人在工作場所使用電子
通訊，不予保護其隱私權的主張，隨著時代變遷及科技迅速變化，對
法院而言形成困難之處，有關判決合理的隱私權保障的標準，法院交
由公司訂定的守則判斷。受僱人的行為是否符合工作場合的實際需
要，使用社群網站進行通訊的必要性，是否與工作內容相符合，端視
員工社群網站的使用守則，當守則沒有明定保障，受僱人於上班時間
使用社群網站，或是利用僱用人的器材或工具，無法主張其隱私權的
保障。

　　在工作時間以外，且使用其本身的器材或工具。若是與工作無關
的行為，即非與職務有關的行為，受僱人對隱私權的主張與僱用人

---

[107] U.S. Const. amend. IV; Stored Communications Act, *18 U.S.C.* § 2701(a)(1)
(2006).

[108] *18 U.S.C.* § 2701(c)(2).

[109] *Pietrylo,* 2009 WL 3128420, at 1, 3.

[110] *Konop v. Hawaiian Airlines, Inc.,* 302 F.3d 868, 880 (9th Cir. 2002).

[111] *City of Ontario v. Quon,* 130 S. Ct. 2619, 2629-30 (2010).

限制對網站平台的路徑，息息相關，若是受僱人完全遵守僱用人的限制，同時，僱用人也遵守若非是未來意圖的使用者，也不會無端進入僱用人使用的網路平台，在Stengart v. Loving Care Agency, Inc.案[112]中，雖然社群網路使用守則規定模糊，但保障受僱人使用其個人電子郵件的隱私權，即使員工使用守則中明文禁止任何社群網路的使用，但是並不能限制員工，從事與職務無關的個人使用電子郵件的行為。

　　雇主若沒有遵守守則上的規定，不能夠使用從社群網路上獲取的訊息。雇主可以瀏覽網路上的資訊，但是在決定與僱傭有關的決策時，不能夠藉由從社群網路上獲得的訊息做出決定。雇主在控管與維護員工隱私權的同時，加強內部的人事訓練和職場守則，也是必須同步進行的關鍵[113]。僱用人如何制定明確且可供執行的社群媒體使用政策，困難處在於如何釐清受僱人是為了個人的使用目的，如人際關係或親友聯繫或純粹抒發工作感想，即個人使用的目的並未牽涉到與任何公司業務有關，然而僱用人會擔憂是否會在無意間，洩露了公司的業務機密或發表不當言論，這其間的分野界限正是僱用人需要做出政策規定明文制定[114]。

　　FTC Guidelines建議所有相關的社群網站使用準則，對受僱人的在職訓練與監控，包括付費給專職負責部落格管理者，皆在防堵任何對公司不利或不實的宣傳，同時也避免讓公司蒙受不必要的損失，最重要的是釐清公司對於管理社群網站的責任，除了大家耳熟能詳的Facebook、Twitter、Linked-In、YouTube和blogs，還有非常多的社群網站，很多可能都不是一般人眾所周知，因此，建議：

　　一、雇主責任部分。雇主應該視員工的工作性質，定期進行與其職務相關的社群網站在職訓練，依照員工的職務範圍，如公關、市場行銷、人力資源、理財投資等部門，應該有其各自應對社群媒體的原

[112] *Stengart v. Loving Care Agency, Inc.,* 990 A.2d 650 (N.J. 2010).

[113] Susan C. Hudson and Karla K. Roberts (Camp), *supra note*56, at 787.

[114] *Id*, at 767.

則與策略。公司制定社群網站使用準則時，且需留意定義社群網站的設定範圍要寬廣，將來員工的遵守與公司本身的制約，都較易掌握。科技技術與日俱進，本文建議一開始制定社群網站的定義時，範圍不宜過窄，否則隨著技術更新，定義內容也必須隨之變動。僱用人應告知員工將監控其工作時間內的社群媒體使用狀況，並應考量在員工使用守則加入告知受僱人運用電子設備監控的條文，如此將避免日後受僱人提出隱私權受損的主張。

　　二、其次，關於員工個人使用社群媒體網站的部分。如何有效地監管員工在職務期間內，使用其個人媒體網站的部分，且絕不能影響及破壞受僱人隱私權益。雇主應該衡量對員工進行監控的成本支出，與有可能發生員工使用私人社群媒體不當的潛在危機，二者權衡之下的比例負擔，監控員工的設備必須符合法定與合理原則。同樣地，在限制受僱人的不當行為範圍上，宜考量日後受僱人抗辯其行為不在限制範圍內，在制定社群網站的使用準則上，範圍不應過於特定，如此也便於往後刑責界定的標準。僱用人可以擬定不當行為的範例，讓受僱人可以明確知情限制行為的態樣，建議僱用人以列舉方式，說明受僱人使用社群網站不當行為的態樣，但是必須標註非僅限定此類行為，只要違反公司禁止的行為內容，都在禁止之列。然而雇主也不能漫無目的的限制，必須隨時注意法規更新及案例的變化，若是受僱人的合法行為，當然不能禁止[115]。

　　三、為了避免雇主承擔因為員工不當使用社群媒體而招致的責任，雇主應該確保其人資單位妥善運用社群媒體取得的資訊。當然扣除違法或不正手段所取得的訊息，同時人資單位還應該加強員工培訓，社群媒體的培訓應該包含下述內容，並經由如下的在職訓練後，可以卸脫僱用人不必要的責任負擔：

　　（一）1.對任何員工建立同等標準化使用社群媒體資訊的流程，

---

[115] *Id*, at 771.

授權專人搜尋社群媒體的資訊，同時對搜尋範圍應該予以限制，並且必須與公司營業有關或是如Monster或是LinkedIn的專業社群媒體網站；但是此人不能負責與僱傭有關的決定，即不能以社群網站上的資訊作為僱傭決定時的依據[116]。2.人資部門只能瀏覽員工公共區域的社群軟體平台資料，並且禁止使用任何違法方式，進入任何受僱人被保護的個人網路媒體平台[117]。3.人資部門應確定不允許使用的資訊範圍，如未經過員工同意使用的員工個人基因或醫療紀錄，金融或信用卡的紀錄；同時人資部門對於已經取得的資料，被使用及不被使用的狀態，都應翔實記錄，特別是影響僱傭決定的資料部分，並在決定前先諮詢法務部門[118]。

　　（二）公司的社群網站還必須明定沒有任何受僱人可以代表公司發言，如此可以避免任何來自受僱人不當的言論，導致公司必須承受潛在的責任與風險，代表公司的社群網站與受僱人個人的社群網站，必須明確切割；當受僱人必須代表公司在社群網站上發言時，公司也可以要求其出具聲明書，表達僅在授權範圍之內可以代表公司發言，除此之外的發言僅能代表個人，此類聲明應該在社群網路平台上明確載明。任何公司都有可以代表公司的人，如總經理、執行長或部門主管，甚或公關經理與對外代表等。然而，若此類人物做出不恰當或招致外界誤導的言論，即使有受僱人公告在網站平台上的聲明書，公司仍然難以逃脫共同承擔的責任後果。因此，公司如何教導受僱人使用社群網站的正確行為，形成公司制定守則時的重點。雇主若在社群媒體網站上發現任何不利公司的言論或貼文，都會馬上移除，雇主在移除時必須有正當理由，並做出如何處理的紀錄，敘明移除或未移除的理由。

　　四、如何界定受僱人於工作期間使用社群網站的守則，僱用人可

---

[116] *Id*, at 792.

[117] *Id*, at 792.

[118] *Id*, at 792.

以採取下列作法[119]：

（一）完全禁止。但是僱用人必須證明有限制的理由與監督員工是否擅自使用的系統，才能達到完全禁止的目的。

（二）完全同意。當公司發現員工的使用，可以提高公司的生產效益，雖然可能發生員工貼文或發言不當，公司也無法避免此類危機。然而，公司必定是衡量過利大於弊才會採取此種作法。

（三）特定時間地點可以使用。公司經過評估後發現讓員工在特定時間或地點使用其個人的社群網站，不會發生影響工作的正常運作，可能允許的時間是員工用餐或休息時間，也可能是只有顧客服務期間不能使用，建議員工使用社群網站守則上，能夠對不遵守規定的員工有監控與違規使用的規定。

（四）合理時間與範圍內的使用。因為給予員工可以在合理的時間與地點使用其個人社群網站的自由，因此必須按照每個員工不同的需求做出判斷，此項標準之下無法有一致的準則，需要衡量每一個個案不同的狀況和條件，雇主也需要提供額外的員工在職訓練，使員工了解所謂合理性的標準與範圍。

五、社群網站使用守則應禁止任何歧視或騷擾的言論，避免公司營造敵意工作環境的標準適用於社群網站平台，也避免因為員工的不當言論導致公司須負擔間接侵害責任，更何況網路上的言論發布與傳達的速度無遠弗屆，包括對工作同儕的詆毀，更勝於傳統工作環境傳播的速度[120]。當僱用人發現受僱人有任何危及公司聲譽的不當言論或涉及毀謗、歧視、騷擾性的貼文，應該馬上有指正糾舉的動作，避免一般人以為與公司本身有任何牽扯，甚至懷疑或誤會是公司在背後指使與操縱。然而，僱用人不能毫無限制，全面性的限制受僱人使用個人社群網站的行為，尤其是受僱人非工作時間的使用行為，僱用人必

[119] Id, at 775-776.

[120] Susan C. Hudson and Karla K. Roberts (Camp), supra note 56, at 776-777.

須指定標準化的限制，才符合合理的限制範圍。

2009年聯邦貿易委員會（the Federal Trade Commission, FTC）頒布使用手冊（Guides Concerning the Use of Endorsements and Testimonials in Advertising, Guidelines），規範網路電話上的產品廣告與推薦背書行為應該遵守的規定[121]，如員工要使用社群網站推廣宣傳自家產品，必須遵守：（一）僱用人必須在員工使用社群網路守則上載明，讓員工張貼在網路上公司產品有關的背書或推薦，皆須符合商品廣告的要求規範，雖然FTC的定義範圍寬廣，然而公司內部的規範應該要限縮與嚴謹[122]；（二）員工在網路上所做的任何廣告背書，皆必須基於善意，且根據員工自身的使用經驗，做出對公司產品的眞實評價[123]；（三）員工使用守則要遵守FTC的規定，即產品出售人與產品背書保證間，要有實質性的關聯，才能達到背書的實質影響力與效益，同時，此種關聯性要完全透明且公開[124]，如推薦背書的員工須載明受僱於該公司，同樣地，當員工發表不利競爭廠商的評論時，也必須遵照同樣的標準。

當員工在社群網站上做出不實的背書或保證推薦後，若是有不符合事實的部分，僱用人必須負擔因此而產生的賠償責任，即使雇主未曾授權或同意員工的背書或保證等行為[125]。員工使用網路守則必須呼應搭配公司其他的準則，如有關以下內容的政策：電子郵件與網路通訊、禁止騷擾與歧視、遵守道德規範、和睦相處、隱私權、文件保

---

[121] FTC Guides Concerning the Use of Endorsements and Testimonials in Advertising, 16 C.F.R. § 255.5 (2011).

[122] Id.

[123] Id. § 255.1(c).

[124] Id. § 255.5.

[125] FTC Guides Concerning the Use of Endorsements and Testimonials in Advertising, 16 C.F.R. § 255.1 (2011).

存、利益衝突與迴避及其他相關議題[126]，雇主若未遵守FTC的守則規定，將被要求監督受僱人，每個月繳交產品背書保證的紀錄報告，確保資料未經過僞造與做假，亦即防止員工假冒成顧客身分，在網路平台做出保證與推薦，違反者，將依照情節輕重被科處罰金。因此，員工使用守則必須嚴格遵守規則，適時對員工進行在職訓練[127]。

第五節　UGC使用條款

　　加拿大著作權法自1985年制定[128]，於1997年修正後[129]至今，雖曾有數次修正案的提出，如2005年第38屆國會第一會期提出C-60草案[130]，2008年第39屆國會第二會期提出C-61草案[131]，惟最終皆未通過，2010年第40屆國會第三會期提出C-32草案[132]，稱爲「著作權現代化法」（Copyright Modernization Act），幾經波折後於2012年6月29日以C-11草案的內容通過，完成加拿大自1997年之後延宕多年的修法工作[133]。

　　1998年美國制定「電子千禧著作權法」（the Digital Millennium

---

[126] Social Medial Handbook, Vand. U., http://web.vanderbilt.edu/resources/social-media/social-media-handbook/important-policies-social-media/ (last visited: 2/5/2016).

[127] Susan C. Hudson and Karla K. Roberts (Camp), *supra note*56, at 789.

[128] Copyright Act, R.S. 1985, c.42.

[129] An Act to Amend the Copyright Act, S.C. 1997, c. 24.

[130] An Act to amend the Copyright Act, 38th Parliament - 1st Session (Oct. 4, 2004 - Nov. 29, 2005).

[131] An Act to amend the Copyright Act, 39th Parliament - 2nd Session (Oct. 16, 2007 - Sep. 7, 2008).

[132] An Act to amend the Copyright Act, 40th Parliament - 3rd Session (March 3, 2010).

[133] An Act to amend the Copyright Act, S.C. 2012, c. 20.

Copyright Act，簡稱DMCA）[134]與其相比，著作權現代化法增加了對
使用者原生內容（user-generated content, UGC）[135]的例外規定，如此
特殊的規定是否可在加拿大以外的地域使用，而境外使用的優缺點是
否可作為臺灣立法的借鏡，以下探討香港沿用的過程作為參考。

　　加拿大最高法院確認網路著作權的改革中，保障使用者權益的案
例[136]，並針對使用人同意條款的除外規定做出解釋[137]，加拿大的修法
經驗是否適用於其他國家，還有美國1998年制定通過的DMCA[138]皆
可作為立法參考。2006年12月香港展開首度公開的網路著作權改革
探討[139]，議題涉及：（一）違法下載或上傳他人著作的法律責任；
（二）經由各式科技而將著作公開的保障；（三）網路服務提供者
（online service providers, OSPs）與網路隱私間的角色；（四）簡易
針對網路著作權侵害的民事救濟程序；（五）網路著作權侵害的法定
損害賠償；（六）著作暫時重製的例外規定。香港的網路使用者積極
促進香港著作權法的修訂，香港「著作權法」第118條有關引進將著

---

[134]The U.S. Digital Millennium Copyright Act of 1998 (DMCA), 112 Stat. 2860 (1998).

[135]使用者原生內容，指網站或其他開放性媒介的內容由其使用者貢獻生成。
約2005年左右開始，網際網路上的許多站點開始廣泛使用使用者生成內容
的方式提供服務，許多圖片、視訊、部落格、播客、論壇、評論、社交、
Wiki、問答、新聞、研究類的網站都使用了這種方式。維基百科，https://
zh.wikipedia.org/wiki/%E7%94%A8%E6%88%B7%E7%94%9F%E6%88%90%E
5%86%85%E5%AE%B9，最後瀏覽日：2015年9月7日。

[136]*Society of Composers, Authors and Music Publishers of Canada (SOCAN) v. Bell Canada*, 2012 SCC 36, J.E. 2012-1381, 216 A.C.W.S. (3d) 216, 102 C.P.R. (4th) 241, 347 D.L.R. (4th) 272, 38 Admin. L.R. (5th) 186, 432 N.R. 103, [2012] 2 S.C.R. 326.

[137]*Society of Composers, Authors and Music Publishers of Canada (SOCAN) v. Bell Canada*, 2012 SCC 36 at para 2.

[138]the U.S. *Digital Millennium Copyright Act of 1998* (DMCA), 112 Stat. 2860 (1998).

[139]Peter K. Yu, *Can the Canadian UGC Exception Be Transplanted Abroad*? 26 I.P.J. 179 (2014). Peter K.Yu, *supra note*, at 179.

作公開的新規定下[140]，此次修正針對侵害一般營業和上傳檔案的民事和刑事責任部分，香港政府參考紐西蘭、澳洲、加拿大、美國、英國等國的立法經驗[141]，經過兩次的公聽會，香港於2011年頒布新的著作權法修正草案（the Copyright (Amendment) Bill 2011）[142]，期間廣爲大家討論與質疑的是有關於二次創作（secondary creations）的部分，即將原始創作混合和重製後形成另外一種型態的著作權，因爲有包含先前的原始著作權與網路使用的部分，此類型的著作權規範引起廣泛討論。

2013年7月的公聽會，持續進行到該年11月中旬，最終收到來自個人及相關團體，相較前一次公聽會增加40倍，共計2,500份的意見[143]，並且有三個關於修法的具體建議[144]：（一）首先針對香港「著作權法」第118條侵害部分的門檻；（二）有關拙劣地模仿（parodies）、諷刺（satires）、漫畫（caricatures）、集錦模仿的混成曲（pastiches）等行爲的刑罰除外規範；（三）合理交易的例外規定。任何上述規定對網路使用者並未有特殊保障，尤其是在關於使用人同意條款的部分。舉例而言，如上傳青少年自製的音樂影片，根據修正草案建議內容，因爲影片內容可能涉及將他人的著作混合、截

---

[140] Commerce and Economic Development Bureau, Hong Kong Government (CEDB), *Treatment of Parody under the Copyright Regime: Consultation Paper* (2013) at 6, n 18.

[141] Commerce and Economic Development Bureau, Hong Kong Government (CEDB), *Treatment of Parody under the Copyright Regime: Consultation Paper* (2013) at 7-10. *Ibid.* at 7-10.

[142] Peter K. Yu, *Can the Canadian UGC Exception Be Transplanted Abroad*? 26 I.P.J. 179 (2014). Peter K.Yu, *supra note*, at 179.

[143] CEDB, *Public Consultation on Treatment of Parody under the Copyright Regime* (2013) at 1.

[144] Peter K. Yu, *Can the Canadian UGC Exception Be Transplanted Abroad*? 26 I.P.J. 180 (2014).

取、改編等，新法將使該名青少年面對民、刑事的雙重侵害責任。除
非是完全使用自己的創作，否則即使單純使用他人作品當作自己的背
景音樂，也是一樣觸法。

智慧財產領域中法律規定與系統的移植、轉換普遍且常見，特別
是發展中的國家強勢要求開發中國家，必須接納甚或改變其國內法
規定，順應其提出的要求。特別是貧困、弱勢的國家制定或修正的原
則，乃根據強權國家基於其本身區域考量所提出的要求[145]。法律移植
可能會造成缺乏與該地域的適應性與普遍性，造成效率不彰[146]，因此
不能光為移植法律而移植，應該考量修法的必要與執行效果。修法
過程必須以多元視野考量移植外國法律，比較對本國產生的差異，如
果能克服上述缺陷，自然能產生參考外國法治的優點呈現。相對的，
法律移植使資產弱勢國家在創立法律或修改法律上有搭便車的優勢，
因為可以節省非常多的立法成本，並且藉由其他國家的立法經驗，移
植國家可從中吸取需要改進的地方，或是藉由立法國家改進問題的過
程，增加自身改進法規的深度與寬度。移植法律最重要的是轉換的過
程，才能確保維持原來的優勢，改正汰劣，並能夠在新的國家發揮最
大的效能[147]。

西元1998年制定通過的「電子千禧著作權法」（the Digital
Millennium Copyright Act，簡稱DMCA）[148]，世界各國大多參考美國
DMCA第512條規定「避風港」的作法，除著作權人依法得要求網路
服務提供者移除網路流通之侵權資料外，網路服務提供者亦可依法針
對使用者涉有侵害著作權及製版權之行為，主張已盡其一定之事先預

[145] Peter K. Yu, *Can the Canadian UGC Exception Be Transplanted Abroad*? 26 I.P.J. 181 (2014). Peter K.Yu, *supra note*, at 181.

[146] Peter K. Yu, *The International Enclosure Movement*, 82 Ind. L.J. 870 (2007).

[147] Peter K. Yu, *Can the Canadian UGC Exception Be Transplanted Abroad*? 26 I.P.J. 181 (2014). Peter K.Yu, *supra note*, at 181.

[148] 17 U.S.C. § 1204(a)(1) (2000).17 U.S.C. § § 1201 & 1204 (West 2001).

防作爲，以及暫停對被舉發有可能發生之侵權行爲提供服務或移除其涉嫌之侵權資料等防範擴大侵權範圍措施時，即可不負損害賠償責任，透過著作權人與網路服務提供者共同合作，以減少網路侵權行爲，並解決網路服務提供者與使用者二者間爭議問題，落實著作權保護，並減少爭訟案件，確保網路服務提供者經營之法律安定性。網路服務提供者平時即應建立並確實執行，應將自己的著作權或製版權保護措施[149]，用契約、電子傳輸、自動偵測系統或其他方式（如設置檢舉專線）告知使用者，並且要確實履行這些保護措施，而爲鼓勵連線服務提供者協助防制網路侵權行爲，尤其是P2P網路交換軟體所提供檔案下載或分享的侵權態樣，只要該業者在接獲著作權人或製版權人就其使用者所爲涉有侵權行爲的通知後，將該通知以電子郵件轉送該使用者，即可視爲符合本項條件的要求。

　　以契約、電子傳輸、自動偵測系統或其他方式，告知使用者如果發生三次涉有侵權的情事（即通稱「三振條款」）時，應終止提供全部或部分的服務[150]，以此「通知／取下」的機制杜絕、遏制使用者的網路侵權行爲。不過，以現行的技術，連線服務提供者不可能對於使用者所有利用其連線服務所傳輸之內容予以過濾、檢視，實難以期待連線服務提供者能主動知悉其使用者有涉及侵權之情形，而可以合理預期「涉有侵權情事」應多來自於權利人團體之侵權通知。我國則在2009年5月13日修正公布的「著作權法」中，新增第六章之一「網路服務提供者之民事免責事由」，將上述網路服務提供者「避風港」機制納入立法規範。

　　企冀未來修法能迎合更迭快速的數位世界，網站、大眾傳播、MP3、電子書等的盛行，改變傳統對著作權的應用方式，相比起DMCA，加拿大「著作權法」的UGC除外規定更適合考量著作權法

---

[149] 「著作權法」第90條之4第1項第1款。

[150] 「著作權法」第90條之4第1項第2款。

的移植，因為DMCA立法與修正已經超過十多年，立法當時的科技環境和當今截然不同，雖然DMCA對前述「避風港」與「三振條款」皆有規範，但美國與加拿大對於著作權的轉換利用制度，觀念接近並對其他國家立法造成影響。

如澳洲法律改革委員會[151]認為，加拿大的UGC除外規定，是對著作轉換利用的合理規定。因此，即使是公益網站，也可能因為UGC所營造的廣告效益而獲利，雖然該網站可能是基於社群關係、親友團體、社會組織等所創造，某個自然人或機構擔任中間媒介人，提供讓利用人可以公開發表與散布的網路平台，依據加拿大著作權現代化法提出的改良版條文，所謂非營利性的使用者原生內容（non-commercial user-generated content, PNCUGC）[152]，若以非營利性的主要目的而形成的使用者原生內容，使用他人已公開發表或取得他人已授權的的著作，再重新製作成新的作品，必須符合：（一）非商業目的的使用；（二）標示取材來源，如原作者名稱；（三）使用人必須確保取得的著作，沒有侵害著作權的疑義；（四）利用後再製或散布的作品，不會在各方面造成對原利用著作的負面效果，也不會對原利用作品的既有或未來潛在銷售市場造成影響，當然也不能產生取代原利用作品的效果。

---

[151] ALRC, *Copyright and the Digital Economy: Discussion Paper* (2013) at 202-03. http://www.alrc.gov.au/sites/default/files/pdfs/publications/dp79_whole_pdf_.pdf (last visited: 9/8/2015).

[152] 非營利性的使用者原生內容（non-commercial user-generated content, PNCUGC）由此文作者Peter K. Yu所提出，此處乃整理該文意見。Peter K. Yu, *Can the Canadian UGC Exception Be Transplanted Abroad ?* 26 I.P.J. 184 (2014). Peter K.Yu, *supra note*, at 184.

第六節　結論

　　網路世界變化萬千且發展迅速，本文建議的使用守則，即使雇主明文制定後，還是應該隨時檢閱並且予以更新，才能達到與時俱進的效益。使用者生成內容，無論是上傳照片、影片在網路平台，皆有可能觸犯智慧財產權、不實廣告等刑責[153]，避免觸法的最佳途徑是注意網路上的法規規定，隨時更新對社群網站的規範，尤其是舉辦競賽或有獎徵答等活動時，不同的社群網站雖然有不同的規範，但其共同目標皆是保障網站使用人的權益，網站上的廣告不能違背其網站功能，雖然各個社群網站對其使用者有各自的使用規範，其中的使用導引必須配合各網站的使用人型態，以控制網站上的商品促銷與競賽活動。

　　即使企業同意受僱人使用社群網站，企業應該限制受僱人不能在工作時間使用社群網站或任何時間利用公司個人電腦、筆記型電腦、公司伺服器或其他電子裝置，並應限制受僱人在網站上公告涉及其私人事務的資訊，亦即社群網站的使用必須制定一定的使用準則與限制[154]。如制定以下守則：（一）受僱人不能使用公司提供的社群網站電子郵件或對外通訊管道，處理與工作內容無關的事務，也不能洩漏有關公司營業祕密、敏感資訊、機密資料及其他任何與公司無關的訊息，包括謠言、傳聞或臆測[155]；（二）無論是公司或個人的網站，受僱人皆不能使用公司標章或重製公司的營業內容，或揭露員工或組織成員相關動向，其他如公司財務消息、營運資料、公司經營策略等，也在禁止範圍[156]；（三）規定員工在張貼任何信息前，要經過審慎考

---

[153] *Calden v. Arnold Worldwide, LLC., et al.*, No. 12-10874-FDS (D.C. Ma. Nov. 27, 2012).

[154] Ben Larkin, *supra note*3, at 149。以下敘述乃依據該文作者的建議，並加上本文見解。

[155] *Id.*

[156] *Id.*

量，並且要對其內容負責，同時必須符合所有相關法規的規範[157]；（四）除非員工有得到公司事前的書面授權，否則禁止代表公司立場發表任何言論或聲明，與此有關的疑義皆由公司高層直接負責[158]。

評論受僱人在社群網站上關於工作的發言，單純為個人有關工作的發洩，或無意間洩漏與工作業務有關的機密，以臉書為例，A貼文抱怨公司小費制度不公平，與B不滿意公司經理所做的決策的發文，這二者可以區別為相同，或是不同屬性而有不同的處理方式呢？[159] NLRA會根據是否有主管同事接續發文，彼此有討論的事實，作為工作上的議題探討，從而決定A或B的責任不同。因此要探討每個案例事實的細節，以決定受僱人的發言是否能被保障。如果沒有涉及討論公司政策，純粹抱怨小費制度不公平，那就不受到NLRB提供的保障，這是在公司有權限進入受僱人網頁或是受僱人發表在公開平台上，若是受僱人在自己有限定交談對象或私人的談話空間，又是另外的情形，也不在NLRB保障的範圍內，以上情況必須要分別探討以維公允。

社群網站是繼e-mail後最具戲劇化的科技，改變人際關係的聯繫方式[160]。網路的發展超過人們可以想像的快速與便利，相對地，導致的問題正是當今面臨的挑戰，本文闡述美國新近案例與國外相關立法，以探討對應問題的防免之道。社群網站的應用廣泛地影響全球的人際互動，然而造成實務操作已經發生，現有法規卻緩不濟急，若單純從檔案分享、照片共賞的視角，社群網站的存在不應該構成大問

---

[157] Id.

[158] Id.

[159] Cressinda "Chris" D. Schlag, *supra note*54, at 115.

[160] Michael Veenswyk, *Why has the financial services sector been slow to adopt social?*, ECONSULTANCY (Feb. 26, 2014, 11:22 AM), https://econsultancy.com/blog/62215-why-has-the-financial-services-sector-been-slow-to-adopt-social/ (last visited: 12/4/2015).

題，但是和營利行為有關聯後，即將社群網站商業化，或有營利團體藉此牟利，造成對未經所有權人同意的下載或散布，或擅自重新編輯等行為皆形成侵害，範圍包括侵害他人隱私權或智慧財產權，投資人可以在之前利用社群媒體聯繫、研究或研讀投資報告，因此本文建議應考量如何有效地保障投資人，避免受到理財顧問不當的引導或廣告不實的殘害。

社群媒體的功能遠超過販售商品或服務的工具，更是提供完好客戶服務的平台，取代傳統的顧客服務與管理，因為網路回覆的迅速處理，反而可以化解消費者的不滿或疑問[161]，如此，更能提升顧客滿意度，實謂一舉多得。社群媒體對於律師而言，是展現其專業實力及與客戶互動的溝通平台，宣傳律師事務所有事半功倍的成效，然而仍須提醒的是，網路上的聯繫屬於正常的廣告宣傳活動，也是合法有效的意思表示，切勿因為是社群網站，就當成非正式有效的傳達工具，如此，會導致觸犯法律的後果。

參考文獻

1. Allison Shields, *Blogging and Social Media*, ABA Tech Report 2014 (2015), http://www.americanbar.org/publications/techreport/2014/blogging-and-social-media.html (last visited: 12/17/2015).
2. Ben Larkin, Stephen McKelvey, *Of Smart Phones And Facebook: Social Media's Changing Legal Landscape Provides Cautionary Tales Of "Pinterest" For Sport Organizations*, 25 JLEGASP 123-153 (2015).
3. Bonie Montalvo Navarrete, *Be Tweet Life And Death: Utilizing Social Media While Avoiding Legal Malpractice*, 89 Fla. Bar J. 52 (2015).

[161] Brandon Ancier, *3 Brands That Use Social Media in Customer Service to Boost-Happiness*, TINT (May 11, 2014), http://www.tintup.com/blog/3-brands-that-use-social-media-in-customer-service-to-boost-happiness/ (last visited: 12/11/2015).

4. Brandon Ancier, *3 Brands That Use Social Media in Customer Service to Boost Happiness*, TINT (May 11, 2014), http://www.tintup.com/blog/3-brands-that-use-social-media-in-customer-service-to-boost-happiness/ (last visited: 12/11/2015).

5. Cressinda "Chris" D. Schlag, *The Nlrb's Social Media Guidelines A Lose-Lose: Why The Nlrb's Stance On Social Media Fails To Fully Address Employer's Concerns And Dilutes Employee Protections*, 5 Am. U. Labor & Emp. L.F. 89-117 (2015).

6. Darren Heitner, *Buffalo Bills Sued for Sending Too Many Text Messages to Subscribers*. Forbes (Nov. 12, 2013, 9:18 AM), http://www.forbes.com/sites/darrenheitner/2012/11/12/buffalo-bills-sued-for-sending-too-many-text-messages-to-subscribers/ (last visited: 11/19/2015).

7. Don Muret, *Tapping New Revenue*. Sports Bus. J., Jan. 13, 2014, at 18, http://www.sportsbusinessdaily.com/Journal/Issues/2014/01/13/In-Depth/Craft-beer.aspx (last visited:10/10/2015).

8. Emily R. Caron, Morel Victory: Verdict Shows perils of Improper Photo Attribution. Lexology.com (Dec. 6, 2013), http://www.media-privacy.com/2013/12/morel-victory-verdict-shows-perils-of-improper-photo-attribution/ (last visited:11/7/2015).

9. Frank Schwab, *Buffalo Bills Pay About $3 Million to Settle Lawsuit Over Text Messages*. Yahoo! Sports.com (April 23, 2014, 12:37 PM), http://sports.yahoo.com/blogs/shutdown-corner/buffalobills-pay-about--3-million-to-settle-lawsuit-over-text-messages-163747040.html (last visited: 11/19/2015).

10. Investment Adviser Use of Social Media, 2012 Alert, https://www.sec.gov/about/offices/ocie/riskalert-socialmedia.pdf (last visited: 12/2/2015).

11. Jessica Holzer & Greg Benzinger. *SEC Embraces Social Media*. Wall St. J. (April 2, 2013, 7:49 PM), http://www.wsj.com/articles/SB100014

241278873236116045783988622929973352 (last visited: 10/9/2015).

12. Jessica Miller- Merrell, *History of Terminations & Firings Because of Employee Social Media Use*, BLOGGING 4 JOBS (May 7, 2013), http://www.blogging4jobs.com/social-media/history-of-terminations-firings-employee-social-media/ (last visited: 1/5/2016).

13. *Linked In Concerns Resolved*, The Florida Bar *News*, April 1, 2014 (Revised: 12/15/2015), http://www.floridabar.org/DIVCOM/JN/jnnews01.nsf/cb53c80c8fabd49d85256b5900678f6c/98333b3a25bef aca85257ca50044bd3f!OpenDocument&Highlight=0,LinkedIn (last visited: 12/25/2015).

14. Maeve Duggan & Aaron Smith, *Social Media Update 2013*, PEW RESEARCH CTR. (Dec. 30, 2013), http://www.pewinternet. org/2013/12/30/social-media-update-2013/?utmexpid=53098246-2. Lly4CFSVQG2lphsg-KopIg.0&utmreferrer=https%3A%2F%2Fwww. google.com.tw%2F (last visited: 12/8/2015).

15. Matt Sirinides, *Now is the time for advisers to embrace social media*, INVEST. NEWS (July 2, 2014, 12:48 PM), http://www. investmentnews.com/article/20140702/BLOG18/140709984/now-is-the-time-for-advisers-to-embrace-social-media. (last visited: 12/2/2015).

16. Matthew Liebson, Daniel McInnis, Thomas Zych & Darcy Brosky, *When Does Social Media Use Create a Product Endorsement*? Lexology.com (July 15, 2014), http://www.lexology.com/library/detail.aspx?g=af99e026-55ba-4cf5-8aa1-0b6ca6116b4d (last visited: 11/9/2015).

17. Matthias Rieker, *SEC Fines Investment Adviser Over Tweets*, THE WALL STREET JOURNAL (Jan. 30, 2014, 6:49 PM), http://online. wsj.com/news/articles/SB1000142405270230374360457935324002 62 12338 (last visited: 12/9/2015).

18. Michael Veenswyk, *Why has the financial services sector been slow to adopt social?*, ECONSULTANCY (Feb. 26, 2013), https://econsultancy.com/blog/62215-why-has-the-financial-services-sector-been-slow-to-adopt-social/ (last visited: 12/4/2015).

19. NAD Case Reports, http://www.bbb.org/council/the-national-partner-program/national-advertising-review-services/national-advertising-division (last visited: 11/7/2015).

20. NHS Employees Blasted for Facebook Leaks, IT Pro Portal (Oct. 31, 2011), http://www.itproportal.com/2011/10/31/nhs-employees-blasted-f (last visited: 2/3/2016).

21. *Number of Employers Passing on Applicants Due to Social Media Posts Continues to Rise, According to New Career Builder Survey*, CAREERBUILDER (June 26, 2014), http://www.careerbuilder.com/share/aboutus/pressreleasesdetail.aspx?sd=6%2F26%2F2014&id=pr82 9&ed=12%2F31%2F2014 (last visited: 1/5/2016).

22. Paul C. Van Slyke, *Testimonials and Pinterest: Lessons From Nutrisystem*. Law360.com (July 25, 2012, 1:48 PM), http://www.law360.com/articles/362355/testimonials-and-pinterest-lessonsfrom-nutrisystem (last visited: 11/8/2015).

23. Philip Gordon & Joon Hwang, *New Jersey Becomes the Twelfth State to Enact Social Media Password Protection Legislation; Recent Amendment to Illinois' Law Benefits the Financial Services Sector*, http://www.littler.com/new-jersey-becomes-twelfth-state-enact-social-media-password-protection-legislation-recent-amendment (last visited: 1/5/2016).

24. Sarah Tanaka, *It Is Time For Investment Advisers To Join The Conversation About Social Media*, 31 J. Marshall J. Computer & Info. L. 423-452 (2014).

25. *SEC: Advisor Use of Social Media Testimonials Sometimes OK*, THINK

ADVISOR, http://www.thinkadvisor.com/2014/04/01/sec-advisor-use-of-social-media-testimonials-somet (last visited: 12/3/2015).

26. Seyfarth Shaw, *Court Issues Decision in* Eagle v. Morgan: *Employee Owns Linked In Account but Fails to Recover Any Damages Against Former Employer*, Lexology.com (April 3, 2013), http://www.lexology.com/library/detail.aspx?g=1b8ecdfc-898b-4f12-ad86-43a856483577 (last visited: 9/24/2015).

27. *Social Media Active Users by Network*, SOCIAL MEDIA HAT (July 31, 2014), http://www.thesocialmediahat.com/active-users (last visited: 12/8/2015).

28. *Social Media Active Users by Network*, SOCIAL MEDIA HAT (Nov. 05, 2015), http://www.thesocialmediahat.com/active-users (last visited: 12/8/2015).

29. *Social Media Update 2014*. Pew Research Center (Jan. 9, 2015), http://www.pewinternet.org/2015/01/09/social-media-update-2014/ (last visited: 10/2/2015).

30. Social Medial Handbook, Vand. U., http://web.vanderbilt.edu/resources/social-media/social-media-handbook/important-policies-social-media/ (last visited: 2/5/2016).

31. *Social Networking Fact Sheet*, PEW RESEARCH CTR., http://www.pewinternet.org/fact-sheets/social-networking-fact-sheet/ (last visited: 11/30/2015).

32. Susan C. Hudson and Karla K. Roberts (Camp), *Business Leadership Symposium: Drafting And Implementing An Effective Social Media Policy*,18 Tex. Wesleyan L. Rev. 767-96 (2012).

33. Suzanne D. Nolan et al., *Health Care Marketing: A Tricky Operation*, 34 HEALTH LAWYER, Oct. 2012, at 34, http://heinonline.org/HOL/Page?handle=hein.journals/healaw25&div=7&g_sent=1&collection=journals http://www.tintup.com/blog/3-brands-that-

use-social-media-in-customer-service-to-boost-happiness/ (last visited: 12/16/2015).

34. THE SECOND ANNUAL STUDY OF ADVISORY SUCCESS, PERSHING 14 (2014), https://www.pershing.com/our-thinking/ thought-leadership/the-second-annual-study-of-advisory-success (last visited: 11/30/2015).

|第二章|
我國著作權法合理使用之
探討 ——
從美國合理使用制度談起

曾勝珍、張鉉昌

第一節　前言

　　各國建構其著作權法制時，一方面既應鼓勵創作、保護創作人，另方面更應提供創作人合理利用他人著作的空間，以避免在保護創作之同時，卻又壓抑獨立創作的空間。因此，平衡保護兩種利益的設計機制，乃著作權法重要指導準則，而合理使用就是著作權法中最重要之衡平機制。合理使用是著作權相關限制之核心，惟從著作權發展歷程觀察，於著作權概念開始發展之初，尚未見合理使用之蹤跡，嗣後著作權蓬勃發展，因而產生對著作權予以合理、正當限制之觀念。尤其在著作權侵害案件中，合理使用乃具有重要地位之防禦方法[1]，其創設乃一「人造法」（a made law）、「司法創設之論理法則」（judicial rule of reason），亦即原本著作權相關法令中並無合理使用之概念存在，而係由承審法官於個案判決中創設之法概念[2]。然而，基本上合理使用仍屬不確定概念，需配合社會與科技之發展及個案情形加以解釋，加諸各國國情不同，科技及社會發展腳步不一，何種範圍之利用始屬合理化使用，反而使合理使用更形判斷不易，通常僅在著作權人或專屬授權人實施訴訟權時，始被利用人引為阻卻違法事由之抗辯依據，如我國司法實務一向認為合理使用原則僅為著作權之限制，利用人僅可以此抗辯或為阻卻違法[3]，而美國法院亦認，合理

---

[1] 黃怡騰，〈著作之合理使用案例介紹〉，經濟部智慧財產局，頁19，2001年8月。

[2] 蔡惠如，《著作權之未來展望—論合理使用之價值創新》，頁52，2007年。

[3] 我國實務多認為合理使用在法律定性上係一抗辯或侵權阻卻事由，如智慧財產法院98年度刑智上更（一）字第16號刑事判決及智慧財產法院99年度民著訴字第85號判決等。李治安，〈著作權法中的灰姑娘—利用人地位之探討〉，臺大法學論叢，41卷3期，頁938，2012年10月5日。近年來我國學者亦回歸到著作權之立法目的而關注利用人權益相關的著作權核心問題，如劉孔中教授主張，合理使用等對智慧財產權之限制及例外其實是開放式的概念，對其解釋時不應適用「例外從嚴」的法律解釋原則，認應從寬解釋，而提出

使用原則為抗辯事由，非利用人之權利[4]。不過，最近美國第九巡迴上訴法院在Lenz v. Universal Music判決中[5]，將合理使用看作是使用者權[6]，由於模糊不清的特性，美國法院判決曾稱合理使用乃「整部著作權法典中最令人頭痛的問題」（the most troublesome in the whole law of copyright）[7]，或可供吾人略為想像其適用困難度。是以，如何使合理使用適用流程明確化、具體化，期能對合理使用之傳統理論形塑全新之價值。

　　合理使用原則自美國聯邦最高法院大法官Joseph Story於西元1841年在Folsom v. Marsh判決[8]確立判斷合理使用之四項標準後，美國法院不斷以判決充實合理使用理論之內涵，嗣於1976年由美國國會於美國「著作權法」第107條[9]予以明文化，奠立合理使用原則之法律基礎。我國「著作權法」第65條[10]，係參照美國「著作權法」第107

　　「開放式的權利制」概念。參考劉孔中，〈莫忘初衷：對兩岸著作權修法之期許〉，頁24-25，2011年10月。

[4] Alex Kozinski & Christopher Newman, What's So Fair About Fair Use?, 46 J. COPYRIGHT SOC'Y U.S.A. 513, 523, 525 (1999); Madison, *supra note*18, at 354。

[5] See LENZ V. UNIVERSAL MUSIC. (9th Cir. Sep. 14, 2015).

[6] 國內有部分學者認為合理使用係利用人的權利，如羅明通，《著作權法論》，頁117，2002年8月，「自使用人方面言，合理使用係指未經著作財產權人同意之情形下，得以合理方法，任意利用該著作之權利」。

[7] Marke, Julius J./ Sloane, Richard/ Ryan, Linda M./ Young, Caroline, Legal Research and Law Library Management, Law Journal Pr, 2016/07/28; Dellar v. Samuel Goldwyn, Inc., 104 F.2d 661, 662 (2d Cir. 1939).

[8] 9 F. Cas. 342 (C.C.D. Mass. 1841).

[9] 17 U.S. Code § 107.

[10] 2014年1月7日三讀通過著作權法修正草案第65條：修正著作權法第65條第2項規定，釐清著作權法第44條至第63條等合理使用條文中，如有「合理範圍」文字者，始須再依第65條第2項所定4項判斷基準予以審視是否符合合理使用，其他條文只要符合各該條規定之要件即可主張合理使用。

條合理使用的內容制定我國合理使用條款，作為著作權法平衡機制，但合理使用規範帶有一定程度的不確定性，如何消弭、減低此一不確定性，令其法律適用得以維持一定程度的可預測性及安定性，現行合理使用之規定已無法因應，尤其數位時代的變化，我國應透過修法的方式增加法定合理使用的類型以因應新的挑戰，主管機關智慧財產局於民國103年至105年經過47次諮詢會議，提出官方版著作權修正草案第四稿，以期平衡利用人及權利人間之利益，這正是我們要努力的方向。

第二節　合理使用之意義

　　有關著作權法「合理使用」之概念，美國學者Horace G. Ball在其1944年出版的「著作權法及文學著作財產」（The Law Of Copyright And Literary Property）一書中早就提及：所謂合理使用，是指他人於未經著作權人同意之情況下，得依據著作權法規定，對於著作權人享有之專有權利，以合理方式利用，並且不構成侵害著作權之著作權法上之特權（privilege）[11]；美國學者Marshall A. Leaffer亦謂：合理使用係指著作權人以外之人，對於著作權人依法享有之專有權利，縱使未經著作權人同意或授權，仍得在合理的範圍內，以合理方法自由無償加以利用之主張[12]。我國學者馮震宇則認為：所謂之合理使用，係指他人在未經著作財產權人授權或准許利用之情況下，仍能於合理的

---

[11] "Fair use may be defined as a privilege in others than the owner of a copyright to use the copyrighted material in a reasonable manner without his consent, notwithstanding the monopoly granted to owner by the copyright." See Horace G. Ball, The Law Of Copyright And Literary Property 260 (1944).

[12] Marshall A. Leaffer, Understanding Copyright Law 293-94 (1989).

程度內，利用著作財產權人之著作[13]。再者，我國學者羅明通則將合理使用定義為：指著作財產權以外之人，未獲得著作財產權人之同意或授權，亦無其他合於目的讓與（或目的授權）之情形，而得以利用著作財產權人依著作權法所得享有之各種專有權利[14]。

　　合理使用之定義，有最廣義、廣義和狹義之分；最廣義之合理使用，包含著作財產權限制（含法定授權）及一般之合理使用條款。此概念認為，從著作財產權人立場而言，合理使用是對著作財產專有之限制（limitations of exclusive right）[15]；對使用人而言，指未經著作財產權人同意下任意利用該著作之權利[16]。廣義之合理使用，係指在法律規定的條件下，不必徵得著作權人的同意，又不必向其支付報酬，基於正當目的而使用他人著作權作品的合法行為[17]。故廣義的合理使用包含著作財產權限制，但不包含利用人需要付費的法定授權的情況在內。狹義之合理使用，係將合理使用（fair use）、法定例外（statutory exemption）相區別。在美國著作權法「合理使用」與「法定例外」為二種不同之概念。本文因探討前述兩者區別實益，所以探狹義合理使用之見解。合理使用係英美法系在普通法（common law）發展出來的概念，在1976年美國著作權法修正時，才加以明文化，指針對不同著作及所有利用著作類型所做的規定；利用人利用該著作時，若法院判定係屬公平、合理，即得適用該規定。而「法定例外」指立法機關，基於立法政策，對特定著作之特定利用行為，所設

13　馮震宇，〈論新著作權法合理使用之規定〉，萬國法律，頁58，1998年12月。

14　羅明通，《著作權法論II》，頁153，2005年9月。

15　蕭雄淋、幸秋妙、嚴裕欽，〈國際著作權法合理使用立法趨勢之研究〉，經濟部智慧財產局，頁200，2009年。

16　羅明通，《著作權法論II》，頁145，2009年。

17　吳漢東，〈著作權合理使用制度研究〉，中國政法大學，頁145，2005年。

計之免責規定[18]。

第三節　美國合理使用制度的發展概況

　　合理使用制度起源自1709年英國的「安妮法案」（Statue of Anne），1740年衡平法院在Gyles v. Wilcox指出，若本於善意與合理交易的原則，對原著爲合理的摘錄（fair abridgment），就符合安妮法案之意旨，不構成侵害，首度宣示合理使用原則；自1740年起至1839年止，英國法院即依循安妮法案「鼓勵知識分子組織及創作實用書籍」[19]之立法目的，基於衡平（an equitable rule of reason）的觀念，透過著作權爭議個案「法官造法」的結晶，陸續以判決建置合理使用之內涵，累積歷年判例發展出一套相關的原則，用以處理「第二個作者在未經第一個作者的同意下，於其本身的著作中，使用了第一個作者的著作」的問題，在許多著作權相關的侵害訴訟中作爲被告抗辯的理由。至1911年，英國將合理使用原則訂於著作權法中並指出：「任何人爲個人學習、研究、評論、批評，或新聞摘述利用之目的而自任何製作中爲合理交易（fair dealing）」，即未侵害著作權，此乃奠定英美合理使用原則基礎[20]。

　　受到英國法制的影響，美國「著作權法」同樣具有合理使用規定。合理使用在美國的發展，早期主要依靠普通法的傳統，藉由個案

---

[18] Paul Goldstein, Goldstein On Copyright, Volume II, §12.1.1, 12:6-12:7 (2010)；黃怡騰，〈著作權法上合理使用之研究〉，國立政治大學法律研究所博士論文，頁96-97，1996年7月。

[19] 1709 8 Anne, ch. 19。轉引自廖偉迪，〈資訊時代著作權合理使用原則演變之探討—以美國著作權法爲中心〉，國立中正大學碩士論文，頁10，2003年。

[20] 馮震宇，《智慧財產權發展趨勢與重要問題研究》，頁160-161，2003年。

慢慢累積發展。1839年，美國Joseph Story法官於Gray v. Russell案[21]即認為判斷利用他人著作是否構成著作權之侵害，重點不在於引用部分之數量，而在該部分之價值。Joseph Story大法官嗣於西元1841年在Folsom v. Marsh判決[22]中認為，在決定第三人利用享有著作權之著作是否具有正當性（justifiable），而不構成著作權之侵害，並非直接以形式上或實質上（in form or in substance）判斷重製系爭著作全部或大部分內容，遽謂該利用著作之人侵害著作權人之著作權，而是當系爭利用著作之行為業已減損系爭著作之價值，或實質上損及著作權人之辛苦成果，即應認定此利用著作行為該當侵害著作權之要件。從而，法院應檢視以下三要素：（一）利用部分之性質及目的（the nature and objects of the selections made）；（二）利用部分之數量與價值（the quantity and value of the materials used）；（三）利用部分影響原著作之銷售、減少其利潤或取代原著作之程度（the degree in which the use may prejudice the sale, or diminish the profits, or supersede the objects, of the original work）[23]。

　　Joseph Story法官先後於Gray v. Russell及Folsom v. Marsh二案以判決創設著作權合理使用之基本原則，將之架構成一「衡平之論理法則」（an equitable rule of reason）[24]，其後美國法院不斷以判決闡釋合理使用之內容，逐漸充實合理使用之理論內涵。例如：

　　一、僅單純重製、大量引用他人著作，而未加以解釋、評論者，非屬合理使用。

---

[21]　10 F. Cas. 1035 (C.C.D. Mass. 1839).

[22]　美國聯邦最高法院大法官Joseph Story於西元1841年在Folsom v. Marsh判決中（以下簡稱Folsom案），開合理使用判斷標準的先河。在Folsom案，時任第九巡迴上訴法院，後來成為聯邦最高法院大法官的Joseph Story，將英國判例法上的原則，加以綜合歸納產生判斷標準，企圖解決在未經同意下，擅自於著作中，使用他人著作內容的問題。

[23]　Folsom, 9 F. Cas. at 348.

[24]　Sony, 464 U.S. 417, 448 (1984).

二、利用他人著作之再創作必須具有積極意義或使用價值，不得以損害原著作價值或銷售市場為營利意圖或動機。

三、限於利用他人著作進行原創性之創作，而非利用原始創作中之構思、風格與結構。

四、不同種類之著作其合理使用之要求不一，如對未發表之著作為合理使用之要求較已發表之著作嚴格，必須兼顧作者聲譽及控制著作之公開發表可能性；對虛構性著作之合理使用標準高於事實性或敘述性著作。

五、著作所隱含之思想、概念或觀念不受著作權法保護，即無合理使用可言，而著作之表達則非可任意自由使用。

六、對於缺乏原創性之事實編輯資料，應容許他人所為之合理使用[25]。

在Folsom案，Joseph Story大法官，將英國判例法上的原則，加以綜合歸納產生判斷標準，企圖解決在未經同意下，擅自於著作中，使用他人著作內容的問題。這則判例日後成為美國其他有關合理使用原則的判例及立法最早的基礎[26]。隨著新興科技的快速發展，各界莫不熱烈討論現行著作權法律體制下應否將著作權保護擴張至新興科技。面對新興科技所衍生之種種著作權法問題，美國法院亦以合理使用予以應對，企圖在現有法律架構下，調整著作權法制面與新興科技面之落差[27]。易言之，合理使用理論於立法者及法院權衡上開二衝突利益時扮演一關鍵重要之角色，其中又以1984年Sony v. Universal

---

[25] 吳漢東，《著作權合理使用制度研究》，頁17-18，1996年10月。

[26] See Folsom v. Marsh, 9F, Cas. 342 (C.C.D. Mass. 1841).

[27] 法院總是以合理使用原則解決此棘手爭議，最有名的案例即Sony v. Universal City Studio判決之時間轉移概念，及之後肯認Sony判決之RIAA v. Diamond Multimedia Systems Inc判決之空間轉移概念，足見合理使用對於著作權範圍與公共領域之重建扮演重要角色。

City Studio案[28]最具代表性。本文將從幾個著名案例說明美國著作合理使用的發展。

壹、Folsom v. Marsh案[29]——合理使用概念的濫觴

一、案例事實

　　原告Charles Folsom是一名波士頓的出版商，Folson整理美國喬治·華盛頓總統（George Washington, 1932-1799）的部分官方公開與私人信件資料加以編纂，加上註釋、圖片及自己撰寫的內容，其專有發行華盛頓總統的傳記資料的權利，出版了一部12冊全書約7,000頁的《華盛頓傳記－華盛頓全集》（The Writings of George Washington），其中第1冊爲傳記，其他書冊則爲相關的書信文件。而被告Bela Marsh則是發行了冒充的華盛頓總統的自傳，其中約有388頁逐字的去複製原告所撰寫的自傳作品，摘用了Folson書中4.5%內容，甚至插入了一些華盛頓總統的信件與文件，也出版了一部著作——《華盛頓自傳》（The Life of Washington in the Form of an Autobiography），最終法官認定被告之上開行爲構成著作權侵害。

二、法院判決

　　麻塞諸塞州聯邦地方法院法官Joseph Story審理Folson v. Marsh一案判決書中，Joseph Story法官認爲，大量引用原著或是原著精華部分，必須是基於評論的目的，被告Marsh雖然只選用（selection）[30]原告極少量篇幅，但這是該書最有趣、最有價值的部分，因此，被告的

---

[28] 100 464 U.S. 417 (1984).

[29] 同前註26。

[30] 當時仍無合理使用一詞的出現，僅有初步的合理使用的概念形成。Story法官在此案中所運用的是英國的fair abridgment的概念，此係爲評論他人著作而使用之概念，而其中引用他人之著作是以「選用」（selection）一詞來表達。

作品不是智力的創作，而是來自輕鬆的摘抄，宣判Marsh敗訴。判決書指出，在決定此種問題（是否構成著作權之合理使用）時，必須考量（利用人）利用他人著作之性質與目的，使用他人著作之程度與價值，引用後對被引用著作銷售之影響的程度，或是收益減少的程度，以及有無取代原著作等因素。Folsom案的判斷標準成為日後美國有關合理使用判決與相關立法重要的參考基礎，並成為往後於法制面上將合理使用法典化的重要依據。

三、小結

本案最重要的貢獻，即是歸納出著名且廣為其後法院判決所引用之判斷標準：「簡言之，判斷此種行為是否構成合理使用，必須時時審視利用人利用他人著作之性質與目的、利用之程度與價值、利用可能傷害原著作的銷售或減損其利益之程度、及有無取代原著作等因素。」[31]確立判斷合理使用之四項標準後，美國法院不斷以判決充實合理使用理論之內涵，嗣於1976年由美國國會於美國「著作權法」第107條予以法典化，成為實定法內容，明文承認合理使用原則的法律定位，也影響日後著作權法制的發展，奠立合理使用原則之法律基礎。

貳、合理使用──轉化性利用概念

轉化性利用概念成為美國著作權法合理使用的判斷標準，起因於美國在1976年的著作權法裡，明確將合理使用（fair use）制度設計法典化、條文化於「著作權法」第107條。美國「著作權法」第107條在實務的運作上，卻因為抽象的文字和解釋的標準而產生諸多的疑慮，因此Leval法官才會在1990年的時候，提出了合理使用的判斷準

---

[31] 同前註25。

則，也就是以轉化性利用的概念為根基，而這個原本還只是存在於理論層面的概念，於美國最高法院在1994年，將其實際的應用在處理著作權與合理使用的爭議上的判決中，這個判決也就是Campbell v. Acuff-Rose Music.Inc.案[32]，嗣後成為美國法院對於合理使用詮釋時的原則。

　　而轉化性利用概念的起源依照Leval的脈絡中，又以Universal City Studios, Inc. v. Sony Corp. of America與Harper & Row, Publishers, Inc. v. Nation Enterprises兩個最高法院更早之前對合理使用之論述和所提供的判斷原則為基礎。因此，可以說轉化性利用概念的開端就在於這兩個案例中，而Leval對於合理使用之「權利」設計之法律性質與目的，也幾乎是藉由這兩個案子中的論述為基調。

一、Sony案中合理使用

　　Universal City Studios, Inc. v. Sony Corp. of America（以下簡稱Sony案）這個案子的發展，在Sony案中，對於合理使用的目的討論上，法官其創造了所謂的時間轉移（time-shift）之利用與標準，並且被視為科技發展與著作權爭議之重要的里程碑，而這個案子對於Leval詮釋合理使用之啟發與影響下，可以看到Leval試圖依照Sony案的判決中，作為美國「著作權法」第107條進行分析與詮釋的參考範本。

（一）案例背景

　　Sony公司製造並且販賣Betamax型號的錄影機，並且標榜使用Betamax的消費者，能夠自行在家錄製電視頻道所撥放的電視節目與影片，而遭到環球電影公司、華納迪士尼電影公司等控告，Sony提供錄影機使得其購買者在家未經著作權人同意而大量錄製，並且侵害著作權，因此控告Sony構成輔助侵害人。在一審的時候，地方法

---

[32] 510 U.S. 569, 114 S.Ct. 1164 (1994)。

院認為能夠主張合理使用而判定Sony勝訴，但本案二審進入聯邦第九巡迴上訴法院時，被認定由於未經著作權人授權的情況之下的錄製行為是違反著作權人之法律權利的，而且利用人所謂的時間轉移（time-shift）行為，並不具有生產性（productive），這種消極的利用行為，並不能構成著作權法中合理使用之主張，因而推翻了一審的判決。

（二）科技技術Time-Shift時間轉移行為

　　Sony在地方法院之所以能勝訴，是因為法官承認利用人主張一種所謂的時間轉移的利用方式，其是指Betamax能夠預先設定錄影時間，而利用者能夠在非播出時段看到節目之內容（off-the-air），而這項技術包含了三種不同的科技和技術創新，也就是需要錄影帶、調波器，以及接收電視台所發射的電波的接收器三個部分。而由於Betamax具有這種自動定時功能，因此即使人不在或是在關機或是在收看其他節目的情況之下，也能夠自動錄影並儲存起來；Betamax其內建的功能，並且具備了暫停或是倒轉或是快轉的功能鍵，更能隨著利用者的需要來使用[33]。

（三）法院判決

　　上訴至最高法院時，多數意見的理由中，不只廢棄了上訴法院強調的生產性利用原則（productive），並且認為地院所提到的時間轉移利用，是符合著作權法和合理使用之規定與目的；並且強調所謂的生產性（productive）並非決定性的要素，只是有助於我們去判斷衡量合理使用的一項標準。而時間轉移（time-shift）的這種利用方式，在本案中由於原告無法舉出實際證據顯示利用人之行為造成實際之損害，純粹只是因為擔心或是害怕收益之減少，聯邦最高法院將爭點放在未經授權、非商業性的、時間挪移性的重製上。雖然所有未經授權

---

[33] 275 480 F.Supp. 429 (1976), at 435-436.

的商業性重製行爲均推定構成著作權之侵害，但在非營利性的重製行
爲，則應由原告負舉證責任[34]。最高法院引用地院之判決認爲利用人
的利用行爲「與憲法第一修正案的政策一致，該政策即是藉由公共頻
道盡其可能地提供可能的資訊管道」[35]，因此判決原告敗訴。

參、Authors Guild v. Google, Inc.（Google圖書搜尋計畫是否構成合理使用）

一、案例事實

　　（一）2004年12月，Google對外宣布他們將要進行一項「圖書搜
尋計畫」（Google Books），藉由與美國數所高聲望的大學和公共圖
書館簽訂合約，包含：密西根大學、哈佛大學、牛津大學以及紐約公
共圖書館等，合作建構圖書館館藏的「數位資料庫」。Google規劃於
十年間將1,500萬本書籍數位化，其書籍種類包山包海，大多爲絕版
書籍，但也有少部分書籍尚未絕版。透過Google Books，使用者能夠
以關鍵字查詢書籍的內容、摘錄，或進一步下載列印，甚至連結到書
商及圖書館的網站，而且不會嵌入任何廣告。Google在將合作圖書館
提供的藏書掃描數字化後，通過技術手段爲所有數字圖書編制了電子
索引，該索引能夠直接指向每本書中出現的每一個字詞。通過這一
索引，Google建立了一套面向公眾的搜索系統。當用戶輸入某個字詞
後，系統會返回含有該字詞的所有書目。而每一項書名都連接至該書
的介紹頁。在圖書介紹頁中，除書籍的有關信息外，還包含有該書銷

---

[34] 耿筠、劉江彬，〈美國著作權合理使用之重要判例研究〉，智慧財產權，第
44期，頁64，2002年8月。

[35] ……is consistent with the First Amendment policy of providing the fullest possible
access to information through the public airwaves. See Sony 464 U.S. 425，轉引自
馮震宇、胡心蘭，〈論美國著作權法合理使用原則之發展與適用〉，中原財
經法學，第6期，頁180，2001年7月，註114。

售者及可借閱的圖書館的連接[36]。

（二）引起爭議的關鍵事實在於，Google在圖書介紹頁中還提供了以「片段瀏覽」（snippet view）方式呈現圖書內容的服務。Google將數字圖書的每一頁分成8個部分，每個部分即所謂「片段」。每次搜索會展現三個片段，而當更換關鍵詞進行搜索時，展現的片段也會發生變化。因此，通過實施多次不同搜索，用戶可以獲取一本書中的大量內容。但Google也採取了一定措施，確保用戶不會通過多次搜索獲得一本完整的數字圖書，如對每頁中呈現的片段位置加以固定，而圖書中不少於十分之一的頁面，及每頁中的一個片段會被永久遮蔽等等[37]。

（三）Google公布這項計畫後，立刻引發廣大爭議，因為被掃描的書籍中，除了屬於「公共所有」（Public Domain）者外，也涵蓋了許多受著作權法保護的著作，但Google在進行掃描（重製）前，並沒有取得作者的同意或支付相關費用，因此，在2005年美國作家協會（Authors Guild）便聯合其中3名作者對Google提起訴訟，指控其大規模地侵害著作權，且沒有合理補償權利受損的作者及出版商；而Google則以「合理使用」為其重製行為做抗辯。

二、法院判決──美國「著作權法」第107條合理使用的四項標準

是否構成合理使用的關鍵，在於Google的利用行為是否能「達成促進藝術及科學發展之著作權立法精神」，也就是形成「轉化性使用」。美國法院依據「著作權法」第107條中的四項標準來進行判

---

[36] 王敏銓，〈合理使用於數位圖書搜尋之適用─以Google Book Search為中心〉，國立交通大學科技法律研究所，2012年。

[37] 章忠信，〈美國法院判定Google的書籍全文掃描搜尋不侵害著作權〉，2012年5月21日最後更新，http://www.copyrightnote.org/ArticleContent.aspx?ID=6&aid=2695，最後瀏覽日：2017年3月23日。

斷，即「利用之目的及性質」、「著作之性質」、「所利用的質量及其在整個著作之中所占的比例」、「使用結果對著作潛在市場與現在價值之影響」等。

　　（一）法院審酌美國「著作權法」第107條合理使用的四項標準，法院特別指出，Google Books計畫所提供的搜索功能，特別具有「轉化性」（particularly transformative），Denny Chin法官以Google Books之功能在檢索而不在閱讀，具有極高的創新性，讓公眾無需翻閱全書、僅憑任意字段即可上網檢索圖書的相關片段，重在提供資訊，並沒有取代書籍原先所具備只是被閱讀之功能，絕不能僵化的認定商業利用就不是合理使用。一審判決援引先例，判定被告的營利性並不妨礙其合理性，因其「營利的同時，還有促進教育的作用」。二審法院針對上訴人「Google最終旨在壟斷性營利」之控訴，闡明「營利目的」並非絕對判斷標準，因為在一個高度商業化的國家，第107條所列的所有科教、藝術類合理使用都不可能完全杜絕營利。判決指出，Google圖書館將著作重製成電子檔[38]，並提供強大的關鍵字搜尋及分段呈現的功能，這些功能創造實體圖書館內書籍所無的轉化利用，也因此變相的促進了整體社會藝文知識的發展，且不致於被利用著作產生市場替代效果，合於合理使用。因為「文字檢索的結果，與書頁（或書籍）的瀏覽不論在目的、表達、意義及所傳遞訊息等各方面，都完全不同。」同時，Google Books以檢索字詞為核心而提供預覽，能大幅增加合理使用的轉化效果，並讓使用者清楚評估該提供預覽的書籍是否符合其需求，此一高度轉化性造成Google之營利意圖無法凌駕其上，因而仍屬合理使用[39]。

　　（二）法院認為第二項判斷基準「著作之性質」有利於Google的

---

[38] Authors Guild v. Google, Inc., 2015 U.S. App. LEXIS 17988, at 7 (2d Cir. 2015)

[39] 楊智傑，〈Google圖書搜尋構成合理使用〉，北美智權報，第147期，2015年12月2日，http://www.naipo.com/Portals/1/web_tw/Knowledge_Center/Infringement_Case/publish-177.htm#1，最後瀏覽日：2016年12月27日。

行爲，通常是以著作的創意性高低與著作是否已發行爲參考依據。一般而言，單就此一判斷基準而言，在合理使用判斷上通常不具有重要性，然而本案因Google的轉化性利用而產生有價資訊之提供，已賦予與原作不同的意義。不論Google所重製的著作是寫實或是虛構創作，都不會造成太大影響。

（三）法院就第三個判斷基準「利用內容占被利用著作的比例」，亦對Google有利的判斷。法院認爲Google對著作雖然是進行全文重製，然而依Campbell案的見解，本項基準之分析應在於系爭重製行爲「是否能合理、適當達成轉化性目的」、考量系爭著作的利用是否爲達成「利用目的及性質」所必須，以及「是否成爲原著在市場上的競爭或替代物」等因素[40]。

（四）法院就最後一個判斷基準「使用行爲對作品市場價值的影響」亦認爲對Google有利，所謂的「影響」必須對市場到達有意義的程度，而不能僅憑可能有少數人檢視部分段落後便不會購買實體書籍而認爲Google侵權，反而由Google的片段機制設計可以認爲，很難有使用者會因此取得完整部分而取代對原著作的購買。法院認爲，使用者如果要依據其搜尋所得的片段結果拼湊出全文內容，所花費的人力成本，還不如直接去購買那本書。法院也說明，即使Google Books造成銷售上的損失，然而原告所提出的證據不足以說明，其著作在市場上確實受到「有意義或明確的影響」。

綜合上述四項判斷標準，法院認爲Google Books提供了下列幾項公共利益，使整個社會都受益，並且達到高度的「轉化性使用」，與著作權法之立法精神一致，因而成立合理使用：

1. 促進藝術與科學發展。Google Books成爲無價的研究工具，使學生、教師、圖書館員與任何使用者更有效在上千萬的藏書中尋覓需

---

[40] Authors Guild, Inc. v. Google Inc., 954 F. Supp. 2d 290 (S.D.N.Y., 2013).

用的書籍[41]。

2. 對作者的權利維持尊重，且沒有對權利人權利造成負面影響。

3. 保存書籍，特別爲被遺落在圖書館角落的老舊書籍與絕版書籍注入嶄新的生命。

4. 「閱讀障礙者」、「偏遠地區」以及「書商往昔無法提供服務的族群」如今得以透過網路接觸掃描的著作。

5. 爲著作人與出版商創造新的讀者及收入來源。

結合上述考量，Google Books之重製被認爲屬合理使用，而其中的判斷邏輯，於我國個案的「合理範圍」判斷上，也具有相當的參考價值[42]。

本案中，最重要的是，圖書館、學者、社會公眾對圖書的利用更爲有效，許多本可能漸漸被遺忘的圖書重獲新生，這符合法官反覆陳述的著作權法立法目的，即推動科學與藝術的發展，因此公共利益成爲了左右判決結果的最高指導方針。畢竟人類的智慧創作，就怕別人不知道，尤其在數位科技與網際網路發達的時空裡，相信這個判決，絕對會對於現行著作權的制度與運作，引導出全面反思的革命風潮[43]。

肆、小結

綜上所述，美國「著作權法」第107條合理使用原則係將習慣法

[41] Circuit Judge Chin, Opinion in Authors Guild v. Google, Case 1:05-cv-08136-DC Document 1088, Nov. 14, 2013. Retrieved Nov. 17, 2013.

[42] 趙宗彥，〈著作權法之合理使用制度介紹〉，國立臺灣大學教學發展中心，https://ctld.ntu.edu.tw/_epaper/news_detail.php?f_s_num=623，最後瀏覽日：2017年2月15日。

[43] 經濟參考報，〈谷歌圖書數字化爲何不算侵權〉，臺灣中評網，http://www.crntt.tw/doc/1043/0/5/6/104305666_3.html?coluid=7&kindid=0&docid=104305666&mdate=0712131606，最後瀏覽日：2017年5月5日。

予以法典化後，使法院在從事個案判斷合理使用時所爲之重要參考依據，該條文並未將何謂合理使用予以定義，僅列出在具體個案判斷上可參考之因素。90年代初至今，美國法院審理有關著作權合理使用的案件中可以看出，合理使用判斷，不一定非要以受著作權保護作品進行了修改或重新設計，才會認爲該次使用是具有轉化性的。實際上，爲了新的目的、透過重新設置作品用途和作品使用情景，而有新的展現給讀者，都可以被認爲符合「轉化性」要求。

　　新興科技帶來著作利用型態改變，著作權法面對資訊科技進步所造成的法制衝擊，採取反規避措施等激烈手段，造成著作權法制針對數位著作保護之爭議，出現了原先爲平衡權利人利益與促進文化創作發展之兩大目的，發生了失衡的現象。而合理使用原則之適用也因科技管制的嚴重限縮，使得著作權的保護對象究竟是表達方式或是無形的概念，產生了保護界限的模糊，著作權法制似乎已轉往著作權利人之一方傾斜[44]。面對數位時代衝擊產生的公私益保護衝突爭議，Google Books一案正體現實務上因應數位科技發展，該如何詮釋著作合理使用，提出解決的思考方向。尤其面臨大數據分析時代，所使用軟體或程式，或必須因爲資料格式相容性關係都有可能涉及著作權相關問題。雖然，由過去美國法院判決可知主張轉化性使用主體，如果對受原著作權保護作品被使用的方式和原因，可以解釋得越清晰以及越連貫，該次使用越有可能被認爲是轉化性的目的。然而，具體有關大數據資料蒐集、處理、資料探勘等資料分析技術均可能涉及著作權保護議題，仍必須視個案情況，判斷分析、儲存、蒐集方式，是否涉及重製、與存在合理使用的可能性[45]。可見著作合理使用原則如何再

---

[44] 張喻閔，〈論數位著作保護對合理使用之衝擊〉，國立空中大學社會科學系，社會科學學報，第17期，頁81，2010年。

[45] 葉雲卿，〈大數據與著作權之合理使用〉，北美智慧報，第177期，http://www.naipo.com/Portals/1/web_tw/Knowledge_Center/Infringement_Case/IPNC_170125_0501.htm，最後瀏覽日：2017年5月5日。

具體化、細緻化，如何因應不可預測的未來，正考驗著立法者與司法機關。

第四節　我國合理使用之法制變遷

壹、1992年前合理使用規定

　　我國舊有之著作權法未明白規定「合理使用」之文字，但審視其內容不乏隱含合理使用之基本精神，惟法律規定不足以因應日益複雜之法律關係，於1992年6月10日「著作權法」修正公布全文，其中第3章「著作權及著作權」第3節「著作財產權」第4款「著作財產權之限制」之第44條至第63條增訂、修正於合理範圍內得引用他人著作之特定情狀，並參照美國西元1976年「著作權法」第107條之規定，引入合理使用之概念，於第65條規定：「著作權之利用是否合於第四十四條至第六十三條之規定，應審酌一切情狀，尤應注意左列事項，以爲判斷之標準：

　　一、利用之目的及性質，包括係爲商業目的或非營利教育目的。

　　二、著作之性質。

　　三、所利用之質量及其在整個著作所占之比例。

　　四、利用結果對著作潛在市場與現在價值之影響。」

　　依條文文義解釋與行政院草案說明[46]所揭示之立法說明，舊法第65條規定非屬獨立之合理使用概括條款，僅爲審酌具體個案是否符合第44條至第63條所定著作財產權限制之抽象要件時，所應審酌及注意

---

[46] 經濟部智慧財產局，《歷年著作權法規彙編專輯》，2005年9月，頁203-204。

事項之補充規定[47]。

貳、1998年修法規定

1998年1月21日，基於舊法第44條至第63條所定之合理使用範圍已顯僵化，無法因應實際需要，為擴大合理使用之範圍，而修正公布第65條，增訂第1項規定：「著作之合理使用不構成著作財產權之侵害。」修正第2項規定：「著作之利用是否合於第四十四條至第六十三條規定『或其他合理使用之情形』，應審酌一切情狀，尤應注意下列事項，以為判斷之標準：

一、利用之目的及性質，包括係為商業目的或非營利教育目的。
二、著作之性質。
三、所利用之質量及其在整體著作所占之比例。
四、利用結果對著作潛在市場與現在價值之影響。」

使第65條規定成為獨立之合理使用概括條款，法院得單獨審酌第65條第2項之判斷標準而認定構成合理使用，亦得就單就第65條第2項其中一款基準予以判斷，或綜合審酌四款標準，更可考量非第65條第2項所例示之判斷標準。

參、2003年、2009年修法規定

2003年7月9日將「著作權法」第65條第2項「標準」二字修正為「基準」，針對合理使用範圍協議，增訂第3項、第4項規定。此外，「著作權法」於2004年9月1日修正時，於第91條另行增訂第4項：「著作僅供個人參考或合理使用者，不構成著作權之侵害。」在2009年之前，對於「著作權法」第65條第2項的四款判斷基準還未有

---

[47] 羅明通，《著作權法論Ⅱ》，頁303-304，2014年5月。

定見，有認爲屬訓示規定[48]，也有持相反意見者[49]。然，經過司法院98年智慧財產法律座談會[50]後，始確立採非訓示規定說，智慧財產法院亦於同年的幾則判決[51]中分別揭示相同意旨：「於判斷合理使用之際，理應將所有著作利用之相關情狀整體納入考量，且應將該條項所定之四項基準均一併審酌。」至此，我國「著作權法」第65條關於合理使用四款判斷基準的審酌方式已然確定。

綜上所述，我國合理使用制度具備以下特色：於規範體例上，包括例示規定（即第44條至第63條規定）與概括規定（即第65條第2項規定），且由於第65條第2項規定於1998年1月21日予以修正，合理使用之各例示規定仍須按第65條第2項規定所定之基準爲判斷，且若無第44條至第63條規定所定情形，亦可依第65條第2項規定爲合理使用之判斷，因而使第65條規定既爲例示合理使用規定之附屬判斷標準，亦爲獨立之合理使用概括判斷標準。此外，法院得單獨審酌第65條第2項之判斷基準而認定構成合理使用，亦得就單就第65條第2項其中一款或數款基準予以判斷，或綜合審酌四款基準，更可考量非第65條第2項所列舉之判斷基準[52]。

---

[48] 例如最高法院92年度台上字第4934號判決、最高法院92年度台上字第3344號判決、最高法院92年度台非字第99號判決便是採訓示規定之說，認爲法官可從四個判斷基準中選擇適用，司法院98年智慧財產法律座談會提案及研討結果刑事訴訟類第11號。又有一說認爲相同結構的我國刑法第57條，即便也使用了「應」字，然該條文中所定的十款法定刑罰裁量事由實際上屬訓示規定，因此著作權法第65條四款判斷基準也可以選擇的方式進行審酌。

[49] 例如最高法院93年度台上字第2176號判決、最高法院92年度台上字第4911號判決、最高法院94年度台上字第7127號判決、最高法院96年度台上字第3685號判決則認爲若未進行四款判斷基準之審酌，將爲判決不適用法則或判決違背法令之結果。

[50] 司法院98年智慧財產法律座談會提案及研討結果刑事訴訟類第11號。

[51] 98年度民著訴字第2號、98年度民著訴字第8號、98年度民著上字第5號、98年度民著上易字第3號判決。

[52] 盧文祥，〈智慧財產權不確定法律概念的剖析研究〉，頁144，2006年2月。

肆、2014年最新修正規定

　　2014年之「著作權法」，將2003年之著作權法第65條第2項「於第44條至第63條規定或其他」之文字修正爲「合於第44條至第63條所定之合理範圍或其他」，即第44條至第63條文中有「合理範圍」之規定文字者，則須依65條第2項規定之四款基準審視之，至其他規定僅須符合各該條文所定之要件即屬合理使用[53]。

　　其修正理由爲：按豁免規定與合理使用不同，其區別在於豁免規定對於著作類別及專屬權種類設有限制，以及豁免規定只須考量要件是否符合即可構成，法院無須再行斟酌其他合理使用之權衡要素。而查本法原條文合理使用中所例示者，存有許多條文屬於豁免規定，而無適用第65條所列判斷標準之餘地[54]。蓋豁免規定之設計，正是對於限定的特殊利用著作情形，明確正面的肯認其合法性，由於適用的情形已有所限定並且要件設定明確，是故無須再以合理使用中的權衡要素予以再次評價。原條文未能爲此區分，造成此種特殊的利用情形除了其本身條文的要件外，尚須再通過合理使用的檢驗，而未能達成豁免規定制度設計的初衷。因此將原條文第2項「合於第44條至第63條規定或其他」之文字修正爲「合於第44條至第63條所定之合理範圍或其他」，即合理使用條文中有「合理範圍」之規定，則須依本條第2項規定之四項基準審視之，以臻明確。第65條第2項規定：「著作之利用是否合於第四十四條至第六十三條所定之合理範圍或其他合理使用之情形，應審酌一切情狀，尤應注意下列事項，以爲判斷之基準：

---

[53] 經濟部智慧財產局，〈立法院三讀通過著作權法修正草案，身障者權益邁大步〉，2014年1月7日，http://www.tipo.gov.tw/ct.asp?xItem=504228&ctNode=7123&mp=1，最後瀏覽日：2017年2月20日。

[54] 2014年著作權法修正後，最高法院103年台上字第1352號民事判決已明確揭示顯然採取「形式認定」原則，只要條文用語未使用「合理範圍」者，均屬豁免規定，法院無庸於該豁免規定所訂要件外，另行斟酌是否符合著作權法第65條第2項各款所定合理使用之判斷準。

一、利用之目的及性質，包括係為商業目的或非營利教育目的。

二、著作之性質。

三、所利用之品質及其在整個著作所占之比例。

四、利用結果對著作潛在市場與現在價值之影響。」[55]

我國現行法最大問題乃在「漏未規範」及「失之寬鬆」二者，前者將導致教學科技因受制於法律規範而難以主張合理使用；後者則將稀釋合理使用機制的立法正當性，同時可能進一步強化權利人積極採取嚴密科技保護措施之動機。並期藉由權利人與利用人間的善意互動逐漸消弭權利壁壘，以積極促進「著作權法」立法意旨之早日落實。

伍、我國「著作權法」第65條第2項運用情形分析

一、利用之目的及性質多數判決仍重在營利或非營利

在我國早期實務判決中，常見法院將判斷重心放在該個案是否為商業目的或非營利教育目的，例如：同屬於私人消費性重製的案件，臺灣板橋地方法院91年度易字第3361號認為「就利用之目的及性質而言：被告難非直接供營利而為商業性使用，惟其亦非屬非營利之教育目的」；臺灣臺中地方法院94年度訴字第2808號則認為「就利用之目的及性質而言：被告雖非直接供營利而為商業性使用，惟其下載之目的乃係供其子女於閒暇之時觀看，係為個人娛樂所用，並因此節省其應支出之購買正版影音光碟片費用，顯非為非營利之教育目的，而可認係具有商業性之娛樂目的。」但是，最高法院94年度台上字第7127號判決早已揭櫫著作權法第65條第2項第1款有關利用之目的及性質，「應以著作權法第1條所規定之立法精神解析其使用目的，而非單純

55　立法院公報第103卷第5期院會紀錄，頁449-451；經濟部智慧財產局，〈立法院三讀通過著作權法修正草案，身障者權益邁大步〉，2014年1月7日，http://www.tipo.gov.tw/ct.asp?xItem=504228&ctNode=7123&mp=1，最後瀏覽日：2016/11/29。

二分爲商業及非營利，以符合著作權之立法宗旨。」

　　簡言之，如果使用者之使用目的及性質係有助於調和社會公共利益或國家文化發展，則即使其使用目的非屬於教育目的，亦應予以正面之評價；反之，對於社會公益或國家文化發展毫無助益，即使使用者非以營利爲目的，亦因該重製行爲並未有利於其他更重要之利益，以致於必須犧牲著作財產權人之利益去容許該重製行爲，而應給予負面之評價。雖是如此，智慧財產法院99年度刑智上易字第61號刑事判決「各該論文所編輯之位置，均在各講師所製作講義內容之後，顯係供學生研究、參考所用，而非爲商業目的。」智慧財產法院100年度民著上易字第1號民事判決「經查，利用他人著作之目的可粗分爲商業與非營利教育等類型。非營利性之教育目的與具有商業目的之利用行爲兩者相比，前者較容易成立合理使用。或者無生產力之使用，亦較有生產力之使用，易成立合理使用。」仍有爲數不少合理使用相關判決，仍然著重在營利或非營利的說明，未進一步就該個案著作利用對於促進國家文化發展的影響，而進行正面或負面評價的判斷[56]。

　　雖然有不少案例有提及具生產力之使用（積極利用行爲）或轉化性之使用[57]，但對於專業法官以營利、非營利之二分法解釋合理使用基準，相較於美國法官在2012年National Center for Jewish Film v. Riverside Films LLC案[58]及2013年SOFA Entertainment, Inc. v. Dodger Productions, Inc.案[59]，對於著作之營利使用未必不能成立合理使用，且若著作之利用涉及越高程度之轉化，則其他因素越顯得不重要，這

---

[56] 益思科技法律事務所，〈我國著作權合理使用實務見解之研究期末報告書〉，經濟部智慧財產局，頁241-244，2012年12月8日。

[57] 如智慧財產法院100年度刑智上訴字第81號。

[58] National Center for Jewish Film v. Riverside Films LLC, 2012 WL 4052111 (C. D. Cal., 2012).

[59] SOFA Entertainment, Inc. v. Dodger Productions, Inc., 709 F.3d 1273 (9th Cir. 2013).

種針對個案分析，整體考量之判斷思維似乎可供我國參考。

二、對著作之性質未能妥適分析

　　著作之性質為合理使用四款判斷基準中，最為多變而難以處理。事實上，並非所有涉及合理使用的案件，著作之性質均有其重要性。亦即，吾人應該要承認，在部分合理使用的案件中，著作之性質可以不需要「刻意」找理由論述，而可以經法院個案評估認為此款在該個案中不具深入分析之意義，而簡單帶過，進入其他款的討論。臺灣臺中地方法院94年度2808號所提出之「就著作之性質而言：被告所重製者係具濃厚商業性、娛樂性之視聽著作」，本身就是為了要正當化其判決有罪的理由，而生硬地提出上開著作之性質。然而，不少合理使用的判決，則是對於著作之性質以最概括、簡略的方式忽略不談，這並不是一個好現象。不過，國內也有值得贊許的判決，如：臺灣高等法院93年度上易字第927號對於唱片包裝封面的著作性質的論述。事實上，照片翻拍或重製若要成立合理引用，亦可著墨此款基準，惟類似案件中均未見法院深入探究。反而是在智慧財產法院100年度民著上易字第1號民事判決中認為：「……所謂著作之性質，係指被利用著作之性質而言。基於權益衡量，創作性越高之著作應給予較高度之保護，故他人主張對該著作之合理使用的機會越低。」[60]並非就其「創作性」或「原創性」較高而進行評估，而是以該照片拍攝的投資或困難度為由，若接受此論述，則無疑將「著作之價值」與「著作之性質」混淆，第2款與第4款就更難區辨，並不合宜。智慧財產法院101年度刑智上訴第27號在著作之性質的判斷時，亦有傾向於與「價值」混為一談的問題，值得吾人注意。

　　美國著作權法實務上，對於被利用之著作所具有之性質，如何影

---

[60] 智慧財產法院102年民著訴字第57號民事判決意旨：「一般而言，創作性越高或創作性超過事實性內容之著作，應給予較高度之保護，就該種著作主張成立合理使用之機會相對較低。」

響法院對於合理使用的判斷,遂逐漸發展出下列判斷原則:(一)被利用之著作,越是具有傳播資訊或事實之性質,或性質上越具有實用功能,則利用此種性質著作之行為,其構成合理使用之可能性及可資利用之範圍亦將越大;(二)若被利用之著作,越具有創意性、想像性或原創性的性質;或較具有娛樂性時,因其原創之意念表達之成分較多,受到著作權法及著作權制度保護之程度相對越高,對於此類著作之利用,其所得主張合理使用之可能性及其範圍便相對越小。

三、所利用之質量及其在整個著作所占之比例分析

本款在合理使用的案例中,最容易進行具體討論,但問題點也不少。首先是所利用之質量及其在「整個著作」所占之比例,條文所稱「整個著作」,係指被利用的著作,有著作權保護之原著作而言[61],而非利用人所完成之著作,實務趨勢亦多以判斷所占原權利人著作之比例作為判斷標準[62],也有案件在討論本款時,將主張著作權遭侵害的著作占「被指稱為侵權之著作」的比例進行論述[63]。查美國「著作權法」第107條第3款謂「使用部分占被使用著作全部之質量關係」,顯明文表示只須考量使用部分占原權利人著作之比例即可,而未包含有被告之著作,此似足供作為我國修法借鏡[64];其次則是在諸多利用他人照片的案件中,若法院認定該利用行為應符合合理使用之規定,則多「刻意」忽略本款之討論。亦即,照片通常屬於百分之百的利用,法院為避免在本款給予利用人負面評價,影響其判決遭不利一方作為上訴理由,即略予不提,此無怪乎合理使用之四款基準的論述,經常被稱為先射箭再畫靶。若欲提升著作權合理使用相關案件之判決

---

[61] 智慧財產法院103年民著上更(一)字第2號民事判決。

[62] 100年民著訴字第30號、99年民著訴字第36號、98年民著訴字第40號、98年民著訴字第44號、98年民著訴字2號等。

[63] 98年民著上易字3號。

[64] 立法院第8屆第1會期第6次會議議案關係文書,2012年4月12日印發。

品質，法院應儘可能避免僅將合理使用四款基準作爲「點綴」，而應發揮其指引判決方向的分析作用。

　　除了前開二點較值得批評的狀況外，有關質量的問題，通常法院呈現仍以「量」先於「質」，或是僅談「量」未談「質」，正因爲「質」較難論斷，本研究不排斥當所利用的「量」到達一定程度，「質」的部分可以簡單帶過，但仍應避免一般民眾誤解純粹僅進行「量」的衡量。不可諱言以「一般人對原著的可聯想性」來判斷利用的「質」是否屬於「實質性、重要性」，這也符合向來論者所強調的。因爲「利用人利用他人之著作如是他人著作的精華部分，較不易成立合理使用云云[65]」，該判斷標準應可適用於一般性著作。與此相反的是，美國著作權法制中出現了「聯想測試」原則（Conjure up test），亦即「如果一個諷刺仿作適當地以不超越讓人可以聯想到原著的範圍內利用原著的話，即可成立合理使用。」[66]在諷刺性著作，則須建立另外一套的特殊判斷標準，意即必須以「一般人可聯想到原著的程度爲限使用原著，始可主張合理使用之抗辯」。這也是近年來我國修法建議將詼諧仿作納入合理使用一項重要參考。

四、著作潛在市場與現在價值多未能具體論述

　　我國「著作權法」第65條第2項第4款之內容及適用情形，法院於判斷時必然需進行被告行爲對於原著作現在市場之經濟損失之判斷，亦不能偏廢對未來潛在市場影響的衡量，之所以考量到潛在市場是因爲並非每個著作權人皆欲使其著作進入市場以獲取經濟利益，又縱使著作進入市場，並不能表示每件著作都可得到經濟利益。因此，對於

---

[65] 蕭雄淋，《新著作權法逐條釋義（二）》，頁172，1996年5月。

[66] "Parody , is fair use if it appropriates no more necessary to 'conjure up' the original." See Columbia Picture Corp. v. National Broadcasting Co., 37 F. Supp.348, 351，轉引自馮震宇、胡心蘭，〈論美國著作權法合理使用原則之發展與適用〉，中原財經法學，第6期，頁210，2001年7月，註284。

著作權人所能獲得經濟利益之來源，均依潛在市場定義之，與現實之經濟市場有所區隔。就利用結果對著作潛在市場與現在價值之影響，我國實務上在比較簡單的案件，是以市場替代性進行判斷，一旦認為利用者的著作具有市場替代性，則可以不用再進一步論述對於潛在市場的影響，但不附論述理由而僅概括一語帶過的案件亦不在少數，仍有相當大改善的空間。智慧財產法院99年度民著訴字第73號民事判決則較具參考性：「……原告費盡心思拍攝系爭著作，並無任何明示或默示同意他人任意利用系爭著作，而單張攝影著作亦構成一件著作，被告逕自將系爭著作完全重製於前開部落格個人相簿中，所利用系爭著作之質量即為百分之百，且其擅自重製，供不特人瀏覽之結果，亦會降低他人向原告尋求授權使用系爭著作之機會，對原告以系爭著作收取授權金之潛在經濟價值難謂毫無影響，自難謂其利用尚在合理範圍內。」

　　在Harper & Row案中，美國最高法院認為美國「著作權法」第107條第2項第4款判斷是進行合理使用與否判斷的最重要基礎，本款適用之目的乃在考量被告行為對於整體市場（含現有與未來潛在市場[67]）的影響，以及若被告與原告在市場上有所謂的競爭關係時，其對於現有與未來潛在市場的影響為何，也就是討論「市場替代」效果的問題。而關於影響的部分有兩種討論面向：一為對整體著作市場的影響；二為取用部分對被侵權著作該部分的市場影響。依據Harper & Row案[68]的看法，應為第二種才是。原因在於，該案認為即使取用

---

[67] 潛在市場依實務定義應為「被利用著作之現有市場及未來可能市場，以及該著作之衍生著作的現有市場及未來可能市場。」Cable/Home Communication Corp. v. Network Prods., Inc., 902 F. 2d 829, 845 (11th Cir. 1990).

[68] 在Harper & Row, Publisher, Inc. v. Nation Enterprise案中，由於被告節錄了原告著作中之精華，法院認為該等行為不得主張係合理使用。最高法院認為本案情形並不符合著作權法有關合理使用之規定，因為，未發行著作在其性質上就排除了合理使用之主張。請參考Harper & Row, 471 U.S., at 564-566, 568, 105 S.Ct., at 2232-2234, 2234一案。

部分占原著作比例非常小，但若爲其著作之精華部分仍可能對含現有
與潛在市場有非常大的影響。然而，此款也是此四款中最困難進行衡
量與判斷的判斷基準，原因在於其涉及社會大眾與著作權人間之利益
衡平之問題，也涉及著作權法的立法目的之提供誘因鼓勵創作。因此
在法律適用的拿捏上，必須要考量社會知識的流動性與著作權法創作
誘因強度的維持。一般而言，若是原告與被告互爲同一市場上之競爭
者，或是對於侵權人之行爲有明顯影響現在或未來潛在市場時，往往
會被認定爲不符合合理使用，反之，就較爲容易成爲合理使用。

五、小結

　　上述概括性合理使用規定的四款標準之審酌，屬於動機層次的問
題，其爲決定侵害著作權故意之原動力，違規動機視個案而定，不一
而足；且因動機發動產生故意，動機乃內心的因素，原則上與犯罪成
立無關。簡言之，合理使用之認定除依第65條第2項概括條款所定四
款標準進行判定外，尚須參考著作權法之立法目的針對具體個案之事
物本質詳加推敲，特別須留意進行判斷要不背離比例原則、公益原
則及禁止濫權原則[69]，就如Leval法官指出，對於合理使用的判斷標準
上，我們必須要回歸到著作權的立法目的作爲法律解釋的指導原則。

第五節　修法建議

　　著作權法固以保障著作人著作權益爲目的，惟爲兼顧調和社會公
共利益，促進國家文化之整體發展，於必要時，亦須予以限制，如何
於保障著作人權利之外，兼顧公眾資訊取得之自由與經濟、文化、科

---

[69] 廖又生、駱平沂、鄭念慈，〈我國著作權法關鍵之不確定法律概念判斷準則
評析〉，亞東學報，第32期，頁175，2012年12月。

技之發展，爲本次修法之重要課題。現行著作權法合理使用之項目，已不足因應網路及數位時代需求，爲使著作合理使用規定更加明確，實有加以做更合理之修正。

壹、以「著作財產權之例外」作為上位概念

　　經濟部智慧財產局於民國103年4月3日公布「著作權法修正草案（第一稿）」，爲使著作財產權限制及例外規定更加明確，俾利遵循，將現行第44條至第63條等著作財產權限制及例外規定之適用要件明確規定，同時刪除「在合理範圍內」之要件（現行著作權法第51條私人重製除外）[70]，使其不需依現行條文第65條第2項合理使用概括條款規定再行檢視[71]。

　　考量著作權法以合理使用涵蓋權利例外及合理使用制度，並有概括性條文，但合理使用範圍極不確定，故建議將著作權之限制區分爲例外與合理使用。所稱例外，僅受其立法目的之規範，而不受合理使用概括條款之制約；所稱合理使用則包含具體合理使用態樣與概括性合理使用條文，並作爲其判斷標準[72]。

　　從智慧財產局所提之著作權法修正草案觀之，係認所謂著作權之限制，本諸其規範目的，已無須適用合理使用概括規定，僅於所謂其他合理使用情形，始依概括規定加以審酌判斷，而限縮該概括規定之

---

[70] 第51條「非爲營利得重製他人著作之條件」：供個人或家庭爲非營利之目的，在合理範圍內，得利用圖書館及非供公眾使用之機器重製已公開發表之著作。

[71] 經濟部智慧財產局，〈著作權修法專區／著作權法修正草案（第一稿）〉，頁3-4、72，2014年4月3日，http://www.tipo.gov.tw/lp.asp?ctNode=7644&CtUnit=3743&BaseDSD=7&mp=1，最後瀏覽日：2017年2月20日。

[72] 劉孔中，〈學者南港版著作權法典草案及其升級版〉，頁9、20，2014年12月19日，https:// www.tipo.gov.tw/dl.asp?fileName=4122313375498.pdf，最後瀏覽日：2017年2月20日。

適用範圍。這種作法仍未明確區分「權利限制」與「合理使用」之概念，且大幅縮減判斷基準的適用範圍，其實益不大，反而壓縮權利人的權益，故其認為並無刪除之必要，蓋衡平考量必然需要一套具有彈性的判斷基準，並建議以「著作財產權之例外」作為上位概念，涵括「著作財產權之限制」與「著作的合理使用」等兩類例外條款，第48條、第48條之1、第53條及其他「著作財產權之限制」的條文，一併移列至「著作財產權之例外」條款的前半部，將第65條第2項移列為「著作之合理使用」相關條款之首，並刪除第65條第2項前段中「其他合理使用之情形」的用語，且確立合理使用事由係被告之抗辯事由的原則[73]。

貳、合理使用與法定例外之區別

　　針對第65條立法體例，本文認為將第65條定位為獨立合理使用規定，不作為第44條至第63條之檢驗標準。我國「著作權法」第65條，既然係仿自美國「著作權法」第107條規定而來，而美國「著作權法」第108條至第122條有關法定例外規定，無須受美國「著作權法」第107條之四個判斷基準之檢驗。在第108條至第122條所無規定者，利用者尚得主張第107條合理使用之獨立抗辯規定。理論上，我國「著作權法」第44條至第63條規定，既係參考自日本著作權法著作財產權限制之規定，應是自我滿足之規定，不宜受「著作權法」第65條第2項之四款檢驗基準的檢驗。本文贊同獨立說之方式，因本條規定係來自美國「著作權法」第107條，獨立說在法理上，最為適當，且能明確劃分法定例外與合理使用之概念。

　　合理使用原則適用之著作類型及專屬權種類並無限制，法定例外

[73] 謝國廉，〈著作財產權之例外—檢討與展望〉，頁17-25、44-53，2014年12月19日，https://www.tipo.gov.tw/public/Attachment/4122511563957.pdf，最後瀏覽日：2017年2月20日。

則有個其適用之著作權類別專屬權種類。是否屬於合理使用，須經由法院透過檢驗標準之規定，就個案分別認定。在法定例外的情形，若著作的利用符合立法者預設的成文要件，自不構成著作財產權之侵害，不須再以合理使用的標準加以檢驗。在該要件內，法院不能恣意認定，而應遵守該法定要件。若因環境變遷，欲改變結論時，應由立法修正。即使未能依法定例外規定獲得豁免，仍可依合理使用原則不構成侵權。

　　由於我國著作權法第44條至第63條有關於個別合理使用規定，有基於公共政策之考量，亦有係過去合理使用經驗累積之成文法化，在適用上若統一均採合理使用之判斷標準，難免產生爭執，故基於公共政策考量者應明確化。本文認為，若屬於基於公共政策考量（包含對於著作特性之考量）所規定之合理使用，應給予法定除外規定相當之地位，無須再透過著作權法第65條第2項四款標準之判斷，但若規定有不明確，致著作權人可能產生不測之損害者，可透過修法方式進行細緻化處理，而不應委由著作權法第65條第2項各款標準加以判斷。

參、開放式的合理使用規範

　　著作權權利內容有許多例外及限制規定，因為在著作權保護期間內，社會大眾仍然有合理使用其標的物之必要，以滿足各種私人、教育或商業目的等，而免於著作權之責任，此即合理使用抗辯。不過，在法律解釋上向來有所謂例外規定從嚴解釋之原則，此項「例外規定應從嚴解釋」原則並不適用於著作權法，而是應該從例外及限制規定之立法目的出發，決定其應有之範圍，並不是一概從嚴解釋。換言之，合理使用抗辯應該是開放式觀念（open-ended），並具有控制實現著作權公益理念的樞紐地位。

　　美國「著作權法」第107條規定，對例外原則的靈活適用可以最大限度地促進普及和傳播知識這個公益目的的實現，目的在於給予使

用人開放式自由合理使用之一般條款。我國「著作權法」則先是規定各種具體的合理使用條款，然後在第65條又將美國「著作權法」第107條逐字翻譯納入，因此在解釋上也是採取開放式的權利限制條款。尤其因應科技數位、網際網路發達的時空，創作無所不在，創作型態多元化，例如谷阿莫的「X分鐘看完電影系列短片」，是否採取開放式合理使用權利主張，因應科技時代不可預期性，以利創作共享的體現，似乎值得進一步檢討。對例外原則的靈活適用，可以最大限度地促進普及和傳播知識這個公益目的的實現，只是這種靈活性的開放式立法模式對法官的能力和素質，勢必提出了很高的要求。

肆、擴大遠距教學時的「合理使用」規定

　　科技發展使得遠距教學成為教育趨勢，但現行著作權法缺乏遠距教學合理使用規定，現行著作權法第44條至第65條係著作權法有關合理使用之規定，其中有關教育之規定，除第65條一般合理使用之規定外，有下列四條：第46條「為學校授課需要之重製」、第47條「教科書之重製與教育目的之公開播送」、第54條「教育目的辦理考試之重製」、第55條「非營利目的之無形再現」。然而上述條文規定，並不相對地包含有關「公開傳輸權」的合理使用規定。有鑒於網路已是遠距教學所不可少之工具，遠距教學在教育上有其必需性。由上述外國立法例之分析，我國著作權法立法，有必要儘速解決此一問題。因此，增訂遠距教學相關合理使用規定，讓依法設立之各級學校及教師可針對註冊學生進行遠距教學，至於開放一般民眾修習之非營利遠距課程，如磨課師課程[74]等平台，只要提供課程不是以營利為目的，便能夠因此受惠。

---

[74] MOOCs，Massive Open Online Courses，又稱為「磨課師」，也就是「大規模開放式線上課程」，透過網路，把課程開放給大量線上使用者參與學習過程。MOOCs學習者註冊課程後，教師以簡短影片教學，輔以測驗及作業，安排學習互動，透過學習平台，教師可掌握學習者的成效。

伍、增訂孤兒著作強制授權規定

科技使得老著作有新用途,但面臨找不到著作財產權人授權之問題,為促進著作流通利用,爰增訂著作財產權人不明時之強制授權規定。因著作權人身分不明或失聯,導致利用人無法獲得著作權人授權之著作,亦即所謂孤兒著作[75]。而隨著網路環境發展導致資訊爆炸,加上著作權保護期間延長與註冊保護主義式微等各種情事的交互影響,孤兒著作數量暴增。欲利用孤兒著作的人雖然盡一切努力,卻常有遍尋不著著作權利人之情形,惟若未取得權利人之授權,利用人可能為了避免成為侵權訴訟之被告,而放棄孤兒著作之使用,如此窘況,恐怕造成孤兒著作難以為社會充分且妥善地利用。故孤兒著作之強制授權許可制度有其存在之正當性與必要性[76],亦可認為是一種平衡公益與私益較為合理之妥協政策。為擴大適用範圍,並使事權及法規統一,建議將孤兒著作相關規範統一規定於著作權法典中,以符合著作權法之立法目的及世界潮流。

陸、著作登記制度之增訂

登記制度,然由於實務上確實有其效益與需求,具自願性質之著作權登記制度仍有其價值,我國全面恢復著作權登記制度,應屬必然之趨勢。透過官方登記制度取得法定公示效果,利用人透過具法定公示效果之官方登記制度,易於查知著作權人身分,進行授權洽商,解決不易找尋著作權人或確認誰是著作權人之困擾。法定公示效果之著

---

[75] 我國文化創意產業發展法第24條則將其定義為「著作財產權人不明或其所在不明」之著作,由於無人負責該著作之使用或其他相關授權、處分事務,利用人洽商授權無門,該著作處於被棄置之狀態,形同孤兒,乃以為名。

[76] 章忠信,〈「數位內容產業發展條例草案」有關著作權規範之檢討〉,科技法律評論,3卷1期,頁137,2006年4月。

作權登記制度，可以大幅降低著作權人保護其著作權及利用人取得授權之成本，避免日後著作權爭訟案件之曠日費時與經濟耗費。

　　著作權登記制度採自由而無強制性，不影響著作權人自由決定是否透過其他方式證明或行使其著作權。目前固然有其他制度似乎可替代著作權登記制度，但非法定公示效果之著作權登記制度所可取代。當然著作權登記制度耗費行政大量成本，此乃為智慧局目前抗拒全面恢復著作權登記制度之主要原因。不過透過制度改良，例如委託民間辦理、單純登記而不進行審查或撤銷等，將可大幅減省行政成本。

　　全面恢復著作權登記制度有其實際需求，它沒有強制性，但可以作為一個選項，讓有需要的人有機會利用它，對於著作權的保護及著作的流通利用，絕對有正面幫助[77]。

第六節　結論

　　著作權法之合理使用問題，係著作權法中最困難，也是最令人困擾的問題。美國的合理使用原則，係由習慣法（common law）產生。1976年之美國「著作權法」第107條之合理使用（fair use）原則，並非係第108條至第122條之法定例外規定之判斷標準，而係將美國1976年以前之司法實務有關合理使用之司法判決，加以明文化。我國「著作權」法第65條訂定之一般合理使用原則，本即大陸法系國家著作權法立法例之異數。尤其我國「著作權法」第65條之一般合理使用之四款檢驗條款，成為法定例外之檢驗規定，更是世界各國立法例所無。此種「合理使用」與「法定例外」相互混淆之立法方式，不僅在著作權法理論有所矛盾，其實施結果亦使我國行政及司法實務，充

---

[77] 章忠信，〈全面恢復著作權登記制度此其時也〉，http://www.copyrightnote.org/ArticleContent.aspx?ID=2&aid=432，最後瀏覽日：2017年3月15日。

滿不確定性及不可預測性。

隨著著作權法權利保護範圍擴張與新型利用型態不斷出現，合理使用面對問題越來越多。近數十年來著作權保護範圍的擴張對於科技創新的影響，美國聯邦最高法院均不斷致力於避免著作權人壟斷新科技的發展與擴散，如在Sony案中，最高法院認為在判定合理使用時應本於「衡平原則」，考量著作權人權利及公共利益之平衡，相同地，我國法院審理合理使用之判斷不宜單取一項判斷基準，應以人類智識文化資產之公共利益為核心。

由於科技轉變過於快速，個案之間的差　性，與對於新式傳播方式以及數位化資訊的利用型態的認識，早已經遠遠的超出了當初立法者的認識範圍之外。因此，法院為了避免產生判決的合法性爭議，而使得法院在新科技與著作權的衝突上，就盡可能地避免創設新的合理使用的原則。但這樣一來，無疑是宣判合理使用的死刑。科技不斷地向著作權法制提出挑戰，合理使用範圍也始終充滿不確定因素，雖然司法機關是最後的裁判，但要公眾完全透過司法解決爭端，並不是最佳的手段。最可行的方法還是立法者需要以新的思維面對相關法制的重建。

參考文獻

1. 王敏銓（2012），〈合理使用於數位圖書搜尋之適用─以Google Book Search為中心〉，國立交通大學科技法律研究所。
2. 立法院公報第103卷第5期院會紀錄。
3. 吳漢東（1996），《著作權合理使用制度研究》。
4. 李治安（2012），〈著作權法中的灰姑娘─利用人地位之探討〉，臺大法學論叢，41卷3期。
5. 益思科技法律事務所，〈我國著作權合理使用實務見解之研究期末報告書〉，經濟部智慧財產局，2012年12月8日。

6. 耿筠、劉江彬（2002），〈美國著作權合理使用之重要判例研究〉，智慧財產權，第44期。

7. 張喻閔（2010），〈論數位著作保護對合理使用之衝擊〉，國立空中大學社會科學系，社會科學學報，第17期。

8. 章忠信（2006），〈「數位內容產業發展條例草案」有關著作權規範之檢討〉，科技法律評論，3卷1期。

9. 曾勝珍（2010），《論網路著作權之侵害》。

10. 曾勝珍（2012），《智慧財產權專論》。

11. 曾勝珍（2012），《圖解著作權法》。

12. 馮震宇（1998），〈論新著作權法合理使用之規定〉，萬國法律。

13. 馮震宇（2003），《智慧財產權發展趨勢與重要問題研究》。

14. 馮震宇、胡心蘭（2001），〈論美國著作權法合理使用原則之發展與適用〉，中原財經法學，第6期。

15. 黃怡騰（1996），〈著作權法上合理使用之研究〉，國立政治大學法律研究所博士論文。

16. 黃怡騰（2001），〈著作之合理使用案例介紹〉，經濟部智慧財產局。

17. 廖又生、駱平沂、鄭念慈（2012），〈我國著作權法關鍵之不確定法律概念判斷準則評析〉，亞東學報，第32期。

18. 廖偉迪（2003），〈資訊時代著作權合理使用原則演變之探討—以美國著作權法為中心〉，國立中正大學碩士論文。

19. 劉孔中（2011），〈莫忘初衷—對兩岸著作權修法之期許〉。

20. 蔡惠如（2007），《著作權之未來展望—論合理使用之價值創新》。

21. 盧文祥（2006），〈智慧財產權不確定法律概念的剖析研究〉。

22. 蕭雄淋（1996），《新著作權法逐條釋義（二）》。

23. 蕭雄淋、幸秋妙、嚴裕欽（2009），〈國際著作權法合理使用立法趨勢之研究〉，經濟部智慧財產局。

24. 羅明通（2009），《著作權法論 II》。

25. 章忠信，〈全面恢復著作權登記制度此其時也〉，http://www. copyrightnote.org/ArticleContent.aspx?ID=2&aid=432，最後瀏覽日：2017年3月15日。

26. 章忠信，〈美國法院判定Google的書籍全文掃描搜尋不侵害著作權〉，2014年5月21日，http://www.copyrightnote.org/ArticleContent.aspx?ID=6&aid=2695，最後瀏覽日：2017年3月23日。

27. 楊智傑，〈Google圖書搜尋構成合理使用〉，北美智權報，第147期，2015年12月02日，http://www.naipo.com/Portals/1/webtw/KnowledgeCenter/InfringementCase/publish-177.htm#1，最後瀏覽日：2016年12月27日。

28. 經濟參考報，〈谷歌圖書數字化為何不算侵權〉，臺灣中評網，http://www.crntt.tw/doc/1043/0/5/6/104305666_3.html?coluid=7&kindid=0&docid=104305666&mdate=0712131606，最後瀏覽日：2017年5月5日。

29. 經濟部智慧財產局，〈立法院三讀通過著作權法修正草案，身障者權益邁大步〉，2014年1月7日，http://www.tipo.gov.tw/ct.asp?xItem=504228&ctNode=7123&mp=1，最後瀏覽日：2017年2月20日。

30. 經濟部智慧財產局，〈著作權修法專區／著作權法修正草案（第一稿）〉，頁3-4、72，2014年4月3日，http://www.tipo.gov.tw/lp.asp?ctNode=7644&CtUnit=3743&BaseDSD=7&mp=1，最後瀏覽日：2017年2月20日。

31. 葉雲卿，〈大數據與著作權之合理使用〉，北美智慧報，第177期，http://www.naipo.com/Portals/1/webtw/KnowledgeCenter/InfringementCase/IPNC1701250501.htm，最後瀏覽日：2017年5月5日。

32. 趙宗彥，〈著作權法之合理使用制度介紹〉，國立臺灣大學教學發展中心，https://ctld.ntu.edu.tw/epaper/newsdetail.

php?fsnum=623，最後瀏覽日：2017年2月15日。

33.謝國廉，〈著作財產權之例外－檢討與展望〉，頁17-25、44-53，2014年12月19日，https://www.tipo.gov.tw/public/Attachment/4122511563957.pdf，最後瀏覽日：2017年2月20日。

|第三章|
商標法第一次銷售原則與
實務之研究

曾勝珍

第一節　前言

　　商標權利耗盡，指凡商品由製造商、販賣商、零售商至消費者之垂直轉售中，已存在商標默示之授權使用，於轉售時，商標權已耗盡，後手之使用該商標並無受到專用權之拘束而阻卻違法事由。「第一次銷售原則」（first sale rule）乃從商標法規範而來，當A購買某項商品後可以在未經該商品商標權人的授權後轉售，著作權法和專利法也有此理論的適用，真品所有人可以依據原商標做再販售行為，[1]商標權利耗盡分為國內商標權耗盡及國際商標權耗盡不同理論。所謂國內耗盡，乃商標權人其製造或經其同意製造之商品，在「本國」或「外國」第一次進入市場後，僅在該本國或外國市場之物品使用、銷售等權利被耗盡；國外耗盡為商標權人其製造或經其同意製造之商品，第一次投放到市場上後，不論是投放市場為國內或國外，商標權人均不能再主張權利。

　　保護著名商標或標章，為世界貿易組織（World Trade Organization，簡稱WTO）[2]與貿易有關之智慧財產權協定（Trade

---

[1]　Raymond T. Nimmer, First Sale, Online Resales, and the Like, LCOMTECH § 5:25,1 (2013), https://web2.westlaw.com/find/default.wl?cite=LCOMTECH+%C2%A7+5%3a25&rs=WLW13.10&vr=2.0&rp=%2ffind%2fdefault.wl&utid=2&fn=_top&mt=LawSchool&sv=Split (last visited: 12/20/2013).

[2]　世界貿易組織於1995年1月1日正式誕生，成為接替關稅暨貿易總協定的國際貿易機構，它的任務是監督國際商務活動，並負責清除世界貿易的障礙，總部設在日內瓦，關貿總協的一百多個會員國，經過長達七年的烏拉圭回合貿易談判，於1993年12月15日始達成世界貿易協定，並於1994年4月15日簽訂最終協議，奠定成立世界貿易組織的法源。我國於1990年1月1日依據GATT第33條規定，以在對外貿易關係上具自主權地位的「臺灣、澎湖、金門及馬祖個別關稅領域」向GATT祕書處提出入會申請，歷經多年努力，終於在2001年完成各項雙邊與多邊入會經貿諮商。我入會工作小組於2001年9月18日舉行第11次會議，採認我入會議定書及工作小組報告，WTO第4屆部長會議於同年11月11日通過採認我國入會案，我國由經濟部林前部長信義於11月

Related Aspect of Intellectual Property Rights, including Trade in Counterfeit Goods，簡稱TRIPS協定）[3]所揭示之原則且為世界各國趨勢。TRIPS協定於1996年1月1日正式生效，為目前國際間提供智慧財產權保護態樣最為廣泛之單一多邊協定，本協定除訂定相關權利之最低保護標準外，包含各項實質權利的內容、行政層面的執行保護程序，與司法層面的救濟管道等，強制要求會員國間遵守並履行該條約上之義務，甚稱最具約束性的國際性協定。與貿易有關之智慧財產權協定TRIPS協定第6條[4]規定本協定之任何規定不得被作為解決智慧財產權之耗盡之議題，明文將權利耗盡問題排出在協議之外，這也進一步造成各國各行其是，莫衷一是的現象。

　　全球化浪潮下，國際貿易市場上常見的合法製造產品，未經合法授權買賣之現象，稱為灰色市場（gray market）或平行輸入（parallel

---

　　12日代表我國簽署入會議定書。我國入會條約案於11月16日經立法院審議通過，陳總統於11月20日簽署我國加入WTO批准書，自批准日起3日生效（即90年11月22日），我國乃於12月2日致函WTO秘書長確認接受我國入會議定書。經過30天之等待期後，我國於2002年1月1日成為WTO第144個會員。我國申請加入GATT/WTO之歷史紀要，經濟部國際貿易局，2005年4月11日，http://www.trade.gov.tw/cwto/Pages/Detail.aspx?nodeID=354&pid=312950&dl_DateRange=all&txt_SD=&txt_ED=&txt_Keyword=&Pageid=0，最後瀏覽日：2017年4月4日。

3　TRIPS第15條第1項規定：「任何足以區別不同企業之商品或服務之任何標識或任何標識之組合，應足以構成商標。此類標識，以特定文字、包括個人姓名、字母、數字、圖形和顏色之組合，及此類標識之任何聯合式，應予註冊為商標。當標識本身不足以區別相關之商品或服務時，會員得基於其使用而產生之顯著性而准其註冊。會員得規定，以視覺上可認知者作為註冊要件。」與貿易有關之智慧財產權協定，經濟部智慧財產局，https://www.tipo.gov.tw/ct.asp?xItem=202401&ctNode=7014&mp=1，最後瀏覽日：2017年4月4日。

4　第6條耗盡就本協定爭端解決之目的而言，在符合本協定第3條及第4條之前提下，不得使用本協定之任何條款解決智慧財產權耗盡之問題。與貿易有關之智慧財產權協定，經濟部智慧財產局，https://www.tipo.gov.tw/ct.asp?xItem=202401&ctNode=7014&mp=1，最後瀏覽日：2017年4月4日。

import）；即同一商品於不同市場銷售時會出現不同訂價，回銷者藉由價差進而賺取利潤。通常灰色市場商品指同樣商品但分為美國版與非美國版，灰色市場或稱盜版貨（piracy）和黑色市場（black market）的不同在於，前者是合法製造的商品但未經過合法授權買賣，後者是未經授權製造的違法商品。[5]一般而言，非美國版的外型和美國版類似，但往往質料較差，內容也不盡相同或使用較便宜、廉價的原料製作，相對地售價也會較低。

當真品被銷售於製造商的經銷通路外時，尤其是網路販售的多樣性及其暢通的管道，網路業務轉售涉及附著於商品的商標，因為商品是真品，當然商標也是真正的商標，爭點在於製造商所建構的行銷通路在不包括轉售商的情況下，轉售商無異構成對其經銷商與分支機構的競爭威脅，[6]當品牌商品被販售之後，無論再經過多少次的轉售、贈與、互易或遺贈，皆不影響該品牌所表彰的商品品質；此外，商標保障所有信任該品牌的消費者，消費者藉由品牌能取得所期望的商品品質和服務，同時維護社會大眾不致產生混淆誤認，[7]並保障商標權人不受到仿冒行為的破壞和影響，製造商為解決此類問題，通常會對轉售商與線上拍賣網站，提出商標及著作權侵害的訴訟，[8]希望解決轉售價格偏低與零售、轉售等超過銷售管道，製造商難以掌控經銷通路的問題。此處的盲點仍在於銷售的商品皆為正品，並非仿冒品或其他構成侵害的商品，製造商真正的目標是排除此類商品於市場之外。

本文首先解說第一次銷售原則的內容與例外；其次，從美國法

---

[5]   William Richelieu, *Gray Days Ahead?: The Impact of Quality King Distributors, Inc. v. L'Anza Research International, Inc.*, 27 Pepp. L. Rev. 827, 828 (2000).

[6]   Yvette Joy Liebesman & Benjamin Wilson, *The Mark of A Resold Good*, 20 Geo. Mason L. Rev. 159 (2012).

[7]   S. REP. NO. 100-515, at 4 (1988), reprinted in 1988 U.S.C.C.A.N. 5577, 5580.

[8]   *Tiffany (NJ) Inc. v. e Bay Inc.*, 600 F.3d 93, 96, 98 (2d Cir.), cert. denied, *131 S. Ct. 647* (2010); *Adobe Sys. Inc. v. Kornrumpf,* 780 F. Supp. 2d 988, 990-91 (N.D. Cal. 2011); Mary Kay, Inc. v. Weber, 601 F. Supp. 2d 839, 846 (N.D. Tex. 2009).

「第一次銷售原則」理論背景介紹相關判決，再說明臺灣新近判決，最後是本文的建議與結論。

第二節　第一次銷售原則的內容與例外

我國「商標法」第36條第2項附有註冊商標之商品，由商標權人或經其同意之人於國內外市場上交易流通，商標權人不得就該商品主張商標權。但為防止商品流通於市場後，發生變質、受損，或有其他正當事由者，不在此限。以美國為例，「灰色市場」指在美國販售的合法商品，但製造或授權的目的都不是為了在美國販售，如廠商當時是以出口為目的，但商品又再被賣回美國境內；或當時美國製造商授權國外經銷商製造，但經銷商擅自輸入美國未經美國製造商（著作權人）同意，此舉亦為平行輸入。無論哪種情形，皆造成與製造商本身產品在美國市場的競爭。[9]製造商通常侷限其產品銷售範圍，尤其是約束經銷商的販售區域，特別在化妝品與美髮產品等行業，因為價格的高度落差，更使想節省差價的經銷商有機可趁，將原本被排除進口的商品輸入美國，[10]使美國國內的消費者有另一種選擇，經銷商反而幫助消費者取得價格的優惠，並且取得更多的消費選擇機會。商標法是否為排除「灰色市場」商品存在的利器？然而，「灰色市場」商品並非仿冒品，反對平行輸入者提出以下理由：

一、被授權的經銷商必須受到製造商許可使用合同的約束，平行輸入的經銷商完全是不當得利的「搭便車」（free-riding）者，沒有投注在廣告宣傳、經銷契約、市場行銷等的費用支出。

---

[9]　Lawrence Friedman, *Business and Legal Strategies For Combating Grey Market Imports*, 32 INT'L LAW.27 (1998).

[10]　*Id.*, at 28.

　　二、製造商還需投資在產品研發、銷售業務人員培訓、建置維修部門及後勤單位等花費，然而，私自進口的經銷商都不需承擔這些費用。

　　三、消費者購買時，可能並不知道產品是來自被授權的經銷商，或平行輸入的進口商。因為進口商沒有提供正常授權管道下的種種服務，不熟知內情的消費者留下的可能只是不滿意的印象，還有對該品牌產品的認知及次級的售後服務，而這不利於製造商苦心經營的品牌形象。雖然消費者會認為產品瑕疵可以另外付費維修，平行輸入商品的價格差異還是利多於弊，只要需要維修時額外付費一樣可以解決這個問題。

　　全球市場會發生平行輸入的現象，主因還是在於價格差異。但同意者認為，這是給消費者更佳的選擇機會，同時也是增加市場價格競爭的優勢。附有註冊商標之商品，由商標權人或經其同意之人於國內外市場上交易流通，商標權人不得就該商品主張商標權；即商標權已於第一次銷售時耗盡，二次行銷或消費者之使用或轉售，不受商標權之拘束。為防止商品流通於市場後，發生變質、受損，或有其他正當事由者，商標權人為免商標信譽受損或削價不公平競爭等情事，商標權人亦可主張商標權，惟應限於商品流通於市場後，發生變質、受損等之情形，商標權人始得就該商品主張商標權。

壹、第一次銷售原則的內容

　　所謂第一次銷售原則，指商標由商標權人或經其同意之人標示於商品上並於市場上交易流通，則權利人不得就該商品主張商標權而禁止該商品嗣後轉售。亦即，商標權於第一次放入市場銷售時已經耗盡，二次行銷或消費者的使用或轉售，不受商標權效力所拘束。耗盡原則，又分有國內耗盡及國際耗盡不同理論。

一、國內耗盡

　　商標權人製造或經其同意製造之商品，在「本國」或「外國」第一次進入市場後，僅在該本國或外國市場之物品使用、銷售等權利被耗盡。

二、國際耗盡

　　本法係採國際耗盡原則，指商標權人對於經其同意而流通於市場之商品，不問第一次投入市場在國內或國外，都不能再主張權利，因此不能禁止眞品平行輸入，明文承認「眞品平行輸入之正當性」。

三、例外

　　商標第一次銷售原則亦存在例外情況，即當產品自由流通與商標權利保護衝突時，在若干情況下會認定商標權利未耗盡。爲免商標信譽受損及維護消費者權益，我國「商標法」第36條第2項但書規定，商標權人爲避免商品變質、受損或有其他正當事由者，仍得於商品流通於市場後，主張其商標權，特別是當商標產品進入市場後其狀態被改變或損害。

四、留意商標權人與被授權人之間是否有特殊約定

　　至於附有註冊商標之商品，是否由商標權人或經其同意之人於國內外市場上交易流通者，可能涉及商標權人與被授權人之間是否有市場地域限制約定之爭議；或經銷商是否受到商標權人的契約限制，另如商品爲「展示用」或有「不得販售」之贈品聲明時，即不應被視爲係商標權人已經同意投放到市場流通之商品。

五、使消費者享受自由競爭的利益

　　倘所販賣之商品，係屬俗稱水貨之外來產製正牌商品，此種眞品之平行輸入，其品質與我國商標使用權人行銷之同一商品相若，且無

引起消費者混淆、誤認、受騙之虞者，對我國商標使用權人之營業信譽及消費者之利益均無損害，並可防止我國商標使用權人獨占國內市場、控制商品價格，反可促進價格之競爭，使消費者購買同一商品有選擇之餘地，享受自由競爭之利益，於商標法之目的並不違背，在此範圍內，應認為不構成侵害商標使用權，即無以該罪責相繩之餘地。

下述之損害賠償請求權，自請求權人知有損害及賠償義務人時起，二年間不行使而消滅；自有侵權行為時起，逾十年者亦同。

（一）商標權人對於侵害其商標權者，得請求除去之；有侵害之虞者，得請求防止之。

（二）商標權人依前項規定為請求時，得請求銷毀侵害商標權之物品及從事侵害行為之原料或器具。但法院審酌侵害之程度及第三人利益後，得為其他必要之處置。

（三）商標權人對於因故意或過失侵害其商標權者，得請求損害賠償。

貳、第一次銷售原則的例外

如果想要購買其他國家的產品，也可以透過網際網路的交易模式購買商品，惟網際網路世界如同實體世界一般，仍然需要受到法律的規範。因為Facebook的盛行而建立代購粉絲頁或是代購社團，專門為消費者購買商品，除了讓在臺灣的消費者能輕鬆購買國外的商品之外，也能有實體的照片可以看，甚至有疑問都能夠跟代購者即時討論，不會因為語言、視覺、材質、燈光上的種種問題，讓消費者對購買的產品造成失望。

通常在第一次銷售原則下，商標所有權人並不能避免商品的再次販售，商標權人需要保障的合理性，乃在經銷商或再販售人銷售的是正品，確保商品符合該商標所表彰的品質與迎合消費者的期待。商標法與耗盡原則產生的衝突，在於商品原料上的差異，通常在原廠跟其他國家地區的製造廠，可能使用的材料不相同，造成商品成品質料不

相同。相對地，即容易造成消費者的困擾，[11]消費者因爲信任商標所表彰的商品或服務，可能未曾留意到因產地不同而導致的品質差異。因此，若是針對地域設計生產或以價格去區隔市場的產品，對信任原產地商標的消費者就形成不公平的現象，而且消費者的不滿會針對該商標，造成對商標權人的損害。[12]

　　然而，即使申請人有遵守「槓桿守則」並在進口商品標籤上敘明，並不代表進口人能免除日後的商標侵害責任。法院判決時衡量因素眾多，單以進口標籤說明灰色商品與正品的差異，無法避免消費者選購商品時的認知，除非是加上另外的產品標示，如：本產品並非由美國境內商標權人授權進口，並且該等商品外表和質料皆和原授權商品有所不同。[13]對於標籤應該貼在何處，規則中並未詳細說明，因此當進口商將該等商品再次販售時，該標籤也極易被撕掉。[14]因此本文建議，標籤應該用詳盡明顯的方式，並且張貼在商標旁邊，甚至在產品進入美國再次販售時，應該附加同樣的標籤，說明該產品和正品的不同。[15]

參、美國灰色市場產品

　　眞品平行輸入之所以存在，主要原因是商品價格的差異，例如從

---

[11] *Philip Morris, Inc. v. Cigarettes for Less*, 69 F. Supp. 2d 1181, 1184 (N.D. Cal. 1999), aff'd, 215 F.3d 1333 (9th Cir. 2000); *Societe des Produits Nestle, S.A. v. Casa Helvetia, Inc.*, 982 F.2d 633, 641 (1st Cir. 1992).

[12] *Martin's Herend Imports, Inc. v. Diamond & Gem Trading USA, Co.*, 112 F.3d 1296, 1302 (5th Cir. 1997); *Weil Ceramics & Glass, Inc. v. Dash*, 878 F.2d 659, 671 (3d Cir. 1989).

[13] Trademark, Trade Names, and Copyrights, 19 C.F.R. § 133.23 (b) (2014).

[14] Mary LaFrance, *A Material World: Using Trademark Law to Override Copyright's First Sale Rule for Imported Copies*, 21 Mich. Telecomm. & Tech. L. Rev. 61 (2014).

[15] 19 C.F.R. § 133.23 (b) (2014).

價格較低的境外市場輸入同一商品，在境內銷售，以賺取價差；或是二地價格相同，但因由貿易商平行輸入，毋須負擔境內市場品質保證或售後服務費用，在市場上可與境內相同產品競爭。分析導致灰色市場之經濟因素，包括：供貨商歧視性價格策略、國際間匯率波動、搭便車、品質差異及效益差等等。因販售同一商品之成本不同，出現盈餘較大，反映在商品競爭上有價差存在，這就是真品平行輸入之商業動機所在。

一、美國「灰色市場」的分類

商標權人對「灰色市場」的商品造成對其商譽損害，也打擊商標權人為維護市場所付出的努力。然而，「灰色市場」的商品並非仿冒品，商標權人要以商標權受損提出請求有其困難，但商品上的標示都是經製造商同意使用原商標或新設計的分公司商標。對製造商不公平的是，再進口的經銷商利用不同地域的價差，而不需承擔該產品的廣告宣傳費用，自然利潤加倍，其利用的是製造商辛苦經營的環境與成本，本文以下說明「灰色市場」的分類。

第一種，如ParfumsStern, Inc. v. United States Customs Serv.案[16]，美國公司購買及註冊外國商標，當販售該商標商品於美國境內時，當該商標於美國境內進口美國或第三方經銷該商標商品時，「灰色市場」的競爭就會產生；第二種，美國國內母公司將美國商標用在外國分支機構的產品上，這裡又再分為以下情形[17]：（一）外國公司在美國國內申請分支機構，另外申請註冊一個美國商標，有別於原來國家母公司使用的商標，當第三人在美國境外購買該等商品再進口到美國時，「灰色市場」就會形成；（二）美國公司在國外設製造分支機構或分廠，產品一樣使用原廠的商標，在國外售出後再被進口到美國販

---

[16] *Parfums Stern, Inc. v. United States Customs Serv.*, 575 F.Supp. 416, 418 (S.D.Fla.1983).

[17] *K Mart Corp. v. Cartier, Inc.*, 486 U.S. 281, 286-87 (1988)

售，成為「灰色市場」的商品；（三）美國商標權人同意國外製造商使用其商標生產商品，但約定該類產品不能進口到美國，但後來製造商未遵照契約約定，將該產品進口到美國，產生「灰色市場」。

　　商標權人可以依照不同的景況，再根據「藍姆法」提出救濟，[18]當系爭商品是由第三方所製作生產的灰色商品，若是商標權人自行生產或授權分支機構製造品質不同的產品，在同樣的商標下則不能請求。1987年NEC Elecs. v. CAL Circuit Abco案[19]指出，國內商標權人和國外製造商皆在相同的掌控範圍中，二者的商品品質並未造成消費者混淆，此案中的灰色商品並未構成侵害。1999年Phillip Morris v. Cigarettes for Less案，[20]也判定系爭商品並未構成侵害，雖然美國本土和美國境外販售商品品質不同，然而都是由相同的商標權人所生產。2006年R.J. Reynolds Tobacco Co. v. Cigarettes Cheaper案，[21]卻出現不同判決結果，相同的製造商販售到美國境內與境外的商品，美國境內商標權人是製造商的分支機構，然而法院卻判決系爭香菸造成商標侵害責任，為何類似的案件卻出現不同的判斷結果？

　　「藍姆法」允許商標權人可以向海關（Customs and Border Protection, CBP）提出扣押仿製或類似其註冊商標的商品進口到美國，[22]若申請人在申請進口的灰色商品上張貼加以區隔的標籤，是否就可以免除被海關查扣的命運，在法院的相關判決中並未採取肯定見解，法院必須參酌所有相關因素，才能排除系爭商品，是否可能導致

---

[18] 15 U.S.C. § 1114 (1) (2012).

[19] *NEC Elecs.v. CAL Circuit Abco*, 810 F.2d 1506, 1510 (9th Cir. 1987). (argued and submitted Dec. 1, 1986, decided Feb. 24, 1987.)

[20] Phillip Morris *v.* Cigarettes for Less, 69 F. Supp. 2d 1181, 1187 (N.D. Cal. 1999), aff'd, 215 F.3d 1333 (9th Cir. 2000).

[21] *R.J. Reynolds Tobacco Co. v. Cigarettes Cheaper!*, 462 F.3d 690 (7th Cir. 2006) .

[22] 15 U.S.C. § 1124 (2012).

一般消費者混淆誤認的可能性。[23]商標權人若是為了取得許可，必須證明要求扣押的商品有特定的形體及質料上的差別，且進口的商品並未得到商標權的授權，且商標權人必須提供相當的舉證資料。當商標權人遵照規定提出所有CBP要求的資料與文件後，CBP會限制商標權人所申請扣押的商品入境到美國，這就是所謂的「槓桿守則」（The Lever Rule），[24]如果標籤上明確說明進口的灰色商品，在外表形體和內容質料都和正品不同，亦即只要標籤上明確說明，就可以構成是允許進口的例外。[25]因為法規並沒有規定標籤形式，及張貼在何種位置，在書籍、光碟、影音著作等涉及著作權的商品中，進口後再被販售的情況常見，買受人根本無從知悉該商品是正品或是灰色商品，因為通常標籤早被撕掉或移除。

二、Tariff Act Remedies

特殊情況之下，美國商標權人可以限制外國製作真品的進口，即使與國內製造的商品有明顯的區隔。1930年美國「海關法」明文保護，已經向聯邦登記註冊的商標所有權人，特別是以公司為主的商標權人，可以向海關請求查扣上述商品進口，除非有以下特例：（一）進口商在國外有分支機構；（二）進口商在製造地有申請相同的商標。

美國法院早期判決認為，「藍姆法」第42條不能適用在平行輸入的商品，[26]其後判決結果改變，亦即當進口商品製造原料或外型與原商標產品不同時，商標權人可以依據「藍姆法」第42條提出請求，[27]

---

[23] LaFrance, *supra note*14, at 59.

[24] 19 C.F.R. § 133.23 (a)(3) (2014).

[25] *Id.*, at § 133.23 (b).

[26] *Weil Ceramics & Glass, Inc. v. Dash*, 878 F.2d 659, 666 (3d Cir. 1989); *Olympus Corp. v. United States*, 792 F.2d 315 (2d Cir. 1986).

[27] *Societe des Produits Nestle, S.A. v. Casa Helvetia, Inc.*, 982 F.2d 633, 639 (1st Cir.

請求權人必須證明系爭進口商品與受聯邦註冊保障的商標相同或類似，會造成一般大眾混淆[28]。2008年U.S. v. Able Time, Inc.案[29]也提出相同檢查標準，商標權人要向CBP提出進口商品與其在美國境內販售的商標商品的差異，[30]並且提出所有佐證文件，CBP要求商標權人必須依據以下清單準備佐證資料，如授權商品與灰色商品的差異，包含化學成分；二者的商品配方、產品結構、構成成分；二者的商品表現與運作成分；備齊法律文件與必須要件、證明；依據其他的法律規範，造成消費者混淆誤認的證據。

第三節　美國法理論與案例

西元1946年美國國會制定通過「藍姆法」（the Lanham Act），[31]內容規範商標侵害與不實廣告的預防；1995年通過「聯邦商標淡化法」（the Federal Trademark Dilution Act，簡稱FTDA），[32]「國際商標協會」（the International Trademark Association）[33]有各式規範各國相關行為態樣。商標權法為避免詐欺，亦即避免造成消費者的混淆誤認，讓其在確定商品時不與其他的商品或服務混淆。[34]「商標法」的

1992). *Lever Bros. Co. v. United States*, 981 F.2d 1330, 1338 (D.C. Cir. 1993).

[28]　19 C.F.R. § 133.22 (a) (2014).

[29]　*U.S. v. Able Time, Inc.*, 545 F.3d 824, 830 (9th Cir. 2008).

[30]　19 C.F.R. § 133.2 (e).

[31]　U.S.C. § § 1051-1052 (2006).

[32]　15 U.S.C. § 1125 (c).

[33]　The International Trademark Association, INTA, http://www.inta.org/，最後瀏覽日：2017年4月3日。

[34]　Michael Grynberg, *More Than IP: Trademark among the Consumer Information Laws*, 55 Wm. & Mary L. Rev. 1434 (2014).

立法目的乃保障社會大眾，在買受商品時的信任程度，也就是對商品的預期信賴跟得到商品時的滿足，能直接得到平衡跟愉悅的心理。[35]其次是「商標法」也保護出售人不必擔心競爭者仿造其商品，在市場上造成消費者混淆誤認的情形，「商標法」同時也鼓勵維持商品一定的品質，並且使消費者能夠得到必要的信譽保證。[36]當商標擁有人投注精力、時間及金錢呈現其商標在大眾面前，表彰其商品品質時，避免被其他人不當使用其商標，藉以損害其商譽。[37]

壹、美國法理論

如同美國聯邦詐欺廣告法的規範和未註冊商標造成的侵害行為，皆在「藍姆法」的範疇內。[38]聯邦貿易委員會（the Federal Trade Commission），[39]此法給予FTC權力，為避免任何人使用不當方法進行不當競爭行為或使用不公平、詐欺方法從事貿易經營或影響交易，FTC根據多方面平行的權衡考量，不實的廣告行為或是誤導式的宣傳策略，都需要被禁止或糾正。[40]新近通過的「美國聯邦反網域名稱搶註消費者保護法」（The Anticybersquatting Consumer Protection Act，簡稱ACPA）[41]中規定，當有人嘗試用和知名商標相同或類似的網域名稱註冊，藉搭知名商標便車之實，即便未造成消費者混淆誤認的事實，也構成違法。

---

[35] 藍姆法（the Lanham Act）的立法說明中已經敘述得很明白。S. Rep. No. 79-1333, at 3 (1946), as reprinted in 1946 U.S.C.C.A.N. 1274, 1274.

[36] S. Rep. No. 79-1333, at 4.

[37] *Id.*, at 3.

[38] 15 U.S.C. § 1125 (a) (2006).

[39] Federal Trade Commission Act, 15 U.S.C. § 45 (a) (2006).

[40] Grynberg, *supra note*34, at 1432.

[41] 15 U.S.C. § 1125 (d)。本法令提供對網域名稱所有人相同的保護。

　　1998年美國制定「電子千禧著作權法」（the Digital Millennium Copyright Act，簡稱DMCA），[42]世界各國大多參考美國DMCA第512條規定「避風港」的作法，除著作權人依法得要求網路服務提供者移除網路流通之侵權資料外，網路服務提供者亦可依法針對使用者涉有侵害著作權及製版權之行為，主張已盡其一定之事先預防作為，以及暫停對被舉發有可能發生之侵權行為提供服務或移除其涉嫌之侵權資料等防範擴大侵權範圍措施時，即可不負損害賠償責任，透過商標權人與網路服務提供者共同合作，以減少網路侵權行為，並解決網路服務提供者與使用者二者間爭議問題，落實商標權保護，並減少爭訟案件，確保網路服務提供者經營之法律安定性。

　　侵權法理論劃分直接侵權行為和間接侵害責任的不同規範，間接侵害責任使被害人可求償的範圍擴大，若針對直接侵害人，也許受限於其財力不足清償被害人的損害，或僅是購買侵權物品的消費者，加上被害人向直接侵害人逐一求償的程序過繁或訴訟費用過多，[43]如果以一般人的使用習慣來做立法考量，再參考美國經驗暨施行成效，會發現增加影音業者與消費者訴訟的數目，而大型唱片或娛樂公司控告下載的直接侵害人，如老祖母、莘莘學子或單親媽媽，其實都是沒意義的，除了達到所謂的遏阻效果只有勞民傷財。近年來著作權人根據美國「著作權法」間接侵害責任（secondary liability）轉向目標顯著的對象進而求償便利，而向第二順位的侵權人尋求間接侵害責任的賠償，如軟體設計者及網路服務提供者（Internet Service Providers，簡稱ISPs）。「商標法」規範的間接侵害責任，無論類型或內容皆有別於著作權法的規定，[44]分為替代侵害責任及輔助侵害責任，適用要件

---

[42]　The Digital Millennium Copyright Act, Pub.L. No. 105-304,112 Stat. 2860 (1998).

[43]　Linda J. Oswald, *International Issues in Secondary Liability for Intellectual Property Rights Infringement*, 45 Am. Bus. L.J. 254 (2008).

[44]　Mark Bartholomew & John Tehranian, *The Secret Life of Legal Doctrine: the Divergent Evolution of Secondary Liability in Trademark and Copyright Law*, 21

及標準較著作權法規定嚴格，因此適用範圍也較窄。

　　間接侵害責任使被害人可求償的範圍擴大，若針對直接侵害人，也許受限於其財力不足清償被害人的損害，或僅是購買侵權物品的消費者，加上被害人向直接侵害人逐一求償的程序過繁或訴訟費用過多，惟電子商務及網路商店盛行，導致如販售仿冒品與盜用網域名稱……等侵害發生，因此間接侵害責任廣為實務所採，除保護商標權人的利益更祈遏止侵害行為。

一、輔助侵害責任（contributory liability）

　　商標法的輔助侵害責任，原告不僅須證明被告自侵害行為中獲得直接且實際的利益，且須證明被告知情侵害情形卻未採取補救措施。事實上，加諸原告如此高標準的舉證責任，[45]在相關商標輔助侵害責任的實務見解中，[46]形成法院判斷以「一般正常人合理的認知程度」作為標準，除非能證明被告蓄意誘使直接侵害人，否則極難成立商標輔助侵害責任。

二、替代侵害責任（vicarious liability）

　　比較著作權法替代侵害責任，商標法替代侵害責任則要求較高，替代侵害責任人與直接侵害人必須有類似本人與代理人的關係，若無此種關係存在，在單純授權或委任契約架構，被害人不易向授權人或委任人請求替代侵害責任。[47]被害人同時必須證明替代侵害責任人，

Berkeley Tech. L. J. 1369 (2006).

Gershwin Publishing Corp. v. Columbia Artists Mgmt., Inc., 443 F.2d 1159 (2d Cir. 1971).

[45] Bartholomew &Tehranian, *supra note*44, at 1387.

[46] Gucci Am., Inc. v. Hall&Assocs., 135 F. Supp. 2d 409, 419 (S.D.N.Y.2001); Coca-Cola Co. v. Snow Crest Beverages, Inc., 64 F. Supp. 980,989 (D. Mass. 1946).

[47] Bartholomew & Tehranian, *supra note*44, at 1395.

自直接侵害人的侵害行為中，替代侵害人自侵害行為中獲得的利益，即使是獲得直接且實際的利益，無論未來的或潛在的，被害人仍可要求替代侵害人負責。

當發現有人在網頁上使用未經授權的商標，必須先察覺應停止並終止該侵害行為，此時，首當其衝應該使用反侵害的工具，有時在這類的侵害網頁反而出現一些警告性的法律用語，甚或要求使用者不應從事違法事項，並且有時還會把負責人員的聯繫方式也放置網頁。[48] 然而，即使和網站負責人聯繫後，是否能停止上述的侵害行為則有待商榷。首先，必須確認網站的實際所有人為何，才能向正確的人提出控訴；其次，要先告知客戶當被告不願意停止其侵權行為時，即將面對與進行的法律訴訟，[49]並應寄信給網站維護人，希望其通知真正的網域所有人，停止與終止所有侵害商標權的行為。然而，此類網站回覆的內容泰半是千篇一律，不是回答未有管理網站內容的權限；再來，便是對侵權與移除侵害商標內容隻字不提，而構成侵害的商標仍然在網頁上，此時，商標權人該如何自處，這是實務上目前普遍發生的現象。

為了消弭網路轉售市場，商標權人針對ISPs與網路拍賣網站業者，提出輔助侵害責任的請求，商標權人主要訴求這些業者使用其商標，作為銷售自身商品的買賣行為。西元1982年，美國聯邦最高法院在Inwood Laboratories, Inc. v. Ives Laboratories, Inc.[50]案中確認，商標間接侵害責任爭點在於，製造商或經銷商是否故意造成侵害，且供應給意圖或明知產品將構成侵害結果之對象。本案有關基因藥品製造

---

[48] Brett R. Harris, Amanda F. Shechter, Anthony E. Wilkinson, *Piercing The Registrant's Veil Trademark Infringement on the Internet, Identifying and Pursuing Infringers, and the Pros and Cons of Proxy Domain Name Registration*, 258-JUN N.J. Law.46 (2009).

[49] *Id.*

[50] *Inwood Laboratories, Inc. v. Ives Laboratories, Inc.*, 456 U.S. 844 (1982).

商，是否要爲其下游不相識藥劑商之侵害行爲負責，製造商面對經銷商可能涉及侵權的責任，如何界定責任範圍成爲本案爭點，法院認爲商標權所有人可向基因藥品生產商主張輔助侵害責任，[51]即商標侵害責任可擴及於眞正侵害商標的個人，因此被告Ives公司必須承擔輔助侵害責任。[52]

雖然維護網站註冊人的隱私很重要，但是不能損害商標權人的智慧財產權也是應該保障的重點，如何在二者之間維持平衡，隱匿網站所有人的身分，是否會助長仿冒與侵害商標權人的機率，值得關注。爲避免垃圾郵件的氾濫，保護網站所有人隱私的同時，無論是自然人或企業的福利，皆爲避免網站所有人遭受垃圾郵件的攻擊，又能保有其對公共資訊的知情權與言論自由。[53]無論使用保護隱私或是作爲代理用途的伺服器服務，都是防範網頁註冊人被垃圾郵件干擾的機制，[54]建制如此的搜尋系統（VeriSign Global Registry Services WHOIS）乃爲使商標權人自覺受到侵害時，可以迅速的由此系統發出訊息，相對地，其他權利人也可利用此系統，避免網路詐欺和仿冒等其他侵害行爲。

轉售市場的利益平衡中，維護商標權人的獨占權和商品流通的便利性，然而若轉售行爲構成消費者的混淆，譬如，轉售人一樣使用原商品商標後將商品重新包裝、改變型式、與其他商品搭配，是否影響或破壞原商標表彰的商品品質，構成認定第一次銷售原則能否適用的

---

[51] *Id.*, at 853-54.

[52] 早在西元1911年最高法院亦在*Kalem Co. v. Harper Bros.*, 222 U.S. 55 (1911)案中確認著作權間接侵害責任理論，法院判定電影製片將Ben Hur所作之原作改編成電影，即使製作人未參與公開展演影片，仍需承擔間接侵害責任。由早期1911年被告Kalem公司的著作權侵害責任，至1982年被告Ives公司的商標間接侵害責任——商標輔助侵害責任，在本文以下章節將說明更多商標間接侵害責任的內涵及規範。

[53] Harris, *supra note*48, at 47.

[54] Harris, *supra note*48, at 48.

關鍵。若品質未改變且不減損商標功能，通常被認定可以主張第一次
銷售原則，即轉售商的行為合法。[55]

貳、Tiffany v. ebay案[56]

　　原告Tiffany是全球知名的珠寶供應商，被告eBay為提供網路拍賣
的業者，eBay提供一個電子交易平台供註冊的會員在其網站上交易
商品，並向賣家收取網路上的陳列費以及交易費。而為防止商標仿冒
品在網站上交易，eBay也採取相關防範措施，除要求使用者須註冊
以及簽訂使用者條款外，並發展Notice of Claimed Infringement機制[57]
（以下簡稱NOCI），若有人發現網站上出售的商品是仿品，可以透
過NOCI機制通知eBay，eBay會採取措施包括移除陳列、取消交易、
通知出賣人等方式防止商標侵害行為的發生。在2004年與2005年間，
Tiffany發現從eBay拍賣網站上購入的Tiffany商品，竟然有高達75%是
仿品。為此，Tiffany主張eBay商標直接侵權、商標輔助侵權、商標淡
化以及不實廣告，對之提起訴訟。[58]

---

[55] David W. Barnes, *Free-Riders And Trademark Law's First Sale Rule*, 27 Santa Clara Computer & High Tech. L.J. 457 (2011).

[56] 曾勝珍，〈商標侵害理論之探討（上）〉，全國律師雜誌，頁10-11，2011年11月。

[57] eBay發展Verified Rights Owner Program （以下簡稱VeRO）機制可以使智慧財產權人要求ebay移除其網站上所列之侵權項目。VeRO為通知與取下系統（notice-and-takedown），使合法的所有權人提出侵權通知（Notice of Claimed Infringement Form），通知eBay後，其於收到警告信24小時內，eBay便會將該侵權之內容移除；若拍賣仿冒品之情形尚未終止，eBay即將該拍賣項目。Elizabeth K. Levin, A Safe Harbor For Trademark: Reevaluating Secondary Trademark Liability After Tiffany v. Ebay., Berkeley Tech. L. J.24:1 (2009).

[58] 洪燕嬙，〈網路拍賣業者對於第三人透過網路拍賣仿冒品的責任〉，聖島國際智慧財產權實務報導，2010年6月，http://www.saint-island.com/report/data/IPR_201006.htm，最後瀏覽日：2016年5月15日。

　　紐約南區地方法院經過判決認定被告eBay網站，不需為其網站銷售仿冒珠寶而承擔輔助侵害責任，不像其他交易行為賣家實際擁有貨品，eBay未曾擁有網站上展示之實物，純粹提供交易平台給買賣雙方。原告Tiffany主張自西元2003年至2006年間eBay網站銷售數十萬件仿冒珠寶，法院調查發現約40萬件珠寶於五年中確實經由eBay網站買賣，eBay雖有接獲通報立即移除侵害商品的機制（NOCI），Tiffany仍主張eBay有監督及公開拍賣前先行移除侵權商品的義務，並以書面告知eBay要求其禁止任何賣家單次販售超過5件Tiffany商品（尤其大部分的銀製品幾乎都是仿冒品），eBay雖未遵照Tiffany的要求，但仍迅速刪除Tiffany指定的貨物名單。

　　法院則認同eBay在防止仿冒及防止詐欺其實際投入的經費及努力，包括設置「詐欺引擎」（fraud engine）自動偵測可能造成侵害的貨品清單，及經由權利人要求立即移除貨品的自動程序，根據紀錄顯示每月有數千件的貨品清單因此被清除，Tiffany提起對eBay應承擔直接侵害及輔助侵害責任的控訴。

　　於該案中法院亦適用美國最高法院所建立之Inwood標準，檢驗被告是否構成輔助侵害責任：

　　一、是否被告故意引誘他人侵害商標。

　　二、持續提供商品給予知情或有理由知情的人即構成商標侵害。

　　於本案中，雙方的攻防在於eBay得知在網站上有交易仿冒品的情況下，仍提供交易平台的服務，即是否構成上述第二項的輔助侵權責任的判斷標準？

　　eBay是否知情其網站將被使用於販賣仿冒品，本案法院檢視下述幾點以做出結論：

　　一、法院採行當預期侵害行為發生而疏於善盡合理之預防措施[59]標準，eBay確實有足夠監督及掌控其網站的能力，也能獲悉某些賣

---

[59] Restatement (Third) of Unfair Competition § 27 (1995). Id. at 106-107.

方利用其網站進行侵害行為，但無法因此使eBay有能力防阻任何可能從事侵害行為的人[60]，法院也認為並不是所有經過eBay網站買賣的Tiffany商品皆為仿冒品。[61]

　　二、法院並不以為Tiffany一再的書面通知可視為eBay知情侵害事實的證明，反而以eBay設置「詐欺引擎」並迅速移除侵權商品的動作，認為eBay有防止侵害的誠意。

　　三、法院亦駁回Tiffany主張eBay應有較低成本，較快速度防止侵害商品被放置於網站上，相反地， Tiffany反而會有較佳的注意力留意侵害其商標的商品出現。

　　四、法院不認為eBay販售商品時使用Tiffany的商標超過合理使用的範圍，也不會構成商標淡化或引起消費者混淆的情況，eBay使用Tiffany的商標純粹為標示商品來源的目的。[62]

參、Mary Kay, Inc. v. Weber案[63]

　　2009年Mary Kay, Inc. v. Weber案，被告販賣原告Mary Kay的產品，法院在原告提供的問卷調查中，45%的消費者因為被告的網站而混淆，誤以為是屬於原告的官方相關網站，然而本案法院並未完全探

---

[60]　Tiffany, 2008 U.S. Dist. LEXIS 53359, at 132-133.

[61]　Tiffany, 2008 U.S. Dist. LEXIS 53359, at 128-129.

[62]　法院基於以下理由，認為eBay使用Tiffany名稱符合指示性合理使用（nominative fair use），而不構成商標侵權：（一）Tiffany之商品如未使用TIFFANY商標標示並不易被識別。（二）eBay於網站及贊助商連結使用TIFFANY商標係為識別商品的合理需求（reasonably necessary to identify the product or service），而其僅提及Tiffany的名稱，因此為合理使用。（三）eBay並未暗示其與Tiffany具有贊助關係。Tiffany, 2008 U.S. Dist. LEXIS 53359, at 105-106.

[63]　*Mary Kay, Inc. v. Weber*, 601 F. Supp. 2d 839, 849 (N.D. Tex. 2009).

信問卷結果；其後陪審團仍做成被告侵權的決定。[64]Mary Kay美妝直
銷商要求旗下直銷員，必須達到每個月販售美金200元的業績，[65]作
爲其直銷員的Amy Weber因爲無法達成，便終止了跟直銷商之間的關
係。然而，因爲之前囤積購買的大量美妝產品，爲了希望收回成本，
自行在網路其個人網站商店（touchofpinkcosmetics.com）上銷售Mary
Kay的商品，「Touch of Pink」是她在eBay上的商店名稱。[66]

2008年Mary Kay在德州聯邦法院依據美國「藍姆法」，提起對
Amy Weber的訴訟，指稱被告並非是原告合法授權的線上銷售商家，
被告的銷售行爲也構成不公平競爭、仿冒及商標侵權，被告的網路
行爲明顯構成消費者的混淆誤認，並誤導消費者以爲被告是原告的
合法網路授權直銷員[67]。面對原告的指控，被告主張其行爲符合「藍
姆法」中的第一次銷售原則及合理使用[68]；最終法院判決被告敗訴，
禁止被告使用「Touch of Pink」作爲店名，也禁止被告網站使用任何
與Mary Kay商品有關的描述或宣傳[69]，雖然被告販售的是眞品，然而
被禁止在第二市場銷售，[70]雖然其他數以千計的個人，可能在車庫拍
賣、跳蚤市場、二手店皆有同樣的銷售行爲，卻未被禁止。[71]

1995年聯邦第九巡迴上訴在Sebastian Int'l, Inc. v. Longs Drug
Stores Corp.[72]案中做出判決，對於商標製造商掌控其產品經銷鏈的權
利，並未超越產品第一次銷售原則的內容，判決製造商勝訴。美國聯

---

[64] *Mary Kay, Inc. v. Weber*, 2009 WL 3147888 (N.D. Tex. 2009).

[65] *Mary Kay, Inc. v. Weber,* 601 F. Supp. 2d 839, 845 (N.D. Tex. 2009).

[66] *Id.,* at 845-846.

[67] Yvette & Benjamin, *supra note*6, at 157.

[68] *Mary Kay,* 601 F. Supp. 2d at 864.

[69] *Mary Kay, Inc. v. Weber,* 661 F. Supp. 2d 632, 638 (N.D. Tex. 2009).

[70] *Id.,* at 644.

[71] Yvette & Benjamin, *supra note*6, at 158.

[72] *Sebastian Int'l, Inc. v. Longs Drug Stores Corp.,* 53 F.3d 1073, 1074 (9th Cir. 1995).

邦第九巡迴上訴法院詳細說明，第一次銷售原則適用在「商標法」的基本理由，乃企圖維繫強烈與潛在衝突之間敏感而穩定的連結。[73]轉售或零售商面對此類指控，多半採取法院判決途徑解決，能否承受法律程序的繁瑣與昂貴的費用，成為決定轉售商是否堅持的關鍵，此類由個人所發起的訴訟，姑且不論訴訟結果，律師費用就是極大的支出，通常轉售商會讓消費者誤認為已取得製造商的合法授權，亦即在製造商的經銷渠道之內，因此容易造成消費者的混淆誤認。在判斷是否造成消費者對商品經銷管道的混淆誤認時，原告若為商標權人，必須證明：（一）原告是註冊商標的所有權人；（二）被告使用原告商標從事商業行為，並且使人誤以為和原告之間有直接或間接的關聯；（三）被告的使用造成消費者的混淆，這點是最大的關鍵因素。[74]

　　通常商標權人都是針對仿冒品或侵害其商標權時，才會發出警告信或提出請該網站移除商品的要求，然而此處的例子，商品是價格較低的真品，這也是消費者在eBay或Craigslist上購物的主要原因。消費者並沒有因為製造商的經銷管道而造成困惑，消費者往往使用商標名稱進行搜索，消費者並不真正在意商品來源是否為製造商的經銷通路，但希望買到的是價格低廉的真品。[75]當消費者對商品來源與商品真偽沒有異議，商品販售管道是否屬於製造商的經銷通路不再重要，商標的目標乃為避免消費者因為仿冒品或贗品而受損害，促進市場的公平競爭，鼓勵製造商維持商品品質。此外，不鼓勵銷售次級商品的製造商，因為消費者的無法辨識，進而銷售獲利；商標可以讓消費者更易區別與挑選所需要的服務或商品，增加貨物暢通的效率，商標也可作為廣告促銷的標的，達到推廣商品的目的。

　　其實消費者在瀏覽過轉售商的網站後，很容易理解轉售商或網路

---

[73] *Id.,* at 1075.

[74] *Dep't of Parks & Recreation v. Bazaar delMundo, Inc.,* 448 F.3d 1118, 1124 (9th Cir. 2006).

[75] Yvette & Benjamin, *supra note*6, at 162.

商店與製造商之間並不存在經銷關係，然而消費者的理解並不構成對商標的侵害。製造商提出對消費者會造成初始的利益混淆「the initial interest confusion doctrine」，此觀點並未被所有的巡迴法院所接受，第九巡迴法院提出見解，使用他人商標意在吸引消費者的初步注意力，即使最終沒有任何買賣發生，然而，若確實造成消費者的混淆，則對商標權人造成侵害；[76]適用初始的利益混淆理論，會造成避免比較性的廣告，限制流通給消費者的訊息傳遞，商標權人因而減少聆聽產品及服務被批評的言論，此理論的適用，會造成自由貿易市場的不公平性，因為破壞公平競爭的機會。

聯邦第四巡迴上訴法院不接受此種見解，認為不符合「藍姆法」的立法精神，且屬於新穎與偶而適用的理論；第一巡迴上訴法院亦不接受此種理論，認為不符合「商標法」精神。20世紀中葉法院發展出另一種「行為上的混淆」（actionable confusion），有別於消費者因為商品的來源或原料而造成的混淆誤認，這裡指的是因為轉售商的行為，讓消費者誤以為轉售商與製造商有任何關聯或分支機構的關係，然而這種混淆並未使消費者購買到錯誤的產品，亦未讓消費者以為是製造商出售的商品，此處的混淆乃是使人誤以為被告與製造商間有某種關聯，而這種關聯導致消費者的混淆。

法院擴大對actionable confusion的定義，導致網路販售真品的營業行為，面臨未來可能的商標侵權訴訟增多，法院並不以造成消費者對商品來源或原料的混淆誤認為判斷因素，只要讓消費者對被告的販售行為，構成與製造商經銷通路的混淆即已足夠，法院的見解若對侵害認定做出較為寬廣的解釋，那麼轉售商在網路銷售真品的行為，造成侵害的認定越趨增加。

---

[76] *Brookfield Commc'ns, Inc. v. W. Coast Entm't Corp.*, 174 F.3d 1036, 1062 (9th Cir. 1999).

肆、其他實務

　　1987年美國聯邦第九巡迴上訴法院在另外一個案例中，指出「商標法」乃爲避免消費者誤解商品來源，若爲附帶商標的眞品，則不易發生此種現象中。[77]商標的功能在貿易流當中，有彰顯供應商來源的資料，且可說明商品或服務的質料、品質與特色，[78]消費者可藉此了解商品內容，藉由付出的對價得到哪些具體商品或服務；而消費者的轉售行爲，更可以促進貨物流通與公平競爭。[79]買受人當然可以保留商品商標再次販售，以標示貨品來源，即使之後轉售商再加上自己的標示與序號，也不影響被告的轉售權益，本文認爲判斷標準在於被告轉售的若是眞品，即便轉售商的商標不如原廠製造商的，根據第一次銷售理論，被告並未構成侵權。[80]

　　若轉售人將商品重新包裝，改變形式或使人誤導商品來自經銷商，則會導致疑義，造成消費者以爲是原廠商品，甚或是原廠授權的包裝，種種跡象顯示轉售人乃合法的經銷或代理商，但實則不然。[81]第五巡迴上訴法院於美髮產品一案，[82]有關被告將包裝附有原告商標的美髮商品陳列架上，原告商品載明僅限銷售於專業的美容院。[83]法院判決不能僅以貨物陳列展示，即認爲被告有意圖誤導消費者其爲授權商家。第九巡迴上訴法院則適用第一次銷售理論，[84]駁回原審法院

---

[77] *NEC Electronics, Inc. v. CAL Circuit Abco, Inc.,* 810 F.2d 1506, 1509 (9th Cir.1987).

[78] *Sebastian Int'l.,* 53 F.3d at 1075.

[79] *Id.*

[80] *Champion Spark Plug Co. v. Sanders,* 156 F.2d 488, 491-92 (2d Cir. 1946), aff'd, 331 U.S. 125 (1947).

[81] Barnes, *supra note*55, at 464.

[82] *Matrix Essentials, Inc. v. Emporium Drug Mart, Inc., of Lafayette,* 988 F.2d 587 (5th Cir. 1993).

[83] *Id.,* at 589.

[84] *NEC Electronics v. CAL Circuit Abco,* 810 F.2d 1506 (9th Cir. 1987).

核發的禁制令，有關消費者因爲被告從外國進口販售的電腦晶片，是否在原告廠商的保證範圍內而感到混淆，[85]此案判決結果適用第一次銷售原則，藉由促進市場交易的公平競爭。

1998年Allison v. Vintage Sports Plaques[86]案提出第一次銷售原則適用在著作權、[87]專利權、[88]商標權[89]等方面，同年聯邦第三巡迴法院在Iberia Foods Corp. v. Romeo案，[90]認可第一次銷售原則，若原告主張其商標被侵權，需要原告（商標權人）提出證明系爭商品並非眞品。2010年紐澤西聯邦區域法院在Food Sciences Corp. v. Nagler案，[91]並不贊同第三巡迴上訴法院於Iberia Foods案有關第一次銷售原則是否能作爲正面的抗辯理由，且要求原告要舉證證明，系爭商品是否爲眞品的見解。Food Sciences Corp.案歸納，[92]被告的行爲是否造成消費者的混淆誤認，是案件判斷的重要關鍵，若是有不同質料的商品使用相同商標，包括使人誤以爲有官方驗證的錯覺，此案因爲原告怠於舉證系爭商品並非眞品，法院判決駁回此案。[93]

再補充說明造成消費者混淆誤認的美國實務，如2004年美國聯邦最高法院在KP Permanent Make-Up, Inc. v. Lasting Impression I, Inc.

---

[85] *Id.,* at 1508.

[86] *Allison v. Vintage Sports Plaques,* 136 F.3d 1443, 1448 (11th Cir. 1998).

[87] 17 U.S.C. § 109 (a).

[88] *Intel Corp. v. ULSI Sys.Tech., Inc.,* 995 F.2d 1566, 1568 (Fed.Cir.1993).

[89] *NEC Electronics v. CAL Circuit ABCO,* 810 F.2d 1506, 1509 (9th Cir.1987) (citing *Prestonettes, Inc. v. Coty,* 264 U.S. 359 (1924)).

[90] *Iberia Food Corps. v. Romeo,* 150 F.3d 298 (3d Cir. 1998).

[91] *Id.*

[92] *Food Sciences Corp. v. Nagler*, No. 09-1798, slip op. 1 (D.N.J. March 22, 2010).

[93] *Id.,* at 8, 10.

案，[94]推翻第九巡迴法院對該案的判決結果，[95]KP Permanent案中，被告使用名詞顏色（micro colors）於出售的刺青顏料上，原告Lasting Impression已經申請註冊該商標，[96]第九巡迴上訴法院判決主張合理使用的一方，必須負擔舉證責任，證明其使用涉及描述性，[97]並未造成消費者對商標表彰商品或來源、成分的混淆。最高法院駁回上訴法院的判決結果，認為被告不應被科處如此責任，最高法院根據「商標法」的條文解釋，「藍姆法」要求商標權人必須證明他人使用，已經逾越合理使用的範圍，並且造成消費者的混淆誤認。[98]

　　第一次銷售原則在智慧財產權的適用皆同，權利人當出售商品後已經獲取相當的對價，因此，權利人不能再就該商品的轉售或其他法律行為，主張任何權利，[99]探討第一次銷售原則，出售人因為已經在出售當時取得商品的對價，因此，不應該再主張絕對的獨占權，[100]證明系爭轉售商品為真品與釐清商品來源、質料成分，是第一次銷售原則是否適用的關鍵，以判斷是否容易造成消費者混淆。

　　2010年5月美國聯邦第九巡迴法院，在Au-Tomotive Gold Inc. v. Volkswagen of America, Inc.案，[101]對利用「商標法」意圖搭便車者，當造成消費者混淆誤認時，無法以「第一次銷售原則」（First Sale Rule）主張免責。美國聯邦第九巡迴上訴法院考量兩項重點：第一，

---

[94] *KP Permanent Make-Up, Inc. v. Lasting Impression I, Inc.*, 543 U.S. 111 (2004).

[95] *Id.*, at 124,rev'g, 328 F.3d 1061 (9th Cir. 2003).

[96] *KP Permanent Make-Up, Inc.*, *Id.*, at 114.

[97] *KP Permanent Make-Up, Inc.*, *Id.*, at 124.

[98] Barnes, *supra note55*, at 468.

[99] *Id.*,at 462.

[100] *Brilliance Audio, Inc. v. Haights Cross Commc'ns, Inc.*, 474 F.3d 365, 373 (6th Cir. 2007)(citing *Parfums Givenchy, Inc. v. C & C Beauty Sales, Inc.*, 832 F. Supp. 1378, 1389 (C.D. Cal. 1993)).

[101] *Au-Tomotive Gold Inc. v. Volkswagen of America, Inc.*, 603 F.3d 1133, 1136 (9th Cir. 2010).

當貨物被轉售後，是否經由轉售商的行為，會使人誤以為轉售商與製造商有某種程度的關係，因為此種見解並不影響消費者對該商品品質的認定。因此，第一次銷售原則可以適用，若有將商品重新包裝的情況，必須在商品包裝上加以標示。第二，當涉及將商品結構調整與修補，則無法適用第一次銷售原則。[102]

第四節　臺灣判決

　　臺灣「商標法」第36條第2項規定，附有註冊商標之商品，由商標權人或經其同意之人於市場上交易流通，或經有關機關依法拍賣或處置者，商標權人不得就該商品主張商標權，商標權人或被授權人在市場上將附有商標之商品第一次銷售或流通時，即已取得報酬，則附有商標之商品由製造商、販賣、零售商至消費者之垂直轉售過程已存在商標之默示授權使用，故商標權已在該商品第一次販賣時耗盡，當此商品於市場上再度流通時，原則上商標權人即不得再主張其商標權。[103]

　　原則上商標權人於其權利耗盡時，不得對他人主張商標權，然例外情形如「商標法」第36條第2項但書所定：「但為防止商品流通於市場後，發生變質、受損，或有其他正當事由者，不在此限。」所謂「商品變質」，係指商品之同一性受到破壞而言，例如將商品加工、修改，不管是否經過加工、修改後有無變得更好，所謂「商品受損」，則係指商品的品質變壞。至於「其他正當事由」，乃係指商標之正當使用，但是卻會造成該商標之價值不正當地受到影響，如攀附聲譽。換言之，商標權人為保護其商品之品質與商譽，於該特定商品

[102] Barnes, *supra note55*, at 459.

[103] 101年度民商上易字第1號（侵害商標權有關財產權爭議）。

已發生變質、受損，或其他有影響其商譽之正當事由時，即例外無耗盡原則之適用，商標權人仍可阻止該他人販售該商品。

臺灣對於商標第一次銷售原則例外之規定，目前實務上對於是否構成商標第一次銷售原則之例外，係採取「應以保護消費者為最重要之出發點，倘商品遭變動後，客觀上足以影響消費者作出購買該商品之意願，或購買該商品之價格，該變動復有造成消費者混淆、誤認之虞，則該項遭變動後之商品與原商品間，即應認有實質上差異，而構成商標權耗盡原則之例外情形。」（高雄地方法院93年度智字第21號判決）之見解。

壹、臺灣高等法院刑事判決88年度上易字1945號

對原商品為「加工」：以原廠主要結構加裝非原廠外殼或配件，已變更其同一性，不符商標耗盡原則。本案原廠濾心加裝非原廠外殼，成品為濾水器，雖被告僅係在經宇公司所出售之濾水機上加裝外殼，並未對上開濾水機結構作任何改變，惟加裝外殼後之產品究非美商「Everpure」公司或達吉公司之產品，已形成另一類似濾水器。由被告所生產之上開物品外觀審究，易讓人誤以為本案產品係美商「Everpure」所產製，然而美商「Everpure」公司並未在臺灣銷售上開外型包裝之產品，甚或達吉公司亦未有相類製品，被告辯稱純係為標明商品內容物云云，應屬強辭矯飾，被告若欲標明內容物來自何處，自可標示「本產品濾心採用美商『Everpure』公司產品」或類似字樣即可。本件被告所銷售者，乃其自己商店所生產之商品，即自行製作添加塑膠外殼之濾水機上，冒用達吉公司向我國經濟部中央標準局註冊享有商標專用權「愛惠浦、Everpure」商標圖樣中之「Everpure」商標圖樣，核與上述「商標耗盡原則」不符，被告據此舉「商標耗盡原則」為辯，顯屬混淆之詞，委不足採。

貳、臺灣桃園地方法院刑事判決91年度易字第2285號

　　學說上所稱之「商標耗盡原則」該條文但書復規定「但為防止商品變質、受損或有其他正當事由者，不在此限。」因此欲主張上開原則者，須銷售有商標專用權之商品時，所銷售之商品無變更其同一性，始得主張該原則。被告若欲就所銷售之淨水器對告訴人主張「商標耗盡原則」自須其所銷售之淨水器之主要結構與配件均為美國愛惠浦公司所生產、揀選者為限，否則即無前開原則之適用，惟前已述及被告銷售之淨水器，係以告訴人銷售之美國愛惠浦公司生產之濾心，組裝其他品牌之配件而成，以原廠淨水器本體，組裝非原廠配件，明顯已變更商品之同一性，同無主張商標耗盡原則之餘地。

參、臺灣高等法院刑事判決94年度上易字第1178號

　　依「商標耗盡原則」自訴人僅係不得主張商品原來型態之「咖啡豆」之商標權，就其餘指定之項目商品（如：咖啡），自訴人仍享有商標權之保護。再者，被告已將「咖啡豆」加工成為「咖啡」如欲標明來源，僅須於其自身商品目錄註明來源為自訴人之咖啡豆名稱即可，不得直接使用另受保護之商標作為販售咖啡之商品名稱，更遑論直接使用自訴人之商品目錄作為點餐目錄。是以，被告將所購買之產品，經加工、改造或變更後，仍使用原產品之商標行為，甚至直接以自訴人之目錄供客人點餐，實屬惡意使用自訴人之商標。綜上，被告之行為與「商標耗盡原則」之法理並不相符。再如臺灣新竹地方法院判決94年度智字第11號，被告將所購買之產品經加工、改造或變更後，仍使用原產品之商標行為，甚至直接以原告客喜康公司之目錄供客人點餐，實屬惡意使用自訴人之商標，並無商標法「商標耗盡原則」之適用。

肆、智慧財產法院102年度民商訴字第49號民事判決

經銷關係結束後得否主張商標權耗盡，繼續販售未賣完的存貨？「商標法」第36條第2項規定：「附有註冊商標之商品，由商標權人或經其同意之人於國內外市場上交易流通，商標權人不得就該商品主張商標權。但為防止商品流通於市場後，發生變質、受損，或有其他正當事由者，不在此限。」此規定又稱商標權之「耗盡原則」或「第一次銷售原則」。附有商標之商品由商標專用權人或經其同意之人於市場上交易流通後，商標專用權即已耗盡，對於持有或繼續行銷該商品之第三人，不得再為主張商標專用權。

系爭網站上所銷售之系爭商品，為原告前曾售予被告迪光公司經銷之系爭商品，且被告迪光公司前因經銷合約所買受之系爭商品確實尚有庫存一事，為原告所不爭執，則系爭商品上所標示之系爭商標，顯然係由原告合法附貼之商標，揆諸前揭說明，原告自不得就標有系爭商標之系爭商品主張商標權。被告既是在系爭商品旁再次標示系爭商標，且將該商標之字樣放大，然此僅是行銷系爭商品之手法，雖仍屬系爭商標之使用範圍，但被告既係販售原告製造之系爭商品，故其使用系爭商標之行為，自不會破壞商標指示商品或服務來源之功能，亦不會造成消費者混淆誤認，是本件被告所為自非「商標法」第68條規範之範圍。

伍、103年刑智上易字第37號刑事判決

商品若非經商標權人同意所製造即非屬真品，而無商標權耗盡原則之適用。智慧財產法院於2014年11月20日，作成103年刑智上易字第37號刑事判決，表示商品若非經商標權人同意所製造，亦非商標權人或其同意之人於國內外市場上所流通，而係行為人非法製造者，該商品即非屬「真品」，無「商標法」第36條第2項商標權耗盡原則之適用。依據本號判決之事實，被告羅青心係TOPWORLD公司之負責

人，明知「NEC」商標圖樣係由日商日本電氣公司申請註冊、指定使用於標準電池等商品，竟未經日本電氣公司之授權或同意，即生產製造仿冒「NEC」商標之3號鹼性電池8萬顆（下稱系爭電池）販售，經日本電氣公司訴由臺灣臺北地方法院檢察署檢察官偵查起訴，第一審臺灣臺北地方法院判決認定構成「商標法」第95條第1款之未得商標權人同意於同一商品使用相同之註冊商標罪。被告不服，遂提起上訴。

本號判決指出，按「附有註冊商標之商品，由商標權人或經其同意之人於國內外市場上交易流通，商標權人不得就該商品主張商標權。但為防止商品流通於市場後，發生變質、受損，或有其他正當事由者，不在此限。」「商標法」第36條第2項定有明文，此即商標權耗盡原則。商標權商品若經商標權人或經其同意之人於國內外販售，則不得再主張商標權，以促進商品流通，因此平行輸入之眞品並無侵害商標權可言。

惟本號判決另表示，被告之上訴理由雖主張系爭電池係日本東美公司向日本電氣公司之子公司所購買，再送至第三人，依第一次銷售原則，日本電氣公司自不得再就系爭電池主張商標權；然而，本件系爭電池既非經商標權人同意所製造，亦非商標權人或其同意之人於國內外市場上所流通，而係被告非法製造，則系爭電池即非屬「眞品」，並無商標權耗盡原則之適用，被告所辯自不足採。

第五節　結論與建議

對「灰色市場」持有正面評價的人士認為，讓消費者有另一種選擇與管道購買更便宜的商品是其優點，「灰色市場」既不影響商標權人與消費者，美國法原本就不反對消費者購買在外國製造但未經過商

標權人同意下進口到美國的合法商品，[104]這也是前述案例中所有當事
人最開始提起訴訟的緣由。灰色市場最大的問題是商標權人的利潤，
因為消費者會選擇相同產品但低售價的版本，[105]對「第一次銷售原
則」的限縮解讀是不必要的，因為可以用其他實務上的做法增進商標
權人的保障，並增強灰色市場的效率化。

　　商標法有無可能成立如著作權法中的避風港條款，可以免除網路
伺服器業者與拍賣網站的侵害責任，然而，網路販賣的是真品，伺服
器業者或拍賣業者可以請求轉售商移除真品，藉以免除本身的間接侵
權責任則值得探究。在網際網路環境中，使用者利用網路服務提供者
之作業平台，在有心或無意間，很容易發生不當使用，甚至侵害他人
權益之行為。由於權利人實在很難一一對於侵害者進行訴訟程序，以
追究其法律責任；另一方面，就各類網路服務提供者而言，各類侵權
行為皆透過其提供之服務始能遂行，惟因使用者（一般都具有會員身
分）數量龐大、使用頻仍、難有時間及財力隨時進行監視，故常面臨
被追訴有共同或間接侵權之風險，亦不利網路產業之發展。

　　隨著科技進步，電子商務盛行，商標權侵害亦擴及到網路上，
如前述eBay案等；eBay稱自己是全球最大的網路拍賣社群網站，但
eBay卻成為全球最大的犯罪場所之一，透過網路拍賣的傳遞，仿冒
品亦隨之快速傳播，而使侵害商標權之問題日益嚴重。因此商標權
人對於網路上販賣仿冒品之行為如何防堵？eBay網站所制定Verified
Rights Owner Program（VeRO）使商標權人加入確認所有權程式；但
爭點係防止仿冒品之販賣應由提供服務銷售及陳列的網站經營者負責
或係由商標權人自行負監督責任？因而有討論間接侵害責任之必要。

　　電子商務係未來趨勢，若使網站經營者擔負過多的侵權責任，恐

---

[104] Donna K. Hintz, *Battling Gray Market Goods With Copyright Law*, 57 ALB. L. REV. 1189 (1994).

[105] William Richelieu, *Gray Days Ahead?: The Impact of Quality King Distributors, Inc. v. L'Anza Research International, Inc.*, 27 Pepp. L. Rev. 827, 832 (2000).

有使科技進步滯礙難行，惟若寬鬆其責任，則亦使商標權人與消費者
權益受有損害，因此建議網站經營者經營其網頁時，提醒買賣雙方對
商品權益應自行審酌，並留意是否有侵害他人或仿冒品充斥問題。

參考文獻

中文部分

1. 曾勝珍（2011），〈商標侵害理論之探討（上）〉，全國律師雜
   誌。
2. 洪燕嬚，〈網路拍賣業者對於第三人透過網路拍賣仿冒品的責
   任〉，聖島國際智慧財產權實務報導，2011年6月，http://www.
   saint-island.com/report/data/IPR_201006.htm，最後瀏覽日：2016年
   5月15日。
3. 經濟部國際貿易局，〈我國申請加入GATT/WTO之歷史紀
   要〉，2005年4月11日，http://www.trade.gov.tw/cwto/Pages/Detail.
   aspx?nodeID=354&pid=312950&dl_DateRange=all&txt_SD=&txt_
   ED=&txt_Keyword=&Pageid=0，最後瀏覽日：2017年4月4日。
4. 經濟部智慧財產局，〈與貿易有關之智慧財產權協定〉，https://
   www.tipo.gov.tw/ct.asp?xItem=202401&ctNode=7014&mp=1，最後
   瀏覽日：2017年4月4日。

英文部分

1. Brett R. Harris, Amanda F. Shechter, Anthony E. Wilkinson, *Piercing
   The Registrant's Veil Trademark Infringement on the Internet,
   Identifying and Pursuing Infringers, and the Pros and Cons of Proxy
   Domain Name Registration*, 258-JUN N.J. Law. 46-49 (2009).
2. David W. Barnes, *Free-Riders And Trademark Law's First Sale Rule*,
   27 Santa Clara Computer & High Tech. L.J. 457-97 (2011).

3. Donna K. Hintz, *Battling Gray Market Goods With* Copyright Law, 57 ALB. L. REV. 1188-1213 (1994).

4. Elizabeth K. Levin, A Safe Harbor For Trademark: Reevaluating Secondary Trademark Liability After Tiffany v. Ebay., Berkeley Tech. L. J.24:1 (2009).

5. Lawrence Friedman, *Business and Legal Strategies For Combating Grey Market Imports*, 32 INT'L LAW. 27-50 (1998).

6. Linda J. Oswald, *International Issues in Secondary Liability for Intellectual Property Rights Infringement*, 45 Am. Bus. L.J. 254 (2008).

7. Mark Bartholomew & John Tehranian, *The Secret Life of Legal Doctrine: the Divergent Evolution of Secondary Liability in Trademark and Copyright Law*, 21 Berkeley Tech. L. J. 1369 -1395 (2006).

8. Mary LaFrance, *A Material World: Using Trademark Law to Override Copyright's First Sale Rule for Imported Copies,* 21 MICH. TELECOMM. & TECH. L. REV. 43-77 (2014).

9. Michael Grynberg, *More Than IP: Trademark among the Consumer Information Laws*, 55 Wm. & Mary L. Rev. 1429-99 (2014).

10. Raymond T. Nimmer, First Sale, Online Resales, and the Like, LCOMTECH § 25,1 (2013), https://web2.westlaw.com/find/default.wl ?cite=LCOMTECH+%C2%A7+5%3a25&rs=WLW13.10&vr=2.0&rp =%2ffind%2fdefault.wl&utid=2&fn=_top&mt=LawSchool&sv=Split (last visited: 12/20/2013).

11. William Richelieu, *Gray Days Ahead?:* The Impact of Quality King Distributors, Inc. v. L'Anza Research International, Inc., 27 Pepp. L. Rev. 827-59 (2000).

12. Yvette Joy Liebesman& Benjamin Wilson, *The Mark of A Resold Good*, 20 Geo. Mason L. Rev. 157-205 (2012).

第四章
網域搶註名稱與相關法律
規範之探討

曾勝珍、陳永祿

第一節　前言

網域名稱（Domain name）之經濟性與實用性，隨著網際網路的興起及電子商務的蓬勃發展而日益顯著。不僅是企業在網際網路世界的地址，其地位已逐漸提升為辨識企業提供電子商務或網路服務之表徵。亦即，除了網站名稱以外，用以連結網站所在位置的網域名稱，對於進軍電子商務市場成功與否，實具有舉足輕重的地位。因此擁有一個好記、獨特的網域名稱，便成為現今企業在電子商務領域中，最重要的一步。而對已具相當聲望之傳統產業，若能使用自己沿用已久之公司名稱或商標作為網域名稱的話，更可謂成功的第一步。因此之故，網域名稱已從單純連結電腦之技術性功能，發展出識別性之功能，也因為識別性功能，而衍生出網域名稱與商標權保護之相關問題。網域名稱爭議與商標權保護之問題，所牽涉層面相當廣泛，相關論著也相當豐富。本文以常見之網域名稱爭議之類型為中心，針對我國現行處理涉及網域名稱爭議與商標權保護問題之機制及實務見解，加以分析檢討。

第二節　何謂網路蟑螂

壹、網域名稱之定義

所謂網域名稱，[1]係指用以與網際網路位址（即IP位址）相對應，便於網際網路使用者記憶TCP/IP主機所在位址之文字或數字組合，乃網際網路上類似網路地址（Network Address）的識別碼

---

[1] 交通部電信總局頒布之「網際網路位址及網域名稱註冊管理業務監督及輔導辦法」第2條第1項第2款之規定。

（Identifier），以識別各電腦主機在網路上的位置，每一個網址所代表的位置，可能是一台電腦，也可能是一個網路，在網路上稱之爲網域（Domain），根據該識別碼，網路使用者方得透過瀏覽器連結至其所欲尋找的各個網站。由於網路使用人恐無法記憶繁冗IP位址之數字，所以藉由特定之文字、數字或名稱組合，提供網路連線者更爲便捷的使用。簡言之，網域名稱係電腦主機於網際網路上的地址，透過它，網路上不同電腦間方能互相聯絡傳遞訊息，其性質就像電話號碼或地址一樣，經由網域名稱的組成方式，可讓一般民眾了解網址申請註冊之地點、類型等資料。

貳、網域名稱之價值

　　由於個人電腦的普及與網際網路的快速發展，人們突破了現實世界時空的限制，可以自由地悠遊於虛擬網域空間，享受網際網路所帶來的各種服務。現今世界各國均極力支持電子商務（Electronic Commerce，簡稱EC）系統的發展，使得網路購物環境日趨成熟，網路購物的優勢在於其便利性，使用E-mail可以解決客戶業務上的溝通與聯繫、訂單的蒐集、採購單的傳遞、產品多媒體電子型錄的寄發，以及客戶問題之答覆，而WWW的網頁則可增進產品的促銷、虛擬店鋪的通路，以及企業形象的建立。從此，消費者無須走出家門購物，商家也無須爲了店面地點與昂貴租金煩惱，電子商務應用的普及與快速成長，打破了傳統商品行銷的方式與市場範圍，進而催化了網路經濟的形成，開創網際網路無限的商機。由於網際網路的世界性，不論大小企業均可從事國際貿易，電子商務的熱潮正是方興未艾，也因爲設置網站所需的成本並不高，任何企業皆可在網際網路上設置網站以推廣自己的產品，使得網路上企業間的競爭更形激烈，如何在眾多的網站中脫穎而出，使得消費者容易並快速地連結到自己的網站，網域名稱即扮演著最重要的角色（例如以公司或商號的名稱、商標或簡短

好記、響亮誘人的網域名稱等）。網域名稱隨著電子商務盛行與商業行銷日熾，已成為有如商標權地位。

參、網域名稱競合衝突

在現行電子商務發展頻繁的年代中，網域名稱已成為企業行銷商品、拓展版圖最重要的利器。網域名稱便是無限商機的代名詞，網路使用者點擊網址的次數越多，該網站的商業競爭力就越大。由於人們在進行網路瀏覽時，常會使用他記憶中所熟悉的名稱來搜尋其所欲連結之網頁，因此，各個知名企業無不希望以自己在實體世界之商號、公司名稱或商標作為虛擬世界的網域名稱，這是方便消費者瀏覽、記憶與增強企業知名度最直接的方法。然而網域名稱是在各種姓名權、商品權、公司名稱等商譽保護法令極為發達之後才出現的產物，自不免與原有法律制度中所保障之姓名、商標、表徵等權利或利益發生衝突。而隨著網際網路商業價值的浮現，此種對外表徵和衝突之情形日益加速，許多人大量搶註著名公司之名稱或商標為網域名稱待價而沽，造成同一名稱分屬不同所有人，原表徵權利人不僅無法再申請相同的網域名稱，甚至該網域名稱可能遭競爭對手或他人不當使用，致與原表徵之識別性產生混淆或減損原表徵之形象，衝突因此產生。網域名稱是為了方便網路使用者所產生符合人性化之傑作，企業為達網路商品行銷之目的，往往會選擇容易記憶又能展現企業本身形象，甚至與其提供商品或服務相關的名詞作為網域名稱。此時，網域名稱與既有之企業名稱、商標或其他商業表徵相結合，就如同網路世界之識別表徵，具有了商業利益，財產交換價值於焉誕生。由於一個容易記憶、具識別性、有創意、有特色的網域名稱畢竟有限，且網域名稱在全球網際網路範圍內是唯一的，僅能為一人註冊所取得，導致網域名稱供需關係顯著失衡。再加上網域名稱可為交易的客體而讓與他人，使得諸如與著名公司或商標相同之網域名稱，往往因具有極高之交

換價值，財產利潤跟著水漲船高，增加了搶註者先註冊取得網域名稱後以轉售圖利，藉此大撈一筆順風財之誘因。目前國際間則以於1998年11月7日由美國商業部主導下正式開始運作之非營利民間組織「網際網路網域名稱與位址管理機構」（Internet Corporation Assigned Names and Numbers，簡稱ICANN），負責IP位址空間分配，協定參數配置，網域名稱系統管理以及伺服器系統管理。[2]ICANN於1999年10月制定通過「統一網域名稱爭議解決政策」（Uniform Domain Name Dispute Resolutin Policy, UDRP）為網域名稱爭議提供一迅速處裡之管道。[3]ICANN為最重要的網域名稱註冊管理組織，[4]是一個非營利性、非官方性的私營機構，[5]其主要業務之一便是分配暨管理全球網際網路產業之IP位址網域名稱系統，致力維護並確保網際網路使用之便利性與運行之穩定性，促進Internet公平合理之競爭，實現全球網際網路社會之廣泛參與。ICANN廣泛代表全球相關網路組織，統籌管理網域名稱系統，扮演著「網路聯合國」的角色，因此，旗下各個委員會或組織，或為各國競相加入的目標。

---

[2]　謝銘洋，〈論網域名稱之法律保護〉，智慧財產權，第27期，頁19-20，2001年。

[3]　周天，《網路法律高手》，頁22-23，2002年4月。

[4]　由於早期負債美國及全球網域名稱註冊管理與爭議處理機構Network Solutions Inc.（簡稱NSI）未能有效管理網域名稱註冊及處理相關問題，致改革聲浪不斷高漲，西元1998年11月ICANN組建成立後，接管原先NSI全球網域名稱系統管理工作，成為目前國際間最重要的網域名稱註冊管理組織。

[5]　網際網路相關技術發展與系統架構，基於網際網路源於美國軍事國防計畫，向來由美國所主導，但目前網際網路已是一個全球性的整合網路系統，世界各國皆積極參與網路相關活動完全由美國主導的模式，已不能為世界各國及多數網路使用著所接受，西元1998年1月及6月美國商業部（Cominerce Department）相繼發表網域名稱政策綠皮書（Green Paper）與白皮書（White Paper），建議美國政府不應再控制網域名稱與地址系統之管理後，接手後續的網際網路發展規劃、技術管理及行政運作等工作。

肆、網域名稱註冊發生爭議之原因

一、網路時代新的企業識別系統

（一）企業識別系統（CIS）

1. MI（Mind Identity）理念識別：[6]最高決策層次導入企業識別系統的原動力。例如廣告口號／精神標語，像Nike創造出大家耳熟能詳的「Just do it！」就是一例；或者像國內很多企業喜歡用幾個簡單國字來代表企業理念（如：華碩品質，堅若磐石），這也是MI的一種，直接將產品或企業的願景/精神傳達給消費者。

2. BI（Behavior Identity）行為識別：[7]動態的識別形式，對外回饋、參與、活動。對內組織、管理、教育。例如公益／贊助活動可以在很多球賽或賽車場看到琳瑯滿目的贊助企業就是一例，如果企業在某活動中長期贊助曝光，就很容易讓人和該活動搭上聯想，例如米其林輪胎在各車賽中都不缺席，就很容易引起車迷的共鳴！

3. VI（Visual Identity）視覺識別：[8]靜態的識別符號，具體化、視覺化的傳達形式項目最多、層面最廣、效果直接。例如商標／招牌／名片，用圖像、文字、色彩等視覺要素來傳達企業形象的一種代表圖騰，就是大家比較熟悉的logo。

（二）企業識別系統內涵

企業識別的運用是整體性與系統性，必須透過規劃與設計，依公司經營理念及方向來建立各項系統，一般企業在系統設定上，大致有下列幾項基本項目，以國內食品業的統一企業公司為例，該企業MI的核心為其精神標語，開創健康快樂的明天，並秉承三好一公道（品

---

[6] 林磐聳編著，《企業識別系統》，頁12-13，1997年8月。

[7] 同前註6。

[8] 同前註6。

質好、信用好、服務好、價格公道）的經營理念，製造一個值得信賴，正派經營的企業形象。再由BI部分來看，統一超級商店的推出，震盪了臺灣雜貨、日用品業，普及全國的加盟店及24小時的營業的服務精神（將原先美國Souch-land公司7-11的服務時間增長），對消費者而言，提供舒適方便，不虞匱乏的服務。而VI部分的媒體設計與視覺形象的建立，統一企業亦有其完整、獨特的系統性規劃，親切的小白鴿展翅迎向健康快樂的明天，暖色調的紅橙色帶呈現營養、健康的產品特性。統一性、規格化的編排橫式與多角化經營的產品包裝，表現形式的視覺形象同一性，都表現出該企業組織系統化與管理制度化的健全和真善。

二、既有企業希望沿用原有公司名稱或註冊商標

　　事業註冊網域名稱，為突顯域名與事業之密切關聯，多半希望尋找與自己事業相關之文字進行註冊，故除了商標之外，事業名稱亦為常見之選擇。惟依據「公司法」第18條第1項之規定，[9]實務上公司或事業名稱特取部分或中英文名稱縮寫相同者所在多有。而網域名稱在頂級域名有限以及「先註冊，先取得」原則之交互作用下，相同之事業名稱或縮寫於同一頂級域名之下僅能註冊一個網域名稱。是故，若一事業已註冊其他同名事業所共同使用之名稱或縮寫，其他事業僅得註冊近似之名稱或思考其他可能之域名。如此除了造成類似名稱事業於網域名稱註冊之競爭與爭議外，亦使得事業之網域名稱因為資源有限而創造了可觀的財產價值，成為「網路蟑螂」樂意獵取搶註之標的。於網域名稱爭議處理實務上，註冊人是否擁有與系爭域名相同或近似之商標、標章、姓名、事業名稱、或其他標識為判斷註冊人是否對系爭域名有權利或正當利益之常見考量因素之一，故事業以其名稱註冊域名，即使與他事業之名稱相同或類似，原則上多被判定對系爭

---

[9]　「公司法」第18條第1項規定：「公司名稱不得與他公司名稱相同，但兩公司名稱標明不同業務種類或可資區別文字者視為不相同。」

域名具有權利或正當利益而得以保有該域名。

三、新興企業希望使用民眾熟悉的名稱或數字

網域名稱是否具有商標的功能,以及是否受到「商標法」保護之爭議,自網域名稱開放註冊之初即受到廣泛的討論,蓋企業利用其所擁有之商標註冊網域,將使熟悉該企業之客戶與潛在消費者得迅速以鍵入該公司商標名稱與網域名稱其他部分(如:頂級域名)之方式連結至該企業網站,並增加商標與企業之關聯性與代表性,因此多數企業無不希望能註冊與其商標相同之網域名稱。

同理,運用他人著名商標進行註冊,亦可藉由消費大眾與一般網路使用者對於該商標之熟悉度,促使消費者在不知該企業實際網域名稱的情況下誤闖網站,而提高網站瀏覽率及可能衍生的經濟利益,但如此行為可能導致消費者或網路使用者對於該著名商標之代表性產生懷疑或認為該網站可能受到特定企業(著名商標之所有者)之支持或背書。企業主為避免此一情況發生,無不盡力排除商標或與其商標類似而易產生混淆之文字遭他人註冊為網域名稱之情形。俗稱的「網路蟑螂」(cyber squatter)即利用企業主的弱點,搶註他人商標為網域名稱,企圖轉售牟利、製造混淆或進行違法詐欺之行為。

四、網路蟑螂的惡意註冊

相對於專利權領域有「專利蟑螂」(Patent Troll)透過收購、蒐集大量專利以權謀取利益。商標權領域亦有「網路蟑螂」(Cybersquatting)透過網域搶註之方式,搶註未來具有發展潛力之域名(Domain Name)再待價而沽;或註冊與著名網站之相似域名(typo-squatting)出租廣告牟利或實施詐騙行為。網路蟑螂有五個特性:[10]

---

10 蔡瑞森,〈網域名稱與商標及不正競爭法間之相關問題探討〉,智慧財產,第44期,頁1,2003年1月。

　　（一）搶先註冊相同或近似他人之姓名、藝名、筆名、字號、公司（商號）名稱、商標、服務標章或其他表徵作為網域名稱後，並進而使用該網域名稱架設網站。

　　（二）以相同或近似他人之姓名、藝名、筆名、字號、公司（商號）名稱、商標、服務標章或其他表徵作為網頁標題標籤（Title Tag）。

　　（三）於網頁（Home Page）上使用相同或近似他人之姓名、藝名、筆名、字號、公司（商號）名稱、商標、服務標章或其他表徵。

　　（四）以相同或近似他人之姓名、藝名、筆名、字號、公司（商號）名稱、商標、服務標章或其他表徵作為電子郵件信箱（E-Mail Address）。

　　（五）以相同或近似他人之姓名、藝名、筆名、字號、公司（商號）名稱、商標、服務標章或其他表徵作為網頁標題標幟（metatags）。

第三節　臺灣相關立法

壹、我國商標法之立法目的與內容

　　「商標法」之立法目的在於保障商標權、證明標章權、團體標章權、團體商標權及消費者利益，維護市場公平競爭，促進工商企業正常發展。[11]我國「商標法」於民國19年5月6日公布，民國20年1月1日施行至今，於民國105年11月30日進行最後一次的修正。[12]

---

[11] 「商標法」第1條規定。

[12] 迄今最後一次修正的時間，並自105年12月15日施行。

　　「商標法」對於維護市場公平競爭之重要性，觀諸WIPO[13]與TRIPs[14]就有關智慧財產權之概念規定，可知智慧財產權涵蓋範圍甚廣，除對人運用精神力創作成果之保護外，尚包括對產業競爭秩序之維護。而商標制度賦予商標權人專用其商標之權，並非係因商標權人就該商標圖樣所為之創作行為而然，而係基於商標權人就該商標有使用行為或使用之意思，使得該商標成為其所指定使用商品或服務來源之表彰，具有識別之功能，與市場交易競爭秩序因此產生密切之關聯，為維護競爭秩序與消費大眾權益，故有商標制度之設，一方面賦予權利人專用商標之權利，彰顯商標之識別性功能，另一方面亦訂有相關規範以防止不公平競爭之行為，兼顧個人權利與市場競爭秩序及消費者利益之保護。[15]

一、商標之定義

　　商標（trademark）具有辨識、品質擔保及廣告促銷的功能，[16]得以文字、圖形、記號、顏色、立體形狀、動態、全圖像、聲音等，或其聯合式所組成。[17]前項商標，應足以使商品或服務之相關消費者認識其為指示商品或服務來源，並得藉以與他人之商品或服務相區別。[18]目前我國商標法所保護的商標種類，依性質可分為商標、證明

---

[13] 世界智慧財產權組織（World Intellectual Property Organization，簡稱WIPO）。

[14] 與貿易有關之智慧財產權協定（Agreement on Trade-Related Aspects of Intellectual Property Rights，簡稱TRIPs）。

[15] 楊智傑，《智慧財產權法》，頁305，2013年。

[16] 鄭中人，《智慧財產權法導論》，頁147-149，2003年。

[17] 「商標法」第18條第1項規定：「商標，指任何具有識別性之標識，得以文字、圖形、記號、顏色、立體形狀、動態、全像圖、聲音等，或其聯合式所組成。」

[18] 謝銘洋，〈德國之商標制度與實務〉，《智慧財產權制度與實務》，臺大法學叢書，頁207，1995年5月。

標章、團體商標及團體標章。商標係人類智慧所創用之表彰商品或服務之圖樣，藉其附麗於商品或服務上而流通市面，並由大眾媒體傳播到成千上萬的民眾，而具有象徵營業信譽之作用，而不受他人不當之干擾，並爲消費者青睞，即具有經濟價值與社會價值而應受法律之保障。[19]

二、商標之功能

（一）識別功能

商標係商品或服務之標識，並藉以與他人之商品或服務相區別，其足以辨識商品或服務之來源。消費者透過商標，可直接認知商品或其服務是由哪一家企業所經營或提供的，除此之外，還需達到藉以與他人之商品或服務相區別的功能。其判斷標準應以商品或服務之相關消費者爲基準。例如，商品上標示SONY之商標，可知該商品係SONY公司所生產。準此，商標設計應具有特別性、象徵性及獨創性等特徵，並與企業名稱一致。

（二）表彰來源功能

商標也可以讓消費者知道商品的來源是屬於哪家廠商。不過，這個功能已經式微，因爲商標可以和事業分開。商標具有表彰營業信譽、追蹤商品或服務來源、品質保證以及廣告功能，從而具有保護社會大眾免於對商品服務之來源或出處產生混淆、誤認或欺矇，而得以認明商標，購買自己喜歡之物品。廠商之信譽亦因之而獲得保障，交易安全與公平競爭之秩序，得以維護，工商企業亦才能正常發展。[20]

（三）品質擔保功能

依據市場之運作功能，不同之商品或服務會賦予不同之評價，因

---

[19] 曾陳明汝、蔡明誠，《商標法原理》，頁9，2007年。
[20] 同前註19，頁9-10。

此依附商品或服務之商標,其具有擔保商品或服務品質之功能,表彰商品或服務具有一定相同品質。例如,電視商品上標示SONY之商標,相關消費者通常認為該電視具有相當之品質保證。

(四)廣告促銷功能

企業以廣告促銷其商品或服務,一般會設計商標以吸引相關消費者之注意,藉此強力推銷其商品或服務,倘該商品或服務於市場上具有良好之評價,該商標無疑是最佳之產品代言者,準此,商標具有廣告之功能。

三、商標法之立法原則

(一)註冊保護主義

商標權之取得,立法例有使用主義(first to use)及註冊主義(frist to register, registration)二種方式。美國係採行使用主義,令先使用者擁有商標權之專用權;而我國則採用註冊主義。惟不論是採用何種主義,商標權得以受法律之保護,均需商標使用人確具有使用之意思,且商標之內容設計具有識別性或取得市場上之第二意義等要件。

(二)任意註冊原則

但註冊保護主義,有強制註冊原則和任意註冊原則。我國「商標法」就商標權之取得,原則雖採註冊保護主義,但採取的是任意註冊原則。亦則,若不想註冊商標,仍然可以販賣商品,只是受到的保護較少。例如,雖然沒有註冊商標,該圖案被他人拿去註冊,但仍然可以主張善意先使用。[21]對於著名商標之保護,得排除他人不當使用致

---

[21] 「商標法」第36條第1項第3款:「下列情形,不受他人商標權之效力所拘束:三、在他人商標註冊申請日前,善意使用相同或近似之商標於同一類似之商品或服務者。但以原使用之商品或服務為限;商標權人並得要求其附加適當之區別標示。」

減損其商標識別性或商譽之事情者，則不以註冊為保護要件。

（三）先申請先註冊主義

先申請主義，係指如有二人以上以相同或近似商標，使用於相同或類似之商品或服務，專責機關應核准最先申請者。可知申請日在前之重要性。至於申請日之取得，取決於文件被其提出之日或主張優先權之優先權日。[22]及採先申請先註冊主義。

（四）屬地主義註冊及獨立性原則

商標權之取得固有使用或註冊主義之分，惟商標國際註冊[23]基於保護工業財產權之「巴黎公約」的原則，各國就有關國際間商標註冊簽訂重要之條約，其屬商標國際性註冊之條約。不論是「馬德里協定」或「馬德里議定書」，均規定國際間不論適用註冊主義或使用主義，均有商標註冊之適用。雖商標權之保護有國際化走向，惟各國對於商標之保護均採屬地主義，是商標僅在其註冊之國家始有效力，其效力各自獨立存在。故不同人得於不同國家就相同商標取得註冊，故於他國註冊之商標，並非當然得於我國註冊。從而，商標註冊不僅為商標保護之要件，亦可以此公示方式作為於註冊國取的商標專用之證據。

（五）審查原則

商標註冊應將商標專責機關經濟部智慧財產局就申請案進行程

---

[22] 「商標法」第22條規定：「二人以上於同日以相同或近似之商標，於同一或類似之商品或服務個別申請註冊，有致相關消費者混淆誤認之虞，而不能辨別時間先後者，由各申請人協議定之；不能達成協議，以抽籤方式定之。」

[23] Madrid Agreement Comcermomg the International Registration of Marks（下稱「馬德里協定」）及Protocol Relating to the Madrid Agreement Concerning the International Registration of Marks（下稱「馬德里議定書」）作為商標國際註冊之準據。

序[24]與實體審查，[25]符合法定要件者，始准予註冊。反之，如有不得註冊之情形時，應依法核駁其申請。

（六）使用保護主義

商標使用於主觀上應有作爲商標使用之意義，客觀上有使消費者認識其爲商標使用。商標之使用不僅爲商標專用人之權利，亦爲其義務所在，是未經使用之商標，縱使取得商標註冊，亦無法作爲表彰商品或服務來源之功能，蓋商標與企業經營有密切之關聯，倘商標無法與企業相結合，附著於商品或服務行銷，其充其量僅屬一種設計形式，不具商標應有之表彰功能。而使用之概念應著重於客觀之實際使用，而非申請註冊人主觀上是否有使用之意思。換言之，商標使用者重於商業上之實際（use in commerce）使用而言，而非僅爲保留其權利而象徵性使用該標章（token use），以避免無實際使用商標之人，阻礙他人善意（bona fide）使用商標，導致產生不公平競爭，違背商標制度存在之目的。從而，商標使用不僅爲商標權人之權利，亦係維持商標權之要件。若商標沒有使用，會被廢止。[26]

（七）商標救濟原則

商標保護以避免混淆爲目的，故就近似商標或類似商品，倘造成註冊爭議或侵權救濟之情況，爲使審查結果更臻周全，另以公眾審查補助審查主義之不足。我國商標制度之公眾審查制有二：即異議與評定。

---

[24] 「商標法」第3條第2項：「商標業務，由經濟部指定專責機關辦理。」

[25] 「商標法」第19條第1項：「申請商標註冊，應備具申請書，載明申請人、商標圖樣及指定使用之商品或服務，向商標專責機關申請之。」

[26] 「商標法」第63條第1項第2款：「商標註冊後有下列情形之一，商標專責機關應依職權或據申請廢止其註冊：二、無正當事由迄未使用或繼續停止使用已滿三年者。但被授權人使用者，不在此限。」

（八）例題

　　某甲（日商）於我國註冊A商標並指定使用於噴霧染髮劑，並授權某乙於臺灣地區銷售，另某丙（日商）則是A商標之首創人並最早將該商標使用於噴霧染髮劑，同時亦行銷世界各主要國家，某丙亦於日本國內取得A商標之商標權。今某丙於臺灣地區銷售A商標之噴霧染髮劑，某甲與某乙因此對某丙提出侵害其商標權之告訴。但某丙主張其於日本取得A商標之商標權遠早於某甲於臺灣註冊A商標之日期，且某甲亦明知某丙係A商標首創人之事實，故某丙應有權於臺灣地區銷售同一商標品。請評析某丙之主張是否有理？

　　我國「商標法」採註冊主義或稱先申請主義，而非採先使用主義，故欲於我國境內主張有商標權者，應向我國商標專責機關提出商標註冊申請。本題A商標於我國業經某甲取得註冊在案，今某丁未經某甲之同意或授權而於我國境內使用A商標於同一商品，應已構成對某甲商標權之侵害。另外，我國商標法採屬地主義，在我國境內欲主張商標權，必須依照我國法進行註冊。某丁雖主張某丙於日本取得商標之商標權遠早於臺灣註冊A商標之日期，故有權於臺灣銷售A商標商品，惟某丙就A商標既未於我國取得商標註冊，於我國即非A商標之商標權人，故某丁就此部分之主張並無理由。

貳、商標法相關法條

一、依商標法第2條規定

　　有關商標權或標章權之取得，目前國際間有採行使用保護原則及註冊保護原則二種制度。

（一）使用保護原則

　　認為商標或標章有使用的事實比註冊更為重要，商標或標章因使用始能衍生商譽，復為避免消費者發生混淆及維護商業秩序，才有授

予商標權或標章權有專屬排他權利之必要。因此可根據實際使用提出註冊之申請，同時應提出使用的相關證明以及使用日期。採此原則以美國為代表，惟1998年之後，美國放寬其申請註冊時，只要表明有使用之意圖，於註冊前舉證有使用之事實即可，其註冊登記僅為表面證據之效力。

（二）註冊保護原則

係指將欲專用的商標向主管機關申請註冊，於獲准註冊後即取得專屬排他的權利，並受法律保護。此為大多數國家所採行之制度，然儘管註冊保護原則在商標提出申請註冊時，不以使用為必備條件，惟註冊後，仍有使用商標或標章的義務，否則將會構成商標或標章被廢止註冊的事由。又商標或標章申請註冊之目的係為了取得排他權的效力，而在無侵害已註冊商標權或標章權之前提下，任何人可自由使用其商標或標章，在商品或服務上市之前，不以強制註冊為前提，亦即，商標或標章在未經核准註冊前任何人均可使用。但一經他人選擇特定的標識，作為商標指定使用於特定商品或服務範圍；或證明標章用於證明特定事項；團體標章用於表彰團體會員的會籍，經申請核准註冊後，即產生專屬排他的權利。因此，採註冊保護原則下，極可能造成申請註冊的商標或標章與先使用於市場的商標或標章間的衝突，所以，「商標法」中多有例外保護先使用商標之條款，例如不得有惡意搶註或以他人著名商標／標章申請註冊；或明定在他人申請註冊日之前已善意先使用商標，不受商標權效力所拘束等類似規定，以兼採先使用原則的優點，調和制度上之缺失。按商標符合商標法所規定之註冊要件而獲准註冊者，係取得商標權，至於所謂代理授權，現行商標法並無此一規定。商標法所稱之商標授權使用，係指在我國註冊之商標，由商標權人，依商標法規定，申請授權登記他人使用其商標而言，與所謂代理商品進口之授權意義有別。依「商標法」第2條規定，商標權人使用商標之商品並不以自行生產、製造者為限，故進口商於進口商品上使用自己之商標，尚不違反商標法規定，亦與商標授

權無涉。[27]

二、商標之要件

（一）維持商標權利之使用

　　商標註冊後，除在註冊指定的商品或服務依法取得商標權外，並可排除他人使用相同或近似的商標於同一或類似的商品或服務，而有致混淆誤認之虞等情形。商標權人若不積極使用自己註冊的商標，非但不能累積商譽，也會喪失保護商標之目的，進而阻礙他人進入競爭市場的機會。為避免商標權人長期不使用仍獨占商標權，妨礙他人的申請及使用權益，[28]註冊商標提出的使用證據必須足以證明商標之真實使用，並符合一般商業交易習慣，[29]而商標使用之行為態樣，則依本法第5條規定加以判定。至於商標權人實際使用的商標與註冊商標不同，依社會一般通念具有同一性者，則應認為有使用其註冊商標。[30]

（二）侵害商標權之使用

　　商標一經註冊後商標權人依本法第35條第1項及第2項規定，[31]於

---

[27] 82年度台商942字第202452號函。

[28] 「商標法」第63條第1項第2款：「商標註冊後有下列情形之一，商標專責機關應依職權或據申請廢止其註冊：二、無正當事由迄未使用或繼續停止使用已滿三年者。但被授權人使用者，不在此限。」

[29] 「商標法」第67條第3項規定：「商標權人依第六十五條第二項提出使用證據者，準用第五十七條第三項規定。」

[30] 「商標法」第64條規定。

[31] 「商標法」第35條規定：「商標權人於經註冊指定之商品或服務，取得商標權。

除本法第36條另有規定外，下列情形，應經商標權人之同意：

一、於同一商品或服務，使用相同於註冊商標之商標者。

二、於類似之商品或服務，使用相同於註冊商標之商標，有致相關消費者混

註冊指定的商品或服務，取得商標權，第三人未經商標權人同意，於同一或類似商品或服務上使用相同或近似之商標而有致混淆誤認之虞，或減損著名之註冊商標識別性或信譽之虞者，商標權人或團體商標權人得依本法第68、69、70、95、97條等規定，主張權利救濟及罰則，侵權行為人負有民事及刑事侵權責任。未經商標權人同意之侵害商標權的使用行為態樣，仍依「商標法」第5條之規定加以判定。「商標法」第70條擬制侵權之規定，係為避免正當商標權利受到影響或避免助長商標違法使用等考量，仍為商標法所禁止，並負有民事責任。如將他人著名商標使用於非類似商品／服務或作為營業主體名稱使用等型態，係為註冊商標依第35條得排除他人使用之權利範圍以外，明文禁止可能減損著名商標識別性或不當利用著名商標聲譽之行為。另為確保商標權免受侵害，對於製造、持有、陳列、販賣、輸出或輸入尚未與商品／服務結合之標籤、吊牌、包裝容器或有關物品，亦為商標法所明文禁止，但與第5條規定「商標之使用」係指與商品／服務相結合之行為不同。

（三）維權使用與侵權使用之異同

　　二者規範之對象與目的雖有不同，但皆係於商業交易過程中，透過「商標法」第5條各款[32]之使用情形，而足以使相關消費者認識其

　　淆誤認之虞者。

三、於同一或類似之商品或服務，使用近似於註冊商標之商標，有致相關消費者混淆誤認之虞者。

　　商標經註冊者，得標明註冊商標或國際通用註冊符號。」

[32] 「商標法」第5條第1項規定：「商標之使用，指為行銷之目的，而有下列情形之一，並足以使相關消費者認識其為商標：

一、將商標用於商品或其包裝容器。

二、持有、陳列、販賣、輸出或輸入前款之商品。

三、將商標用於與提供服務有關之物品。

四、將商標用於與商品或服務有關之商業文書或廣告。」

商標，故二者判斷使用商標行爲之實質內涵並無不同。但維權使用著
重於判斷商標權人有無「眞實使用」註冊商標之事實，例如是否爲商
標權人或被授權人之使用、其實際使用者與註冊商標是否具同一性、
是否使用於註冊指定的商品或服務範圍內、是否符合一般商業交易習
慣等情形，惟如商標權人於廢止申請日前三年有事實上的障礙或其他
不可歸責於己的事由，得主張有未使用之正當事由，以避免該商標被
廢止其註冊。侵權使用則著重於其使用是否與註冊商標構成相同或近
似、商品／服務構成同一或類似、是否有致相關消費者混淆誤認之虞
等因素爲判斷，惟如其使用符合「商標法」第36條規定之情形者，得
主張善意先使用、合理使用或眞品銷售之權利耗盡等情形，而不受他
人商標權效力所拘束。故在維權使用之個案上，判斷的結果可能因使
用證據不符合一般商業交易習慣的眞實使用而廢止其註冊；侵權使用
之個案上，則可能因被告使用他人註冊商標，無致相關消費者產生混
淆誤認之虞而不構成商標侵權。

（四）以數位影音、電子媒體、網路或其他媒介物方式為之者

　　透過數位影音、電子媒體、網路或其他媒介物方式行銷商品或
服務，已爲逐漸普及的交易型態，[33]前項各款情形性質上得以數位影
音、電子媒體、網路或其他媒介物方式爲之者，亦屬商標使用態樣之
一。條文中所稱的數位影音，係指以數位訊號存錄的影像及聲音，
而可透過電腦設備，利用影像或聲音編輯軟體編輯處理者而言，例如
遊戲軟體商品將其商標及商品內容存錄於光碟中，使消費者在使用該
遊戲軟體時即得認識該商品來源的標識，或作爲廣告使用；所謂電子
媒體，則是指電視、廣播等透過電子傳輸訊息的中介體，例如利用電
子媒體播映廣告影片；所謂網路，則是利用電纜線或現成的電信通訊
線路，配合網路卡或數據機，將伺服器與各單獨電腦連接起來，在軟

---

[33] 「商標法」第5條第2項規定：「前項各款情形，以數位影音、電子媒體、網
　　路或其他媒介物方式爲之者，亦同。」

體的運作下，達成資訊傳輸、資料共享等功能之系統，如電子網路、網際網路或行動通訊網路等，例如在網路上廣告；所謂其他媒介物，則是泛指前述方式以外，具有傳遞資訊、顯示影像等功能的各式媒介物。

（五）需足以使相關消費者認識其為商標

商標的最主要功能即在於識別商品或服務來源，而此一識別功能，更是維護公平、自由競爭市場正常運作不可或缺之要素。消費者認識其為商標，才具商標的識別功能，達到商標使用之目的。亦即，除商標權人之使用以表彰其識別功能外，當商標權人以外之第三人使用商標，若其使用結果可能造成商品／服務之相關消費者混淆誤認，而無法藉由商標來正確識別商品／服務來源時，則該第三人使用商標之行為即應予以禁止，以避免商標識別功能遭受破壞。

三、侵害商標權之規定

依「商標法」第70條第1項規定：

（一）第1款規定

為未得同意視為侵害著名商標權之擬制規定，既為擬制侵權規定，其構成要件採嚴謹之解釋，分述如下：

1. 所稱「明知」，係明白知悉之意，應由主張者負舉證責任，縱過失而不知亦非明知。從而所應審究者，乃在是否有何積極證據足可證明行為人確知他人著名之註冊商標存在。所稱之「明知」，[34]乃指行為人對於構成犯罪之事實，明知並有意使其發生者而言，設若行為人對構成犯罪之事實，在主觀之心態上，僅係有所預見，而消極的放任或容任犯罪事實之發生者或僅有過失，則其仍非本罪所欲規範處罰之對象。[35]

---

[34] 「刑法」第13條第1項規定。

[35] 最高法院91年度台上字第2680號判決。

2.所稱「著名商標」之認定，[36]應就個案情況考量下列足資認定爲著名之因素：(1)相關事業或消費者知悉或認識商標之程度。(2)商標使用期間、範圍及地域。(3)商標推廣之期間、範圍及地域。所謂商標之推廣，包括商品或服務使用商標之廣告或宣傳，暨商展或展覽會之展示。(4)商標註冊、申請註冊之期間、範圍及地域。其須達足以反映其使用或被認識之程度。(5)商標成功執行其權利之紀錄，特別指曾經行政或司法機關認定爲著名之情形。(6)商標之價值。(7)其他足以認定著名商標或標章之因素。且著名商標之判斷，應以中華民國境內，廣爲相關事業或消費者所普遍認知爲準。

3.所稱「使用」相同或近似之商標，應適用「商標法」第5條商標使用之規定。本款商標使用之商品或服務，若爲同一或類似，則爲第68條所稱「侵害商標權」所規範，故本款應指與著名註冊商標指定使用的商品或服務非屬同一或類似者而言。

（二）第2款規定

係指將他人著名商標中的文字非爲商標使用，而是作爲自己公司、商號、團體、網域或其他表彰營業主體之名稱使用之侵害行爲。本款之適用增列「致相關消費者混淆誤認之虞」之情形，係指行爲人之公司、商號、團體或網域名稱與著名註冊商標中之文字相同，且其經營之業務範圍與著名註冊商標使用之商品或服務構成相同或類似，有致相關消費者混淆誤認之虞之情形。因修正前第1款後段規定對此並未規範，僅規範「致減損著名商標之識別性或信譽」之情形，而須適用修正前第2款「明知爲他人之註冊商標，而以該商標中之文字作爲自己公司名稱、商號名稱、網域名稱或其他表彰營業主體或來源之標識，致商品或服務相關消費者混淆誤認者」規定。

---

[36] 司法院釋字第104號解釋、智慧財產法院99年度民商訴字第32號民事判決。

（三）第3款規定

係明文禁止商標侵權之準備、加工或輔助行為，例如製造、持有、陳列、販賣、輸出或輸入尚未與商品或服務結合之標籤、吊牌、包裝容器或服務有關之物件等行為，期能有效預防並解決仿冒之爭議。例如，行為人欲仿冒金門高粱酒來販售，但僅分別查獲其仿冒標籤及尚未貼有商標的空瓶，且無其他證據證明行為人已有使用商標行為時，縱未能依法科以刑責，權利人亦可請求排除或防止侵害，並得請求銷毀該等物品，或為適當之處置以防止侵害擴大。

參、財團法人臺灣網路資訊中心

一、財團法人臺灣網路資訊中心

電信總局為配合「電信法」第20條之1，[37]訂定「網際網路位址及網域名稱註冊管理業務監督及輔導辦法」。[38]為因應此辦法第7條「註冊管理機構應就網際網路位址或網域名稱註冊管理業務，訂定業務規章……之規定，特訂定「財團法人臺灣網路資訊中心網域名稱（Domain Name）註冊管理業務規章」及「財團法人臺灣網路資訊中心網路位址（IP Address）註冊管理業務規章」。「網域名稱註冊管理業務規章」對爭議處理、網域名稱之移轉、取消及更改均有規定；「網路位址註冊管理業務規章」也明確規範網際網路位址收回及更換原則和代理發放單位應遵守之規定；除此以外兩者規章均載明提供服務內容、收費標準、註冊資料之利用、消費者申訴處理及與消費者權益相關之事宜。交通部電信總局為臺灣網路資訊中心之主管機關，編

---

[37] 「電信法」第20條之1第7項：「從事電信網際網路位址及網域名稱註冊管理業務之監督及輔導事項，由電信總局辦理之；其監督及輔導辦法，由電信總局訂定之。」

[38] 此辦法已於92年2月11日公布施行。

列預算輔導該中心轉型成為財團法人。

　　財團法人臺灣網路資訊中心（TWNIC）是一個非營利性之財團法人機構，是目前國內唯一統籌網域名稱註冊及IP位址發放之超然中立之非營利性組織。還可以查詢IP跟網域名稱登記的使用者非常方便，上面還有很多技術性資料跟國際網路訊息。同時也是中國互聯網絡信息中心（CNNIC）、日本網路資訊中心（JPNIC）、韓國網路資訊中心（KRNIC）等網際網路組織之對口單位。在交通部電信總局及中華民國電腦學會的共同捐助下，TWNIC於民國88年12月29日完成財團法人設立登記事宜，「財團法人臺灣網路資訊中心」正式成立，主管機關乃為交通部。捐助章程中規定TWNIC為我國國家及網路資訊中心（National Network Information Center），其服務宗旨如下：[39]

　　（一）非以營利為目的，以超然中立及互助共享網路資源之精神，提供註冊資訊、目錄與資料庫、推廣等服務。

　　（二）促進、協調全國與國際網際網路（Internet）組織間交流與合作，並爭取國際網路資源及國際合作之機會。

　　（三）協助推展全國各界網際網路應用之普及，以及協調資訊服務之整合、交換。

二、網域名稱爭議處理管道

　　網域名稱爭議發生時，檢舉人通常認為自己之權益受損，因此遍尋法律方法救濟，而所謂救濟，不外乎制止某特定網域名稱之使用。於網域名稱爭議機制未臻發達之年代，常見之救濟管道為向公平交易委員會檢舉、司法訴訟、仲裁等，然這些傳統爭議處理方式係建構於既有之法律規範下，因此，未必能符合網域名稱爭議此種新興爭議型態處理之需求，尤其在效率及經濟上，傳統爭端解決方式確實浮現出

---

[39] http://www.twnic.net.tw/about/about_01.htm，最後瀏覽日2017年04月17日。

無法符合網域名稱爭議需求之一面。目前臺灣有二家,受認可爭議處理機構,資訊工業策進會科技法律研究所和臺北律師公會。

(一)資訊工業策進會科技法律研究所

科技法律研究所,除積極參與資策會法律及專利相關幕僚工作外,並秉持科技法律智庫使命,協助政府部門整合科技相關法制與科技產業提昇法律因應能力,以建構我國科技發展之良善法律環境。

(二)臺北律師公會

處理智慧財產權、電子商務、IT等相關爭議,並積極參與政府部門立法工作,同時有諸多會員具有仲裁人身分,對於解決當事人爭議素富經驗。

三、爭議處理辦法所處理的範圍

為了處理在臺灣網路資訊中心(TWNIC)所註冊的網域名稱,所引起的爭議,才有「網域名稱爭議處理辦法」(以下簡稱處理辦法)的產生,[40]為什麼TWNIC有權力去管理<.tw>的網域名稱?這是因為在目前ICANN架構下的網域名稱管理,是採取所謂「層級式網域名稱系統」(the hierarchical domain name system),因此有國家代碼的網域名稱,就必須有一網路資訊中心(Network Information Center, NIC)加以管理。所以目前<.tw>國家代碼網域名稱的註冊管理機構,即為TWNIC。也因此TWNIC所制定的本處理辦法,只能適用於國家代碼為<.tw>的網域名稱。

四、網域名稱爭議處理的當事人

網域名稱爭議處理的當事人,有申訴人與註冊人。在處理辦法中,「申訴人」是向爭議處理機構提出申訴的人,而「註冊人」,

---

[40] 「網域名稱爭議處理辦法」第1條規定。

就是實際上享有網域名稱使用權利的人。註冊管理機構為TWNIC，至於「受理註冊機構」就是指有TWNIC授權，提供網域名稱註冊服務的業者，目前有包括協志科技（TISNet）、亞太線上（APOL）、中華電信（HiNet）、網路中文（net-chinese）、網路家庭（PC home Online）與數位聯合（seednet）共六家廠商。

　　TWNIC在網域名稱爭議的處理上，是保持中立，不介入註冊人與他人之間有關網域名稱註冊與使用的爭議。在爭議處理程序中，除了應爭議處理機構的要求，提供與網域名稱註冊及使用有關的資訊外，TWNIC並不以任何方式參與爭議處理程序。TWNIC除了執行專家小組的決定外，並不對爭議處理結果負任何責任。[41]為了公正處理註冊人與申訴人之間的網域名稱爭議，處理辦法特別設立所謂的「爭議處理機構」，在TWNIC的認可下，依處理辦法與實施要點處理當事人間的網域名稱爭議。目前經TWNIC認可的爭議處理機構，有「資策會科技法律中心」與「臺北律師公會」兩者。爭議處理機構並認可處理網域名稱爭議資格的「專家」，依當事人的決定，組成一人或三人的「專家小組」，實際做出處理決定。此外，由於TWNIC已將註冊業務授權給多家機構處理，因此在爭議處理上，也必須讓受理註冊機構得以知悉。[42]

五、註冊人的告知義務

　　註冊人於註冊使用網域名稱後，所享有的地位為何，一直是有所爭議的問題。有鑒於註冊管理機構TWNIC為一財團法人，因此註

---

[41] 「網域名稱爭議處理辦法」第12條：「註冊管理機構不介入註冊人與他人之間有關網域名稱註冊與使用之爭議。網域名稱爭議處理程序中，註冊管理機構除須應爭議處理機構之要求，提供與網域名稱註冊及使用相關資訊外，不以任何方式參與爭議處理程序。註冊管理機構依專家小組之決定執行，不對爭議處理結果負任何責任。」

[42] 「網域名稱爭議處理辦法實施要點」第4條第4項：「爭議處理機構應立即將處理程序開始日，通知申訴人、註冊人、受理註冊機構及註冊管理機構。」

冊人透過受理註冊機構，與TWNIC所成立的關係，應為私法上的契約關係，也就是TWNIC與註冊人之間的網域名稱使用契約關係。所以，有關網域名稱使用的相關問題，都應依據相關的註冊辦法，處理註冊人與TWNIC、受理註冊機構之間的法律關係。

六、網域名稱爭議申訴的要件

網域名稱爭議處理程序的申訴人，只有在符合處理辦法第5條的要件下，才得以向爭議處理機構提出申訴。以下這三個要件必須同時具備，網域名稱與申訴人之商標、標章、姓名、事業名稱或其他標識相同或近似而產生混淆者、註冊人就其網域名稱無權利或正當利益、註冊人惡意註冊或使用網域名稱。

（一）第一要件

第一個要件「商標、標章」的意義，就是指商標法上的商標與服務標章。最後一個部分「其他標識」，是指如同前述的商標、標章、姓名等一般，可以表彰商品或服務的來源，使相關大眾可以用來區別不同的商品或服務。

（二）第二要件

第二個要件，「權利」是指在法律上所承認的權利，如商標權、姓名權、商號使用權等。「正當利益」在認定上比較不易，可能必須視個案加以認定。依據處理辦法第5條第2項規定，在認定上可以考慮以下幾點：

1.註冊人在收到第三人或爭議處理機構通知有關該網域名稱之爭議前，已經以善意使用或可證明，已準備使用該網域名稱或與其相當的名稱，銷售商品或提供服務者。

2.註冊人使用該網域名稱，已為一般大眾所熟知。這句話的意思是說，一般大眾已經對這個網域名稱非常熟悉，並且一般大眾在看到這個網域名稱時，可以聯想到註冊人。

3.註冊人為合法、非商業或正當之使用，而沒有以混淆、誤導消費者或減損商標、標章、姓名、事業名稱或其他標識之方式，獲取商業利益的情形。如果有混淆或誤導消費者，而藉由這種方式獲取商業利益的情形，這是一種不公平的競爭手段，所以自然不應該認為註冊人具有正當利益。

（三）第三要件

第三個要件「惡意」註冊或使用的認定上，可以考慮下列幾點：

1.註冊人註冊或取得該網域名稱之主要目的，是在透過網域名稱的出售、出租或者其他方式，從申訴人或者其競爭者的手中，獲取超過該網域名稱註冊所需相關費用之利益。這就是最典型的網路蟑螂行為，註冊人搶註網域名稱的目的，並不是在使用，而是在販售圖利。

2.註冊人註冊該網域名稱，係以妨礙申訴人使用該商標、標章、姓名、事業名稱或其他標識註冊網域名稱為目的。由於申訴人必須主張在商標、標章、姓名等標識上，將因為註冊人的使用該網域名稱而受到妨礙，因此申訴人必須積極證明註冊人註冊是有此一目的存在。

3.註冊人註冊該網域名稱之主要目的，係為了妨礙競爭者的商業活動。由於目前電子商務的盛行，所以有可能註冊人註冊該網域名稱的目的，是為了阻礙競爭者使用這個網域名稱，使得競爭者沒有辦法藉由這個網域名稱，讓其他事業或一般大眾找尋到他所架設的網站。此一行為可能也有不公平競爭的性質，所以也足以認定註冊人的「惡意」。

4.註冊人為營利之目的，而意圖與申訴人之商標、標章、姓名、事業名稱或其他標識產生混淆，引誘、誤導網路使用者瀏覽註冊人之網站或其他線上位址。特別是在有著名的、為大眾所熟知的商標、標章、姓名等標識時，由於與這些著名標識相似，將容易引起一般網路使用者的混淆，誤以為這個網域名稱所在的網站，與這些著名商標等標識、其所代表的企業或個人，有什麼關聯。因此如果註冊人有第四點所述的情形時，也應該可以認定有惡意註冊或使用的情形存在。

（四）爭議處理程序的終止

雙方當事人如果在專家小組做出決定前達成和解，應透過爭議處理機構通知專家小組，此時專家小組應終止處理程序。[43]此一和解協議在解釋上無須經過公證。在專家小組做出決定之前，如果認為有不必要或不可能繼續進行處理程序的情形時，專家小組可以終止處理程序。不過，當事人如果認為終止程序並不妥當，而在專家小組所定的期間內提出異議，並經專家小組同意時，處理程序就應該繼續進行。當爭議處理程序在開始前或處理中，有關此一爭議的訴訟已由法院受理時，當事人應將此一事實儘速通知爭議處理機構，再由爭議處理機構通知專家小組，此時專家小組可以自行裁量暫停、終止或繼續申訴程序。

第四節　實務介紹

壹、有關網域名稱爭議處理辦法之判決

案號：STLI2016-005。

一、當事人

申訴人：中華電信股份有限公司註冊人：LIOU-GANG。

二、本案事實

（一）申訴人之官網名稱為「http://www.hinet.net」，並為「HiNet」系列商標之所有人，自西元1996年起已在中華民國取得

---

43 「網域名稱爭議實施要點」第17條第2項：「專家小組於決定前，認為有不必要或不可能繼續進行處理程序之情事者，得終止處理程序。」

商標註冊迄今仍然有效，其下數據分公司以「HiNet」作為提供網際網路接取服務之母商標，並在「HiNet」母商標下衍生許多家族系列商標，例如：hiLink、hiBox、hiHosting、hicloud、hichannel、hievent……等。申訴人目前為我國最大的電信服務業者，業務範圍主要有固網電信、行動通信及數據通信、網際網路等業務。其中數據及加值業務，含網際網路服務提供者（ISP）、虛擬私人網路（VPN）、數位內容、互聯網、多媒體視訊等均由中華電信股份有限公司數據通信分公司負責經營，而申訴人所提供之「HiNet」網際網路業務亦為我國同類型業者中用戶人數最多之電信服務提供者，故「HiNet」商標確實為一般消費者所知悉之著名商標。

（二）註冊人所註冊之網域名稱「hinet-idc.com.tw」，其主要部分為「hinet-idc」以「hinet」與「idc」加上中間線予以區隔。然而，「IDC」是「Internet Data Center」的簡稱，是指網際網路整合式資料中心，為一商品通用名稱，其顯著部分之「hinet」，註冊人並無「hinet」商標專用權。

（三）申訴人主張註冊人不當註冊「hinet-idc.com.tw」網域名稱，已構成「處理辦法」第5條第1項各款所定要件。

三、適用規定

（一）科法所於2001年3月29日經TWNIC認可，成為國家代碼（ccTLD）為tw之網域名稱爭議處理機構。

（二）依「財團法人臺灣網路資訊中心網域名稱註冊管理業務規章」（以下簡稱「管理業務規章」）第26條規定，註冊人註冊之網域名稱如與第三人產生爭議時，同意依「處理辦法」及「實施要點」等相關規定處理，經申訴人向科法所提出本申訴案，故註冊人有私法上之契約義務，應接受科法所就本案系爭網域名稱進行爭議之處理。

　　（三）申訴要件：1.依「處理辦法」第5條第1項規定：[44]申訴人得以註冊人之網域名稱註冊具有下列情事為由，向爭議處理機構提出申訴。2.依「處理辦法」第5條第2項規定：[45]有下列各款情形之一者，得認定註冊人擁有該網域名稱之權利或正當利益：標章、姓名、事業名稱或其他標識之方式，獲取商業利益者。3.依「處理辦法」第5條第3項規定：[46]認定註冊人惡意註冊或使用網域名稱，得參酌下列

---

[44] 「網路名稱爭議處理辦法」第5條第1項規定：「申訴人得以註冊人之網域名稱註冊具有下列情事為由，向爭議處理機構提出申訴：
一、網域名稱與申訴人之商標、標章、姓名、事業名稱或其他標識相同或近似而產生混淆者。
二、註冊人就其網域名稱無權利或正當利益。
三、註冊人惡意註冊或使用網域名稱。」

[45] 「網路名稱爭議處理辦法」第5條第2項規定：「有下列各款情形之一者，得認定註冊人擁有該網域名稱之權利或正當利益：標章、姓名、事業名稱或其他標識之方式，獲取商業利益者：
一、註冊人在收到第三人或爭議處理機構通知有關該網域名稱之爭議前，已以善意使用或可證明已準備使用該網域名稱或與其相當之名稱，銷售商品或提供服務者。
二、註冊人使用該網域名稱，已為一般大眾所熟知。
三、註冊人為合法、非商業或正當之使用，而未以混淆、誤導消費者或減損商標、標章、姓名、事業名稱或其他標識之方式，獲取商業利益者。」

[46] 「網路名稱爭議處理辦法」第5條第3項規定：「認定註冊人惡意註冊或使用網域名稱，得參酌下列各款情形：
一、註冊人註冊或取得該網域名稱之主要目的是藉由出售、出租網域名稱或其他方式，自申訴人或其競爭者獲取超過該網域名稱註冊所需相關費用之利益。
二、註冊人註冊該網域名稱，係以妨礙申訴人使用該商標、標章、姓名、事業名稱或其他標識註冊網域名稱為目的。
三、註冊人註冊該網域名稱之主要目的，係為妨礙競爭者之商業活動。
四、註冊人為營利之目的，意圖與申訴人之商標、標章、姓名、事業名稱或其他標識產生混淆，引誘、誤導網路使用者瀏覽註冊人之網站或其他線上位址。」

各款情形。

四、本案爭點

（一）系爭網域名稱與申訴人之商標具高度近似而產生混淆。

（二）註冊人就系爭網域名稱無權利或正當利益，並從事非法不正當使用，其內容混淆誤導消費者，減損申訴人商標、標章之商譽。

（三）註冊人惡意註冊或使用系爭網域名稱，其使用係妨礙競爭商業活動，有違反「商標法」及「公平交易法」等情事，顯已屬惡意使用網域名稱。

五、決定理由

（一）註冊人對網域名稱有無權利或正當利益

1.依「處理辦法」第5條第2項規定，所述者為消極事實，註冊人較易舉證其事實之存否，而申訴人於提起申訴時，若無其他事證資訊，僅須先為表面推證，再由註冊人證明其就系爭網域名稱有權利或正當利益；又註冊人就其網域名稱有權利或正當利益，係指註冊人之網域名稱與其公司名稱、所營事業內容，在語意、字義或商業習慣上有明顯之關聯而言。

2.至於註冊人使用該網域名稱，是否已為一般大眾所熟知？系爭註冊之網域名稱「hinet-idc.com.tw」中的主要部分「hinet」與申訴人之商標完全相同，並因申訴人之使用，且成為一般大眾所熟知。然而就註冊人所註冊之「hinet-idc.com.tw」而言，由於註冊人未能提出證據說明其有使用之事實，亦未能證明其「因註冊人之使用」而成為一般大眾所熟知，因此認定系爭網域名稱「hinet-idc.com.tw」不構成「處理辦法」第5條第2項第2款之「註冊人使用該網域名稱，已為一般大眾所熟知」之情形。

3.所謂註冊人就其網域名稱有權利或正當利益，乃指註冊人之網域名稱與公司名稱所營事業內容，在語意、字義及商業習

慣尚有明顯之關聯而言（參見STLC2002-007）。本案註冊人爲
「LIOU JHIH-GANG」（中文查爲劉志剛）與系爭網域名稱並不
相同且毫無關聯性，註冊人也未曾以「hinet-idc」取得任何商標
註冊。再者，註冊人雖爲「拓雲國際網路有限公司」負責人，但
拓雲公司英文名爲「Cloud Services International」，其網域名稱爲
「www.cloudservices.tw」，且其原先所提供之聯絡電子郵件分別有
「brandan670205@hotmail.com」及「brandan0205@gmail.com」兩
者，均與系爭網域名稱無任何關係。

　　4. 小結：由此可見註冊人並無合法、正當使用「hinet」之權利，
且「hinet」既屬申訴人註冊之商標，則註冊人未經申訴人同意而予以
使用，實難謂無混淆、誤導消費者之嫌。是以本件註冊人亦不符合
「處理辦法」第5條第2項第3款所規定「註冊人爲合法、非商業或正
當之使用，而未以混淆、誤導消費者或減損商標、標章、姓名、事業
名稱或其他標識之方式，獲取商業利益者」之情事。

（二）註冊人是否「惡意註冊」或「惡意使用」系爭網域名稱

　　1. 依「處理辦法」第5條第3項之規定。

　　2.「處理辦法」第5條第1項第3款之規定，申訴之成立尚必須註
冊人「惡意註冊」或「惡意使用」網域名稱。只要有「惡意註冊」
或「惡意使用」兩種情事之一即可，並不以兩者兼具爲必要（參見
STLC2001-001案）。又依「處理辦法」第5條第3項規定爲具體認定
時，只問是否符合各款情事，不再細究區分各該情事是否涉及惡意註
冊或惡意使用，且該項所列四款情事，僅爲例示性，並不排斥其他有
證明力之相關情事，且不以全部情事具備爲必要。

　　3.「處理辦法」第5條第3項第1款係指註冊人註冊或取得該網域
名稱之主要目的是藉由出售、出租網域名稱或其他方式，自申訴人或
其競爭者獲取超過該網域名稱註冊所需相關費用之利益。就此申訴人
並未能舉證加以證明，是以並無法依該款事由認定註冊人「惡意註
冊」或「惡意使用」網域名稱。

4.「處理辦法」第5條第3項第3款之情形，註冊人在系爭網域名稱之網頁上，透過比較廣告方式，其對比說明之內容明顯出現貶低或詆毀及不公平的攻擊申訴人，有不實虛假的說明。其網頁內容已對自身商品為虛偽不實表示，就「HiNet」商品及服務也有虛偽不實或引人錯誤之表示，在網路上陳述或散布，亦對申訴人營業信譽產生貶損之比較結果，因此註冊人註冊該網域名稱，顯有妨礙申訴人之商業活動，構成「處理辦法」第5條第3項第3款之情形。

六、總結

綜上論述，註冊人註冊使用系爭網域名稱「hinet-idc.com.tw」之行為，符合「處理辦法」第5條第3項所列各款之若干情形，得認定註冊人已構成第5條第1項第3款所規定之「註冊人惡意註冊或使用網域名稱」之情事。

貳、網域搶註相關判例

「香奈兒」商標權侵害事件（商標法§70②）（智慧財產法院103年度民商訴字第56號民事判決）。

一、本案爭點

使用「香奈兒」、「CHANNEL」、「香靚兒」於旅館服務、商號名稱、網域名稱有減損著名商標識別性之虞。

二、案情說明

原告主張其「香奈兒」、「CHANEL」商標是服飾品、化粧品、鐘錶、首飾、香水等精品之著名商標（下稱系爭商標），被告等人明知系爭商標為著名註冊商標，為攀附原告之商譽，以牟取不法利益，竟自民國91年8間起合夥於臺中市○區○○路○段○號經營被告

香奈兒休閒旅館（下稱系爭商號，民國104年1月15日變更登記爲香靘兒有限公司），未經原告之同意，基於行銷之目的，使用相同「香奈兒」字樣及近似「CHANEL」字樣於香奈兒休閒旅館之招牌、廣告傳單、網站網頁、面紙盒、原子筆、毛巾、浴巾、床單、枕套等，並使用http://www.channelmotel.com.tw於網域名稱，有使相關消費者混淆誤認，亦已減損原告系爭著名商標之識別性及信譽。

三、判決要旨

被告不得使用相同或近似於「香奈兒」或「香奈爾」之字樣作爲其商號名稱之特取部分，並應向高雄市政府經濟發展局辦理其商業名稱變更登記爲不含相同或近似於註冊第163256、969140、768788號「香奈兒」商標及註冊第10123、23823、23911、98629號「CHANEL」商標之字樣作爲其商業名稱或網域名稱之特取部分，並應辦理註銷「http//www.channelmotel.com.tw」網域名稱之登記。被告不得使用含有相同或近似於註冊第163256、969140、768788號「香奈兒」商標及註冊第10123、23823、23911、98629號「CHANEL」商標字樣之招牌、廣告傳單、網頁或其他行銷物件，或從事其他爲行銷目的而使用相同或近似於前述「CHANEL」或「香奈兒」字樣之行爲。

四、判決意旨

系爭商標爲識別性極高之著名商標，被告於廣告看板、物品、網頁上使用「香奈兒」、「CHANNEL」、「香靘兒」字樣，與系爭商標有完全相同或極爲近似之情形，又「香奈兒」、「CHANNEL」二詞非既有詞彙或事物，被告並未提出證據證明「香奈兒」、「CHANNEL」已爲第三人廣泛使用於不同之商品或服務，則被告等之行爲會使曾經強烈指示單一來源的系爭商標變成指示二種或二種以上來源，或在社會大眾的心中留下非單一聯想或非獨特性的印象，而減損系爭商標之識別性。再者，被告之住宿服務，與系爭商標所標榜

之精品形象大相逕庭，兩者之服務訴求雖有不同，惟兩者所表彰之形象確實大不相同，且被告將原告系爭商標用於住宿業，將使相關消費者對系爭商標產生旅館業之聯想，而確實亦會造成相關消費者產生「香奈兒」及「CHANEL」等商標亦係表徵被告等所經營「香奈兒休閒旅館」，並對於原告所有系爭商標所代表之精緻、時尚及品味之品質產生坊間休閒旅館或汽車旅館聯想之結果，有致相關消費者混淆誤認之虞，自有減損系爭商標信譽之虞。且若不制止，亦會使消費者或社會大眾誤以為均可使用，而導致系爭著名商標識別性之減弱。準此，系爭商標之識別性或信譽有遭減損之虞等情，應堪認定。故被告經營休閒旅館業務，與系爭商標表彰之品質、形象不同，而有減損系爭商標之識別性或信譽之虞，是被告等有「商標法」第70條第2款視為侵害商標之行為。

五、小結

　　「商標法」第70條規定，未得商標權人同意，有下列情形之一，視為侵害商標權，明知為他人著名之註冊商標，而以該著名商標中之文字作為自己公司、商號、團體、網域或其他表彰營業主體之名稱，有致消費者混淆誤認之虞或減損該商標之識別性或信譽之虞者。因此，被告應以違反「商標法」第70條之規定，請求被告損害賠償。

　　而商標權人請求損害賠償時，得就下列各款擇一計算其損害：

　　（一）依「民法」第216條規定。但不能提供證據方法以證明其損害時，商標權人得就其使用註冊商標通常所可獲得之利益，減除受侵害後使用同一商標所得之利益，以其差額為所受損害。

　　（二）依侵害商標權行為所得之利益；於侵害商標權者不能就其成本或必要費用舉證時，以銷售該項商品全部收入為所得利益。

　　（三）就查獲侵害商標權商品之零售單價1,500倍以下之金額。但所查獲商品超過1,500件時，以其總價定賠償金額。

　　（四）以相當於商標權人授權他人使用所得收取之權利金數額為其損害。前項賠償金額顯不相當者，法院得予酌減之。

第五節 結論

隨著網際網路得快速發展與全球化電子商務推波助瀾下，利用網路的使用者大幅增加，上網時間也相對加長，具有經濟性、商業性之網域名稱，也跳脫原有位址解析角色，進而擴張成與現行商標具有等同價值之概念，依據財團法人臺灣網路資訊中心（Taiwan Network Information Center, TWNIC）2015年「臺灣寬頻網路使用調查」結果顯示，我國民眾上網率從2014年75.6%上升到2015年80.3%，推估我國上網人數達1,883萬人，逐年上升及高比率的網路使用人口，為數位經濟發展奠下良好基礎。[47]1990年代後網際網路逐漸普及化後所產生的新經濟體制宣告了數位經濟時代的來臨，網際網路成為企業、政府及家庭資訊應用之核心工具，而其所帶動的數位經濟更是本世紀經濟發展主流，涉及的層面包括電子商務、物聯網、數位貿易等以數位方式進行的交易或服務提供行為。網際網路上之商標，最初僅是以網際網路作為電子媒介呈現其商標文字或圖案，但因技術發展及運用，商標亦有可能藉由網路超連結或網域名稱的方式出現，使得本來僅具有單純技術功能超連結或網址，因為涉及商標文字圖樣的使用而有侵害商標權的疑慮。

任何企業都會使用網路來販售自己的商品，也因為設置網站所需費用成本並不高，使得網路上企業間的競爭更形激烈，如何在眾多的網站中脫穎而出，使得消費者容易快速地連結到自己的網站，網域名稱即扮演著最重要角色，[48]例如以公司或商號的名稱、商標或簡短好記、響亮誘人的網域名稱等。網域名稱隨著電子商務盛行與商業行銷

---

[47] 〈因應TPP數位經濟規範之臺灣策略研析〉，「國家發展前瞻規劃」委託研究案，第2期，頁26，2016年。

[48] 曾馨嫻，〈網域名稱與商標問題之研究〉，中國文化大學法律學研究所碩士論文，頁21-22，1998年6月。

技術，已成為有如商標權地位。因此，許多人大量搶註著名公司之名稱或商標為網域名稱待價而沽，造成同一名稱分屬不同所有人，原表徵權利人不僅無法再申請相同的網域名稱，該網站可能遭競爭對手或他人不當使用，致與原表徵之識別性產生混淆或減損原表徵之形象，因而產生衝突。

　　網域名稱爭議之所以產生，主要與其出現之時間點、取得、管理方式及特性有關。網域名稱乃於各種姓名權、商標權、公司名稱等商譽保護法令極為發達之後始出現之產物，不免與原有法律制度之姓名、商標、表徵等權利發生衝突。其次，網域名稱註冊採取「先申請，先註冊，先使用」之原則。申請人經過簡單的身分審查後，既可取得註冊並使用該網域名稱，因此，造成網域爭議問題。再加上有心人士會惡意搶先使用別人的商標或事業體名稱申請註冊網域名稱，造成原商標所有人或事業體無法以自己的名稱申請註冊網域名稱，這些有心人士搶先註冊網域無非為將來出售圖利，或使用該網域名稱做服務內容，以混淆消費者所認定之服務來源。

　　最近，根據《蘋果日報》報導，一名自稱是馬祖人的紀姓男子搶先把「藍眼淚」註冊商標，不但一方面要兜售「藍眼淚」的商標權，還提醒馬祖當地店家，若想使用「藍眼淚」，要小心侵權跟賠償問題。紀男稱已有人打算開價10萬元想買「藍眼淚」的商標權，但當初紀男僅花了3,000元登記商標。紀男行為已引起馬祖當地人的不滿，馬祖主委蘇柏豪就批評：「這是馬祖的共有財，憑什麼拿去註冊成自己私有的？」但紀男則在討論區回應說：「有錢人和你想的不一樣，請尊重商標權。」[49]

　　馬祖藍眼淚就像是阿里山茶、麻豆文旦一樣，這是約定俗成、眾所周知，不屬於少數特定人，講到藍眼淚大家自然會想到馬祖，有

---

[49] 「藍眼淚」竟被註冊商標，馬祖人怒了，http://www.appledaily.com.tw/realtimenews/article/local/20170323/1082198/applesearch，最後瀏覽日：2015年05月04日。

人建議縣政府向智財局申請異議或是向智慧財產法院提起撤銷商標之訴。因此，馬祖藍眼淚事件，註冊人是否有權將馬祖地理現象的名稱，註冊成自己的商標而於網路上販賣，還有待商権，但可依「商標法」第1條、第29條、第30條之規定，來探討法規內容是否可行。註冊商標有許多消極要件，任何具有識別性的標識，「可」依法申請「商標權」的保護。回顧「商標法」第1條，為保障消費者利益，維護市場公平競爭，促進工商企業正常發展為立法宗旨；換言之，「商標法」為保障社會公益及私人權益平衡，雖廣義的放寬申請條件，但仍設有若干消極要件加以限制。下列依序講解，不得申請註冊事項的規定：[50]

一、僅為發揮商品或服務之功能所必要者。

二、相同或近似於中華民國國旗、國徽、國璽、軍旗、軍徽、印信、勳章或外國國旗，或世界貿易組織會員依巴黎公約第6條之3第3款所為通知之外國國徽、國璽或國家徽章者。

三、相同於國父或國家元首之肖像或姓名者。

四、相同或近似於中華民國政府機關或其主辦展覽會之標章，或其所發給之褒獎牌狀者。

五、相同或近似於國際跨政府組織或國內外著名且具公益性機構之徽章、旗幟、其他徽記、縮寫或名稱，有致公眾誤認誤信之虞者。

六、相同或近似於國內外用以表明品質管制或驗證之國家標誌或印記，且指定使用於同一或類似之商品或服務者。

七、妨害公共秩序或善良風俗者。

八、使公眾誤認誤信其商品或服務之性質、品質或產地之虞者。

九、相同或近似於中華民國或外國之葡萄酒或蒸餾酒地理標示，且指定使用於與葡萄酒或蒸餾酒同一或類似商品，而該外國與中華民國簽訂協定或共同參加國際條約，或相互承認葡萄酒或蒸餾酒地理標

---

[50] 「商標法」第30條之規定。

示之保護者。

十、相同或近似於他人同一或類似商品或服務之註冊商標或申請在先之商標，有致相關消費者混淆誤認之虞者。但經該註冊商標或申請在先之商標所有人同意申請，且非顯屬不當者，不在此限。

十一、相同或近似於他人著名商標或標章，有致相關公眾混淆誤認之虞，或有減損著名商標或標章之識別性或信譽之虞者。但得該商標或標章之所有人同意申請註冊者，不在此限。

十二、相同或近似於他人先使用於同一或類似商品或服務之商標，而申請人因與該他人間具有契約、地緣、業務往來或其他關係，知悉他人商標存在，意圖仿襲而申請註冊者。但經其同意申請註冊者，不在此限。

十三、有他人之肖像或著名之姓名、藝名、筆名、字號者。但經其同意申請註冊者，不在此限。

十四、有著名之法人、商號或其他團體之名稱，有致相關公眾混淆誤認之虞者。但經其同意申請註冊者，不在此限。

十五、商標侵害他人之著作權、專利權或其他權利，經判決確定者。但經其同意申請註冊者，不在此限。

因此，「商標法」法規並無規定，人民不能拿馬祖的地標藍眼淚來註冊成商標，有人建議縣政府向智財局申請異議或是向智慧財產法院提起撤銷商標之訴。但於法無據，註冊人既已先行註冊商標，其商標權就屬於註冊人的，任何人都不能侵害他的權利，除非修改法律才能防止有心人利用法律漏洞；將公有財產的知名地標，拿來當做自己的商標販賣圖取利益，對於此有關商標搶註的社會案件，剛好可拿來作為修法的建議，可建議修法，著名之地標，亦不能註冊成商標，為保障社會公益及私人權益平衡。

參考文獻

1. 周天（2002），《網路法律高手》。
2. 林磐聳（1997），《企業識別系統》。
3. 范慈容（1999），〈網域名稱與商標問題之研究〉，東吳大學法律學研究所碩士論文。
4. 曾陳明汝、蔡明誠（2007），《商標法原理》。
5. 曾勝珍（2008），《智慧財產權論叢》。
6. 曾勝珍（2015），《智慧財產權法專論》。
7. 曾勝珍（2015），《圖解智慧財產權》。
8. 曾馨嫻（1998），〈網域名稱與商標問題之研究〉，中國文化大學法律學研究所碩士論文。
9. 楊智傑（2013），《智慧財產權法》。
10. 楊智傑（2013），《智慧財產權法》。
11. 資策會科法中心（2002），《2001年臺灣網域名稱爭議處理案例彙編》。
12. 鄭中人（2003），《智慧財產權法導論》。
13. 賴文智（2001），〈TWNIC網域名稱爭議處理機制〉，網路資訊。
14. 謝銘洋（1995），〈德國之商標制度與實務〉，《智慧財產權制度與實務》，臺大法學叢書。
15. 謝銘洋（2001），〈網域名稱爭議處理之機制與問題〉，月旦法學。
16. 謝銘洋（2001），〈論網域名稱之法律保護〉，智慧財產權，第27期。

|第五章|
動產強制執行之法律適用 與探討——

以商標拍賣為例

曾勝珍、張月汝

第一節　前言

　　貨幣發明後，開始懂得使用貨幣來衡量物品的交換價值時，買賣制度也才慢慢呈現並趨於完備。[1]買賣，係當事人雙方約定一方移轉財產權於他方，他方支付價金之契約。買賣是人類最基本且最常見的契約，買賣有不同種類，以「民法」的規定為區別，可分為一般買賣及特種買賣。前者於買賣契約有效成立後，出賣人即負有移轉財產權之義務，買受人負有支付價金之義務；後者契約成立，除需滿足一般買賣之規定外，尚有其他特殊情形。

　　「拍賣」即為其中之一種，「民法」規定於買賣一節內。我國最高法院49台上字第2385號民事判例及49年台抗字第83號民事判例均認為，執行法院所為之強制執行拍賣亦為買賣之一種。拍賣，除規定於民法買賣節外，尚規定於「強制執行法」。「強制執行法」上之拍賣，若為私法上買賣之一種，則其動產所有權之移轉，依「民法」第761條第1項之規定：「動產物權之讓與，非將動產交付，不生效力。但受讓人已占有動產者，於讓與合意時，即生效力。」換言之，占有是買受人取得動產所有權之生效要件。

　　依「強制執行法」第68條之規定，拍賣物之交付，應於價金繳足實行之，買受人自執行法院所交付之日起，取得該動產之所有權。最高法院自民國31年9月22日民刑庭會議決議至今均認為「強制執行法上之拍賣，應依通說解為買賣之一種」。然而，依「強制執行法」所定程序進行拍賣，一般均非出於債務人之自願，故與私法上之買賣出於買賣雙方合意不同。

---

[1]　維基百科，https://www.google.com.tw/?gfe_rd=cr&ei=1ivyV7UwkMzyB9z_mZgE&gws_rd=ssl，最後瀏覽日：2016年10月5日。

第二節　何謂動產

壹、總說

　　動產爲移動後不改變其性質、損害其經濟效益及經濟價值的物，[2]於大多數國家並未以法律條文清楚列舉，多認爲不動產及定著物以外之物即屬動產，如英國、日本、[3]臺灣[4]及中國[5]等，而法國六法採列舉方式定義動產，法律上能支配控制的各種自然力、與土地分離後的花草、果實也屬動產，如有價證券、車輛、電腦、不動產之出產物其已分離或尚未分離而將成熟能於1個月內收穫者等均屬之。動產物權可爲所有權、質權、留置權、動產抵押權的標的物，一般動產於移轉時多不須登記，僅交付即完成移轉。而價值較高，交易上習慣以較愼重方式爲之的動產，稱爲準不動產，於所有權移轉、租賃、抵押等情況多須登記，如：船舶、民用航空器等屬準不動產。但爲達到強制執行之實際效果，除了以不動產執行方式之財產外，得以動產之執行之方式執行之財產，也屬於動產，例如不動產之出產物、有價證券、無體財產權等。

貳、我國對動產之法律規定

　　我國「民法」對於動產，並無積極性之規定，僅於第67條規定：「稱動產者，爲前條所稱不動產以外之物。」民法第66條第1項：

2　維基百科，http//zh.wikipedia.org/Wikipedia：%E9%A6%96%E9%A1%B5%，最後瀏覽日：2017年10月5日。

3　日本「民法」第89條。

4　「民法」第67條。

5　「中國擔保法」第92條第2款。

「稱不動產者，謂土地[6]及其定著物。」[7]第2項：「不動產之出產物，尚未分離者，為該不動產之部分。」動產雖可因附合於不動產，成為不動產之一部分而由不動產所有人取得其所有權，然此以動產因附合而成為不動產之重要成分為要件；若附合後仍獨立於不動產之外者，不動產所有人尚不能取得動產所有權，因此，定著物在未完成以前，既非土地之重要成分仍應認為動產，依動產之強制執行程序為之。[8]而依「民法」第67條所定不動產以外之物外，雖性質上屬不動產但為達強制執行實際效果得以動產之執行方法強制執行之財產亦屬動產。不動產自然生產之物，例如果實稻穀等，尚未分離者為不動產之一部分，原則上不得獨立為強制執行之標的物，但是出產物與不動產分離後即變為動產，屬於有收取權人所有之動產，故在分離後屬於有收取權人所有之財產權，不但有經濟價值且常作為交易之標的。

參、外國對動產之法律規定

在外國法律上有承認不動產之出產物在一定條件下有獨立性可作為動產強制執行之標的。德國民事訴訟法編，將對於債權及其他財產權之執行列入動產範圍，[9]其「動產」之意義較我國為廣。日本原採德國制，其民事執行法則與我國相同。[10]例如德國「民事訴訟法」第810條第1項規定：「尚未由土地分離果實出於未經依對不動產強制執行之方法查封期間得為扣押。此項扣押須於通常成熟期間一個月內使得為之。」日本「民事執行法」第122條第1項規定「對於動產包括不

---

[6] 所謂土地：指人力所能支配之地表及其上下。

[7] 所謂定著物：係指非土地之構成部分，繼續附著於土地而達一定「經濟上目的」，不易移動所在之物。

[8] 最高法院75年台上字第116判決。

[9] 楊與齡，《強制執行法論》，頁347，2003年9月。

[10] 日本「民事執行法」第122、143條。

能登記之土地定著物、未與土地分離之天然孳息而能於一個月內確實收穫者及不禁止背書之有價證券。強制執行以執行官扣押標的物為開始。」

我國85年修正前「強制執行法」對此並未設規定，但85年修正前「辦理強制執行事件應行注意事項」第24項則規定：「未與土地分離之農作物限於將成熟時始得實行查封並於收穫後再行拍賣。」足見，在過去實務上也認為未與土地分離之農作物可依動產執行之規定予以強制執行，但對實行查封與拍賣之時期作相當之限制以達執行之目的。而所謂定著物，係指非土地之構成部分，繼續附於土地，而可達經濟上使用之目的，例如：房屋、橋樑。未建築完成之房屋，如尚不足以遮風避雨而達經濟上之適用目的，則不能認為是定著物，依「民法」第67條之規定即應認為動產。故在其執行應依動產執行程序處理，並宜拍攝現場狀態之照片附卷，並告知債權人隨時注意房屋有無繼續建築，如繼續建築已達獨立定著物之程序時，應轉換為不動產執行程序。

第三節　動產之種類

所謂動產，原則上與民法上動產之概念相同，指不動產（土地及其定著物）以外之物。例如：金錢（紙幣、硬幣包括外國貨幣）、有價證券（如股票、債券、車票或演唱會之入場券等）、車輛、不動產之出產物已分離或尚未分離，惟將成熟能於1個月內收獲者。而實務上除「民法」第67條所規定之不動產以外之物，均屬為動產，其種類無法一一列舉，常見且普遍的家電用品、機器設備、車輛、辦公設備、珠寶、畫作、骨董等物，較為特殊為豬、牛、羊、馬、雞、鴨等牲畜以及魚類，本文所指乃前述之動產外而為實務上於查封時較爭議性之動產。

壹、現金

現金，指「貨幣」而言，是否屬於動產有二說，甲說：貨幣乃交換貨物之媒介，清償債務之方法，為動產、不動產以及其他財產權之價值評定標準。貨幣（現金）並無「物」之性質，自非動產之一種，於取交債權人時無須經查封之程序。乙說：現金乃指通用貨幣，既為債務人之財產，自為動產之一種，查封物為現金時，除有其他債權人參與分配外，應取交債權人收領，故須經查封程序。[11] [12] 以上二說以乙說為是，如果為外國貨幣，查封後須經變價程序方可顯現其價值。如果債務人於實施查封當場自動將現金交付債權人，乃清償債務，執行法院未曾占有該現金，不屬於查封範圍，但若債務人係向執行法院為清償行為，則執行法院應為查封該現金，如無其他債權人可交付債權人收領，若有其他債權人參與分配則須入執行法院之代收款專戶後另做分配表分配。

貳、不動產之出產物

不動產之出產物，例如樹木、果實、稻穀、砂石等，尚未分離者，為不動產之部分，不得單獨為物權之標的，亦不得單獨為執行之標的。惟此等出產物由有收取權人取得，將來與土地分離時，即成為動產，具有經濟價值，亦常為社會交易對象，執行法院於其將分離時予以查封，並於分離前或分離後實施拍賣或變賣，係以將來成為動產之物為執行標的。故對於其收取權人之執行，應依對於動產之執行程序辦理，現行「強制執行法」第53條第1項第5款規定：「未與土地分離之天然孳息不能於一個月內收穫不得查封。」由此可知現行法以准

---

[11] 司法院民事廳印行，《法院辦理民事執行實務參考手冊》，頁196，2015年8月。

[12] 同前註9，頁347。

許對在1個月內可收穫之天然孳息，對將成熟之時始得實施查封，並
於將收穫時或收穫後再行拍賣，其收取權屬於動產所有人，於該動
產查封後，為查封效力所及。依照我國「民法」第66條第2項規定：
「不動產的出產物，尚未分離者，為該不動產之部分。」故不動產的
出產物（例如水果），應認定為不動產。但依司法院29年院字第1988
號解釋（二）認為，執行法院對於不動產的出產物，得於將成熟之時
期予以查封，並於成熟後收穫而為拍賣或變賣，因而此種執行以「將
來成為動產」之出產物為標的，應依動產之執行程序辦理之。但須注
意「強制執行法」第53條第1項第5款規定在此類情況，需得於1個月
內收穫者為限。

參、不動產之從物

　　「民法」第68條第1項前段，主物之處分及於從物同第2項，故就
主物為查封拍賣時其效力及於從物，法院得就主物與從物一併拍賣。
但是執行法院僅就從物查封時，工廠中的機器生財設備與工廠同屬一
人，自為工廠之從物，僅就機器生產設備為查封時，自應依動產執行
之規定予以強制執行。惟主物之不動產受查封後或就主物已設有抵押
權時，只能與主物之不動產為一體而為執行標的物，若僅對於該動產
從物仍依對於動產之執行程序處理即屬違法，當事人或利害關係人得
聲明異議，但其查封並非無效。所以動產為不動產之從物者，如該動
產與不動產分離，具有獨立性，得利用動產之執行方法強制執行。如
果已對不動產查封，因查封的效力及於不動產之從物，此時由於處於
從物地位之動產與不動產結為一體，應依不動產程序執行，不得再單
獨針對動產執行。

肆、查封物之代替物及賠償金

執行標的物查封後，如該查封物因某種因素而滅失，但因滅失而得受到的賠償金或代替物（如保險金），是否仍為效力所及？「強制執行法」並未明確規定，因此有二說：主肯定說者，認為查封物之代替物或賠償金，乃由原查封物轉換而來，無論賠償義務人是否知悉查封之事實，均為查封效力所及；主否定說者，認為查封物既已滅失，對該物所為之查封行為已無所附麗而失其效力，自不能對該物之代替物或賠償金延續效力。二說或各有其理由，但為貫徹查封之效力及債權人之保護，自應以肯定說為當。查封後如為動產，原則上債務人對查封物喪失占有，但例外仍得由債務人占有。如由債務人占有，則債務人可否繼續使用查封物呢？民國85年10月9日所公布修正的「強制執行法」第59條第5項為杜絕爭議，特明定：「查封物以債務人為保管人時，許其於無損查封物之價值範圍內，使用之。」如保管人非債務人，則不得使用查封物。另債務人對於查封物因為「強制執行法」第51條規定：「查封之效力及於查封物之天然孳息。」故其對於查封物無收益權存在，查封物出租、合意更新契約、租賃權轉讓、同意轉租之承諾等，均是足以影響查封物拍賣及點交之行為，有執行效果，債務人均不得為之，縱為之，亦不生效力。

第四節　其他財產權

現代社會，因工商業高度經濟活動之結果，發生各種交易，產生不同之債權債務關係，人類最重要及最普遍之財產權，已非物權而是金錢債權。且現代科學技術發達，人類智慧所創造之產品，不斷產生，並受法律保障，而得為交易之標的，例如著作權、專利權、商標權等無體財產權，其價值不遜於動產、不動產或船舶及航空器。此等

具有財產價值而可讓與之權利，種類繁多，難以列舉。故「強制執行法」將債務人所有動產、不動產、船舶及航空器以外之一切財產，統稱為「其他財產權」。[13] 換言之，債務人之財產為債權人債權之總擔保，故凡債務人具有交易價值之財產，足以滿足金錢債權之債權者，皆得作為金錢請求權強制執行之標的，也是「強制執行法」所指動產、不動產、船舶及航空器以外，得作為金錢請求之權強制執行之一切財產權。

壹、其他財產權之要件

一、須為獨立之權利

得為執行標的之其他財產權，須為獨立之權利，否則，無法獨立處分，自不得為執行標的。例如抵押權、質權、對保證人之保證債權、未發生之利息債權等，均非獨立之債權，不得單獨處分，亦不得為執行標的。如係獨立處分之權利，雖為附有條件、期限或對待給付之債權，仍得為執行對象。

二、須具有財產價值

對於其他財產權之執行，乃將其處分所得價金清償債權人之金錢債權，故權利須具有財產價值，始得為金錢債權之執行標的。

三、須得讓與

債務人所有動產、不動產、不動產以外之其他權利，如不能讓與或由他人行使，即無從換得價金，清償債權，自不得為執行之標的。

13　同前註9，頁556。

第五節　其他財產之種類

壹、債務人對第三人之金錢債權

即「強制執行法」第115條對第三人金錢債權，例如存款債權、保固金債權、應收帳款債權等；第115條之1對於繼續性給付之債權例如薪資債權、保險紅利債權等及第115條之2所定之第三人已為提存之債權。

貳、債務人對於物之交付或移轉請求權

即「強制執行法」第116條對於物之交付或移轉請求權，例如動產交付請求權或不動產移轉請求權及第116條之1船舶或航空器之交付或移轉請求權。

參、債務人動產、不動產、船舶、航空器及上述兩種權利以外之財產權

即「強制執行法」第117條所定對前述財產以外之財產權之讓與權例，如專利權、著作權等。

第六節　動產強制執行之概述

「強制執行法」依財產種類之不同，分為動產與不動產（含船舶及航空器）及其他財產權而規定其執行方法。其執行方法雖然皆可分為扣押程序（查封、核發扣押命令）、換價程序（拍賣、變賣、強

制管理、收取命令、支付轉給命令、移轉命令等），但具體之執行方法，因財產種類不同而有差異。應變賣拍賣之財產有動產及不動產，本節將就動產執行之方法概述之。

壹、查封的意義

查封（Pfandung）亦稱扣押，係以保全債權人實現其私權爲目的，而使債務人喪失對執行標的物之處分權，所實行之執行行爲。[14] 詳言之，查封係以保全債權人債權實現爲目的，故查封有以下之目的。

一、查封以保全債權人債權實現之目的

查封乃債權人對債務人有金錢債權，欲就債務人動產或不動產賣得價金而得以獲清償。而動產須經拍賣、變賣等換價程序，所耗費時間頗長，爲避免標的物喪失，難以獲得結果，特設查封程序，以保全拍賣、變賣等換價程序之實施，俾債權人之債權可順利獲得實現。故「強制執行法」之動產或不動產，如由債務人提供者，也應實施查封。

二、查封以債務人之財產爲標的

查封係爲債權人就債務人所有之財產取償必經程序。自應以執行債務人所有財產爲標的，非債務人之財產，不得實施查封。

三、查封乃限制債務人對於執行查封物之處分權

查封乃使債務人對於執行標的物之處分權停止行使。爲維護查封之效力及交易安全之必要，自不容許任何人故意污損、毀棄查封之標

---

[14] 陳計男，《強制執行法釋論》，頁299，2002年8月。

示，查封以後，債務人對於執行標的物不得爲事實上及法律上之處分行爲。如違反，不僅對債權人無效，並應受刑罰之制裁即「刑法」第139條[15]或「刑法」第356條之制裁。[16]

「刑法」第356條侵害債權罪，係以債務人於將受強制執行之際，意圖損害債權人之債權，而毀壞、處分或隱匿其財產爲要件。其犯罪主體須爲將受強制執行之債務人，而所謂「債務人」須依強制執行名義負有債務之人。換言之，依「強制執行法」取得執行名義之債權人的相對債務人，始足當之。若債務人爲法人時，又別無處罰其代表人之規定，則公司負責人雖於該公司財產將受強制執行之際，意圖損害債權人之債權，而出售該公司之財產，尚不合該條罪之要件。[17] 若在強制執行實施後，僅將公務員所施之封印或查封之標示予以損壞、除去或污穢，並無毀壞處分或隱匿其自己財產之可能，即應構成同法第139條之妨害公務罪，而無同法毀損債權罪適用之餘地。

按「強制執行法」第15條所謂就執行標的物有足以排除強制執行之權利者，係指對於執行標的物有所有權、典權、留置權、質權存在情形之一者而言。[18]因此，「強制執行法」第15條[19]之第三人異議之

---

[15] 「刑法」第139條：「損壞、除去或污穢公務員所施之封印或查封之標示，或爲違背其效力之行爲者，處一年以下有期徒刑、拘役或三百元以下罰金。」「刑法」第139條所謂之封印或查封標示，不限於已經在查封物上實施封禁者，只要是公務員所執掌之封條，皆可解釋爲本條之行爲客體。本條所處罰的行爲，不以行爲人具有特別不法意圖爲必要，爲了充分保全國家法益，維護國家公權力之行使，只要行爲人客觀上有損壞、除去或污穢封印或查封之標示，即使行爲人非出於故意，亦成立該罪。

[16] 「刑法」第356條：「債務人於將受強制執行之際，意圖損害債權人之債權，而毀壞、處分或隱匿其財產者，處二年以下有期徒刑、拘役五百元以下罰金。」

[17] 最高法院61年度台非字第213號、90年度台非字第71號判決意旨參照。

[18] 最高法院44年度台上字第721號判例參照。

[19] 「強制執行法」第15條：「第三人就執行標的物有足以排除強制執行之權利者，得於強制執行程序終結前，向執行法院對債權人提起異議之訴。如債務

訴，並不包括事實上之占有及處分權在內。[20]

四、查封爲執行行爲

查封乃執行機關運用國家強制力，強制債務人履行債務之初步行爲，自屬於執行行爲之一種。

貳、查封之要件

依「強制執行法」第45條之規定：「動產之強制執行，以查封、拍賣或變賣之方法爲之。」可知查封程序爲動產執行之第一道程序，而查封程序原則上：

一、須有債權人強制執行之聲請，[21]執行機關始得開始。蓋強制執行之目的，係在實現私權，其是否行使，應由債權人決定。

二、查封之動產，須於查封時爲債務人所有，方可執行。過去曾經爲債務人所有，但現在已非債務人所有，例如債務人已經出賣並已移轉占有之機器，或債務人可期待取得之動產，例如已經給付價金尚未占有之機器，皆非查封時債務人所有之動產，不得對該動產查封。執行法院若將債務人以外第三人之財產誤爲債務人所有而予以查封時，該第三人得對之聲明異議或提起第三人異議之訴，以求救濟。[22]

人亦否認其權利時，並得以債務人爲被告。」

[20] 臺灣臺北地方法院100年度訴字第291號判決。

[21] 「強制執行法」第5條第1項：「債權人聲請強制執行，應以書狀表明左列各款事項，提出於執行法院爲之：一、當事人及法定代理人。二、請求實現之權利。」

[22] 最高法院49年台抗字第72號判決：「『強制執行法』第17條所謂於強制執行事後，始發現債權人查報之財產確非債務人所有，應由法院撤銷其執行處分，係指查報之財產確非債務人所有者而言。若該財產是否債務人所有尚待審認方能確定，執行法院既無逕行審判之權限，由非聲請同法第12條所定之異議所能救濟，自應依同法第16條之規定，指示主張有排除強制執行權利之

　　執行法院依債權人之查報或依職權調查，於實施查封時，查因動產所有權未如不動產設有登記制度，[23]故若債權人對於查封之動產是否為債務人所有有爭執時，執行法院不得自行認定率予以撤銷查封，而應由第三人依「強制執行法」第15條規定，提起訴訟解決，執行法院僅得就債務人之財產實施查封。

　　按執行法院如發見債權人查報之財產確非債務人所有者，應命債權人另行查報。於強制執行開始後始發見者，應由執行法院撤銷其執行處分。「強制執行法」第17條所謂於強制執行開始後，始發見債權人查報之財產確非債務人所有者，應由執行法院撤銷其執行處分。若該財產是否為債務人所有尚待審認方能確定，執行法院既無逕行審判之權限，尤非聲明同法第12條所定之異議所能救濟，自應依同法第16條之規定，指示主張有排除強制執行權利之第三人，提起執行異議之訴，以資解決。最高法院49年台抗字第72號判例意旨足參。從而，就執行標的物有足以排除強制執行之權利者，固得提起第三人異議之訴以資救濟，然若債權人無法提出是否確屬債務人之財產證據，使執行法院得由外觀上即可為債權人所查報之財產屬於債務人所有之認定時，執行法院應依職權撤銷執行之處，無待第三人提起異議之訴之餘地[24]。如何認定動產為債務人所有，舉證相當困難，實務上以動產是否為債務人所持有或占有為認定標準，蓋占有為動產所有權之公示方法[25]，動產債務人占有者，通常可推定為債務人所有之物。惟此所謂占有與民法物權編所定占有不盡相同，應係指外觀上對動產直接支配之狀態，而不問其時間有無繼續或占有主體之意思，「民法」上之間

第三人，提起異議之訴，以資解決。」

[23] 「民法」第758條第1項：「不動產物權，依法律行為而取得、設定、喪失及變更者，非經登記，不生效力。」

[24] 臺北地院101年度事聲字第27號裁定參照。

[25] 「民法」第761條第1項：「動產物權之讓與，非將動產交付，不生效力。但受讓人已占有動產者，於讓與合意時，即生效力。」

接占有不包括在內,是否為債務人占有,應依具體情形判斷之。通常建物或其他工作物之占有人,得認其占有存在該建物或工作物內之動產,同一戶內所存財物究屬何人所有不明時,如無反證,應推定為家長(戶長)之財物。但建物之一部如出租他人,存於該部分房屋之財物,應屬於該他人所占有。例如債務人居住處所內,如債務人為該戶籍上之戶長,推定該動產為債務人所有,債務人與第三人共同占有之動產(例如共同出資購買百萬影音設備),除第三人同意外,不得查封,若加以查封時,第三人得聲明異議。[26]

　　三、須非禁止查封之物,且債務人所有之動產,如屬依法禁止查封之物,例如「強制執行法」第53條第1項[27]所列之物,執行法院原則上不得查封。

第七節　查封之限制

壹、查封之一般限制

一、過度查封之禁止

　　查封之目的在於供執行債權之滿足,債務人之責任財產又為債權

---

[26] 同前註14,頁301。

[27] 「強制執行法」第53條:「左列之物不得查封:一、債務人及其共同生活之親屬所必需之衣服、寢具及其他物品。二、債務人及其共同生活之親屬職業上或教育上所必需之器具、物品。三、債務人所受或繼承之勳章及其他表彰榮譽之物品。四、遺像、牌位、墓碑及其他祭祀、禮拜所用之物。五、未與土地分離之天然孳息不能於一個月內收穫者。六、尚未發表之發明或著作。七、附於建築物或其他工作物,而為防止災害或確保安全,依法令規定應設備之機械或器具、避難器具及其他物品。前項規定斟酌債權人及債務人狀況,有顯失公平情形,仍以查封為適當者,執行法院得依聲請查封其全部或一部。其經債務人同意者,亦同。」

之總擔保，債權人雖得將債務人之一切財產查封，執行法院之查封亦無僅由債務人指定應以何種財產供查封之理，但查封動產須以將來換價所得價金足以清償強制執行之債權額即債務人應負擔之費用為限。此乃「強制執行法」第50條之規定：「查封動產，以其價格足清償強制執行之債權及債務人應負擔之費用者為限。」

（一）依法禁止查封之物

依「強制執行法」第53條規定，不可查封的項目為：

1. 債務人及其共同生活之親屬所必需之衣服、寢具及其他物品。
2. 債務人及其共同生活之親屬職業上或教育上所必需之器具、物品。
3. 債務人所受或繼承之勳章及其他表彰榮譽之物品。
4. 遺像、牌位、墓碑及其他祭祀、禮拜所用之物。
5. 未與土地分離之天然孳息不能於1個月內收穫者。
6. 尚未發表之發明或著作。
7. 附於建築物或其他工作物，而為防止災害或確保安全，依法令規定應設備之機械或器具、避難器具及其他物品。
8. 但如斟酌債權人及債務人狀況有顯失公平情形，仍以查封為適當者，執行法院得依聲請查封其上開財產之全部或一部。其經債務人同意者，亦同。

貳、無益執行之禁止[28]

一、應查封動產之賣得價金，清償強制執行費用後，無賸餘之可

---

[28] 「強制執行法」第50條之1：「應查封動產之賣得價金，清償強制執行費用後，無賸餘之可能者，執行法院不得查封。查封物賣得價金，於清償優先債權及強制執行費用後，無賸餘之可能者，執行法院應撤銷查封，將查封物返還債務人。前二項情形，應先詢問債權人之意見，如債權人聲明於查封物賣得價金不超過優先債權及強制執行費用時，願負擔其費用者，不適用之。」

能者執行法院不得查封。

　　二、查封物賣得價金，於清償優先債權及強制執行費用後，無賸餘之可能者，執行法院應撤銷查封，將查封物返還債務人。

　　三、遇有前二項情形發生時，應先詢問債權人之意見，如債權人聲明於查封物賣得價金不超過優先債權及強制執行費用時，願意負擔執行費用者，仍可查封。故執行法院仍應定期進行拍賣，惟拍賣之動產，其出價未超過優先債權及強制執行費用之總額時，應不予拍定。[29]

　　四、雙重查封之禁止：債權人聲請執行法院對債務人之財產強制執行後，他債權人復對債務人同一財產聲請強制執行之情形，稱為雙重聲請執行，其性質為強制執行之競合。我國強制執行法對雙重聲請強制執行，採禁止雙重查封之立法例，須將後執行程序合併前執行程序並產生參與分配之效力。有以下幾種情形：

　　（一）同一執行法院不同債權人聲請對同一債務人之同一財產查封：對於已開始實施強制執行之債務人財產，他債權人再聲請強制執行者，已實施執行行為之效力，於為聲請時及於該他債權人，應合併其執行程序，並依前兩條之規定辦理，[30]如係對同一債務人不同財產分別聲請強制執行，則不發生雙重聲請執行之問題。

　　（二）行政執行機關查封在前，執行法院查封在後之情形：執行人員於實施強制執行時，發現債務人之財產業經行政執行機關查封者，不得再行查封。前項情形，執行法院應將執行事件連同卷宗函送行政執行機關合併辦理，並通知債權人。行政執行機關就已查封之財產不再繼續執行時，應將有關卷宗送請執行法院繼續執行。[31]

---

[29]　「辦理強制執行事件應行注意事項」第27條之1第1項前段：「依本法第五十條之一第三項拍賣之動產，其出價未超過優先債權及強制執行費用之總額者，應不予拍定。」

[30]　「強制執行法」第33條。

[31]　「強制執行法」第33條之1。

（三）執行法院查封在前，行政執行機關查封在後之情形：執行法院已查封之財產，行政執行機關不得再行查封。前項情形，行政執行機關應將執行事件連同卷宗函送執行法院合併辦理，並通知移送機關。執行法院就已查封之財產不再繼續執行時，應將有關卷宗送請行政執行機關繼續執行。[32]

第八節　查封之方法

「強制執行法」第47條第1項：「查封動產，由執行人員實施占有。將查封物交付保管者，並應依左列方式行之：一、標封。二、烙印或火漆印。三、其他足以公示查封之適當方法。」第2項：「前項方法，必要時得併用之。」故查封動產須執行人員實施占有即可，乃因動產物權之變動，以移轉占有為公示方法，而查封動產係保全債權人執行名義債權之實現，以限制債務人之處分權，執行人員自須占有該動產，始可限制債務人行使處分權。

惟若法院不占有查封物，而將其交債務人、債權人或第三人保管時，則應依下列方法為之：

一、標封，即於查封物上加以標示，通常係將蓋有法院印之封條黏貼於查封物上。

二、烙印或火漆印，即將金屬製成之印加熱烙於標的物上，或將火漆融軟後，塗於標的物上，並於其上蓋印，或其他足以公示查封之適當方法，如查封飼養中的大群雞鴨，得以「揭示」方法為之。惟不論採用何種方法，均應注意避免損害動產之價值。

三、其他足以公示查封之適當方法，應依查封物性質定之，例如查封於養雞場內之雞隻或畜牧場內之牛隻，可於養雞場內顯著的地方

---

[32] 「強制執行法」第33條之2

豎立牌示，載明該養雞場或畜牧場內之家畜已為法院查封。

　　法院執行人員於查封時，除自行實行占有外，原則上應就上述方法擇一為之，即可達查封之目的，至於以何種方法為適當，應由執行法院斟酌實際查封物之性質與數量等情形決定之。債務人之財產一經查封，債務人之處分權即受限制，不得對查封物為處分行為。若仍對查封物為處分行為，依「強制執行法」第51條第2項規定：「實施查封後，債務人就查封物所為移轉、設定負擔或其他有礙執行效果之行為，對於債權人不生效力。」即若債務人於查封後仍為處分（如出售）、設定負擔（如設定質權）或其他有礙執行效果（如出租或出售他人使用）之行為，對債權人而言，均不生效，此所謂債權人兼指聲請執行之債權人及參與分配之債權人以及拍定人。[33]另所謂處分，包括事實上之處分及法律上之處分。事實上處分，指對查封物之本體加以毀棄、破壞及變更等行為在內；而法律上處分，乃指債務人就查封物所有權所為移轉、設定負擔（如出租之租賃行為）等行為。若債務人將其業經查封之財產予以處分，此項處分行為在法律上為無效。

　　查封後，債務人對於查封後所為處分固然無效，但查封之效力除存在於查封物本身外，有無及於其他之關係呢？下述之。

一、查封物之孳息

　　「強制執行法」第51條第1項規定：「查封之效力及於查封物之天然孳息。」所謂孳息，可分為「天然孳息[34]」（如雞所生之蛋，樹所生之果實）及「法定孳息」（如金錢所生之利息），「強制執行法」於民國85年10月9日公布修正條文中明定僅及於「天然孳息」而不及於「法定孳息」。

---

[33] 最高法院48年台抗字第107號判決意旨。

[34] 「民法」第69條：「稱天然孳息者，謂果實、動物之產物及其他依物之用法所收穫之出產物。稱法定孳息者，謂利息、租金及其他因法律關係所得之收益。」

二、查封物之成分及從物

又查封物之構成部分，爲原物之一部分，除法律有特別規定外，不得單獨爲物權之標的物，此「民法」第766條有規定，因此原物查封後，其效力自及於其成分，查封物之構成物於查封後分離（如不動產之門窗於查封後分離成爲單獨之門窗），仍爲效力所及。另外，「民法」第68條第2項規定：「主物之處分，及於從物。」所謂從物，乃指非主物之成分，常助主物之效用（如汽車中所附加的音響），主物經查封後，其效力及於從物。

第九節　查封之實

壹、執行查封有關人員

依「強制執行法」第46條之規定：「查封動產，由執行法官命書記官督同執達員爲之。於必要時得請有關機關、自治團體、商業團體、工業團體或其團體，或對於查封物有專門知識經驗之人協助。」

貳、查封人員之權限

依「強制執行法」第48條之規定：「查封時，得檢查、啓視債務人居住所、事務所、倉庫、箱櫃及其他藏置物品之處所。」可知未達成強制執行之實施，法律賦予執行人員檢查、啓視藏置物品之權限。所謂檢查，係指檢點查察，所謂啓視係指將關閉封鎖之處所或物品，開啓後予以檢查之意。無法啓視，得將封鎖之物毀損，例如將門鎖毀壞。

參、查封之時間

　　為避免因查封干擾債務人休憩時間之居住安寧，「強制執行法」第55條第1、2項規定：「星期日或其他休息日及日出前、日沒後，不得進入有人居住之住宅實施關於查封之行為。但有急迫情事，經執行法官許可者，不在此限。日沒前已開始為查封行為者，得繼續至日沒後。」

肆、查封筆錄與查封物清單[35]

　　查封時，書記官應作成查封筆錄及查封物品清單。查封筆錄應載明下列事項：

　　一、為查封原因之權利，[36]即債權人依執行名義所主張之權利，例如記載執行人員提示執行名義並告知係依該執行名義由債權人引導執行。

　　二、動產之所在地、種類、數量、品質及其他應記明之事項，即指該物查封前之原所在地及查封後移置或保管處所而言。所謂動產之種類當然包括動產名稱。[37]所謂動產之所在地，包括該動產查封時所在之處所及查封後所移置或保管之處所，並應載明門牌號碼。動產之種類、數量、品質及其他應記明之事項，則包括該動產之名稱、編號、標誌、品質、廠牌、規格、大小、長短、新舊、形狀、特徵或說明、查封之方法及查封時該動產由何人占有等。

　　三、債權人及債務人，即執行程序中之債權人與債務人，並載

---

[35] 「強制執行法」第54條第1項：「查封時，書記官應作成查封筆錄及查封物品清單。」

[36] 「強制執行法」第54條第2項第1款：「為查封原因之權利。」

[37] 「強制執行法」第54條第2項第2款：「動產之所在地、種類、數量、品質及其他應記明之事項。」

明其在場或不在場，[38]若債務人有數人時，須載明執行標的為何人所有。

四、查封開始之日時及終了之日時，此乃為確定查封效力發生之時間，所以應記載明確，[39]必要時應載明至分為止，作為確定查封效力發生之時點。如係依「強制執行法」第55條第1項及第3項規定查封，即：有急迫情事，經執行法官或司法事務官許可，於星期日及日出前、日沒後，進入有人居住之住宅實施查封之行為者，並應將其事由及向債務人提示許可命令之情形記載於查封筆錄。

五、查封之動產保管人，[40]須負善良管理人之責任，及查封物有毀損或查封標示有除去或污穢或違反查封效力之刑事責任，故應詳細記載如：查封之詳如指封切結書所載之動產，經債權人同意交由債務人負責保管，若指定第三人保管時，應同時記載該第三人姓名、身分證統一編號、出生年月日、住所、電話。

六、保管方法，[41]或置於儲藏所或委託第三人、債權人或債務人保管，均須依所查封之動產慣常使用之方式保管。所謂保管，指將動產置於自己支配之下，使不致毀損滅失而言。而如其保管所用之特別方法，例如冷藏亦應記載，如寄放倉庫而領有倉單並應註明單號。

詳言之，查封程序是否正當，須以查封筆錄證之，書記官自應記載確實，並應依聲請向債權人及債務人朗讀或令其閱覽，債權人或債務人對於筆錄之記載有異議者，書記官得更正或補充之，如異議為不當，應於筆錄內附記其異議。書記官作成筆錄後，應由查封人員（書記官及執達員）個別簽名，以明責任，債權人及債務人如在場亦應簽名。查封債務人之動產在於凍結債務人對該動產之處分權，並由執行法院強制變價，以便清償其金錢債務，故查封之動產，原則上應由執

---

38 「強制執行法」第54條第2項第3款。

39 「強制執行法」第54條第2項第4款。

40 「強制執行法」第54條第2項第5款。

41 「強制執行法」第54條第2項第6款。

行法院負保管之責。

第十節　查封物之保管方法

關於查封物之保管方法，依「強制執行法」第59條第1項：「查封之動產，應移置於該管法院所指定之貯藏所或委託妥適之保管人保管之，認爲適當時，亦得以債權人爲保管人。」第2項：「查封物除貴重物品及有價證券外，經債權人同意或認爲適當時，得使債務人保管之。」故對於查封物品之保管方法有：

壹、移置於執行法院所指定之貯藏處所

動產查封後，原則上應移置於貯藏所。法院得於院內或院外，備置貯藏所，供保管物查封物之用。未備貯藏所者，亦可由法院隨時指定某一處所爲貯藏所，用於保管查封物。

貳、委託第三人保管

「強制執行法」第59條第1項原規定查封之動產，不便於搬運或不適於貯藏所保管者，法院委託妥適之保管人保管，現行法以依查封物之性質或查封時之狀況，就地交付保管，較之移於貯藏所保管，更爲便捷且妥適者，即得爲之。查封之動產除於查封前已由被指定之保管人占有保管者，由該保管人繼續占有保管外，執行法院與保管人間，成立寄託關係。保管人（第三人）非不可請求報酬，[42]此項報酬

---

42 「民法」第590條：「受寄人保管寄託物，應與處理自己事務爲同一之注意，其受有報酬者，應以善良管理人之注意爲之。」

及保管人因保管而之出之必要費用，屬於必要的執行費用，應由債務人負擔，但執行法院得命債權人代為預納，而於分配時列入執行必要費用優先受償。

參、交債權人保管

查封之動產委託第三人保管人時，多增加費用之支出，對於執行當事人未必皆為有利，故法院認為適當時，亦可交由債權人保管。至於何種情形認定為適當，應依具體之客觀情形決定之。交由債權人保管後，如又認為不適當時，自得另行委託第三人保管。

肆、由債務人保管

查封物除貴重物品及有價證券外，經債權人同意或認為適當時，得使債務人保管之。因此查封物交由債務人保管須具備兩要件：

一、查封物非貴重物品及有價證券，蓋此等查封物，通常體積小，價值高，容易處分或隱匿，自應由法院自行保管。其他查封物，如不致因此而使債權人有不能受償之危險時，自得使債務人保管之。實務上大型機具或物品，不易搬動，或搬動會減損其價值者，通常執行法院經債權人同意後交由債務人自行保管。

二、經債權人之同意或法院認為交由債務人保管適當，為確保債權人之債權確實獲得清償，查封物固不宜由債務人自行保管，惟經債權人之同意或法院認為交由債務人保管適當，自可交債務人保管。拒絕簽名，書記官可記明事由於筆錄，如查封之動產交保管人保管，應使該保管人簽名。

「強制執行法」第59條第3項至第5項：「查封物交保管人時，應告知刑法所定損壞、除去或污穢查封標示或為違背其效力之行為之處罰。查封物交保管人時，應命保管人出具收據。查封物以債務人為保

管人時，得許其於無損查封物之價值範圍內，使用之。」

　　動產經查封後，債務人對查封物即不得為移轉、設定負擔，或為其他有礙執行效果之行為，如交債務人保管而債務人對該動產有隱匿或處分的情形，除構成「強制執行法」第22條第1項之拘提管收事由外，如保管人有損壞、除去、污穢公務員所施之封印或查封之標示，或為違背查封效力之行為者，依「刑法」第139條規定，可處一年以下有期徒刑、拘役或300元以下罰金，另將查封物隱匿者，亦可能構成「刑法」第138條之隱匿公務員職務上委託第三人掌管之物品罪，得處五年以下有期徒刑，債務人如故意逃避執行而隱匿或處分已被查封之動產，除可能被拘提管收外，亦須負擔前列之法律責任。

第十一節　動產之鑑定價格

　　查封之動產原則上不需定其價格，得由執行人員依照工作經驗，參考物價行情估定相當價格，進行拍賣。惟查封物為貴重物品而其價格不易確定者，執行法院應命鑑定人鑑定之。[43]以免貴重物品以不相當之價格出賣害及債權人及債務人之權益。例如珠寶、骨董、書畫、稀有金屬、未上市股票、精密機器、舊名貴汽車等。法院得函請相關職業公會或鑑價公司進行鑑價，並由債權人代債務人預繳鑑價費用。鑑價結果出來後，執行法院會通知債權人、債務人，詢問是否有意見，若法院認為有必要或債權人也可聲請定動產的底價和保證金。但雖屬貴重物品而其價格不易確定者非貴重物品，則無鑑定之必要。

---

[43] 「強制執行法」第62條：「查封物為貴重物品而其價格不易確定者，執行法院應命鑑定人鑑定之。」

第十二節　動產之拍賣

　　所謂拍賣，亦稱競賣，指將查封之標的，由應買人當場公開競爭出價，以賣得價金清償債權之執行行為而言。對於動產之執行，以滿足債權人金錢債權為目的，除查封金錢，得逕行交付債權人外，須將查封物換為金錢。此種換價處分，為執行法院基於查封所取得之處分，乃查封後之執行程序。[44]

　　查封之動產，其換價方法有兩種：一為拍賣；一為變賣。依「強制執行法」第60條前段之規定：「查封物應公開拍賣之。」故以拍賣為原則，變賣為例外。原則上查封物應公開拍賣，但依「強制執行法」第60條後段之規定，在下列情形之一者，執行法院得不經拍賣程序，將查封物變賣之：一、債權人及債務人聲請或對於查封物之價格為協議者。二、有易於腐壞之性質者。三、有減少價值之虞者。四、為金銀物品或有市價之物品者。五、保管困難或需費過鉅者。

第十三節　商標執行之案例

　　智慧財產是運用聰明才智的產物，它可以是發明、文學藝術的創作、交易中使用的特殊名稱與圖形或原創設計。我國以多種法律來保護這些智慧財產，有些需要透過註冊程序才能取得權利，例如創新的發明專利或新型專利；物品外觀的設計專利，以及交易中用來指示不同商品服務來源的商標等。有些不需要註冊就可以獲得保護，包括著作權和營業祕密等。商標通常是文字、詞語、記號或圖形，甚至是顏色、商品形狀或其包裝形狀、動態、全像圖、聲音等，或是由二種以

---

[44] 楊與齡，《強制執行法論》，頁388，2003年9月。

上的這些元素所聯合組成。而商標最傳統之功能，是表彰商品或服務之來源。然而，此一功能之重要性，現在已經逐漸降低，因為許多商標均與其事業名稱無關。此外，目前國際上大多承認商標本身已經成為一獨立之交易客體，可以與事業分離而為讓與。這意味著商標可以作為強制執行之客體，他可以與事業分離而被拍賣予拍定人。商標權為無體財產權之一種，與一般之有體財產權有極大之不同。無體財產權是一種獨立於有形物之所有權以外，而且與物之所有權並無直接關係之權利。

壹、案例1

一、事實經過

　　張先生聲請法院查封債務人思威爾有限公司的商標及專利，法院鑑價後，定期拍賣。並由郭先生以最高價得標買得，郭先生拿到法院發給之權利移轉證書後，該如何取該商標之權利？

二、案例解析

　　商標專利權是屬於一種抽象的無體財產權，在強制執行法中稱之為「債務人之特殊財產權」，此外尚包含出版權、著作權、電話租用權、股權等是。其查封的方式，依「強制執行法」第117條準用第115條之規定，對於無第三債務人之權利，即如商標專利權，應由法院對債務人發出扣押命令，禁止其處分該無體財產權。於查封後的商標權，執行法院會依「強制執行法」第117條規定，酌量情形命令讓與或管理，而以讓與價金或管理之收益清償債權人。而其中之命令讓與，即指命將債務人對於第三人之財產權讓與他人，而以讓與所得價金清償債權人之金錢債權而言。命令讓與，得由執行法院以動產拍賣或變賣方法行之，亦可酌定或鑑定適當價額，交由債權人承受之。本案例，法院係依動產拍賣程序，於鑑定適當之價格後準備拍賣，再以

拍賣所得之價金清償債務，郭先生應持執行法院所發給之權利移轉證書，向商標權登記之主管機關即經濟部智慧財產局辦理商標權人變更登記，否則仍不得對抗第三人。且買受人申請移轉登記時，仍應符合「商標法」第2條之規定，即凡因表彰自己之商品或服務，欲取得商標權者，應依本法申請註冊，才得申請移轉登記。以上均是商標專利拍賣時應買人應行注意之事項。

貳、案例2[45]

一、事實經過

原告金貓企業股份有限公司（下稱金貓公司）委託被告依必朗化學製藥股份有限公司（下稱依必朗公司）生產「雙貓傷風友」感冒液，並於民國90年5月16日簽訂合約書，於第1條約定：「甲方（即被告）願意無條件將其所有之「傷風友」感冒液藥照及商標權轉讓給乙方（即原告），並應即協同向有關機關辦理移轉登記手續。」惟被告不履行義務，經依必朗公司提起訴訟勝訴並聲請強制執行（藥照部分），然商標權移轉登記部分被告經原告催促辦理移轉登記，被告仍不履行，而提起訴訟。

二、本案爭點

兩造所約定事項之所謂「傷風友」商標是否為系爭商標。

三、兩造主張

（一）原告主張

1. 兩造於民國90年5月16日簽訂合約書，於第1條約定：「甲方

---

45 最高法院95年度台上字第1937號、臺灣彰化地方法院93年度訴字第792號判決。

（即被告）願意無條件將其所有之「傷風友」感冒液藥照及商標權轉讓給乙方（即原告），並應即協同向有關機關辦理移轉登記手續。」原告主張合約書第1條所謂「傷風友」商標即系爭商標。

2.被告所擁有關於「傷風友」之商標僅系爭商標一種，且自合約簽訂至今，原告每月委託被告生產之「雙貓傷風友」感冒液所據以使用「傷風友」三字商標之依據，亦係系爭商標，足證簽約當時，兩造之眞意所指應移轉之「傷風友」商標，即係系爭商標無疑。

3.其事先完全不知系爭商標爲聯合商標，縱民國86年5月7修正之「商標法」（下稱「行爲時商標法」）第29條第2項規定聯合商標單獨移轉者無效，但上述約定仍屬有效。況民國92年5月28日修正之「商標法」（下稱「現行商標法」），已將有關聯合商標之全部規定刪除廢止，原屬聯合商標者，即變爲獨立商標，得單獨移轉。系爭合約迄仍有效存在，被上訴人自負有移轉系爭商標權之義務。爰依系爭合約約定，求爲命被上訴人將其所有系爭商標權移轉登記與伊之判決。

（二）被告主張

1.否認其所有之「傷風友」商標即爲系爭商標。

2.原告曾申請廢止系爭商標，足認原告無使用系爭商標之意，且認同合約書第1條所指之「傷風友」商標並不存在。

3.兩造簽訂系爭合約時，並無轉讓系爭商標權之合意，伊僅與被告合作生產一項感冒藥液產品，亦不可能將冠有伊公司名稱之系爭商標移轉予被告。系爭合約文字乃被告單方擬就，伊於簽約前既已說明合約記載轉讓之「傷風友商標權」並不存在，嗣後又經被告申請廢止該商標權，尤難據系爭合約謂兩造間有轉讓系爭商標權之合意。

4.第一、二審法院皆判決原告勝訴，被告應將有經濟部智慧財產局註冊審定號913608號、正審定號00000000號依必朗傷風友IBL及圖商標權移轉登記予原告。

四、第一審判決原告勝訴理由

（一）解釋意思表示，應探求當事人之真意，不得拘泥於所用之辭句，民法第98條定有明文。從而，解釋當事人間之書據，除應本於誠信原則、經濟目的，依經驗法則而為判斷外，亦須綜合當事人立約時之一切情況，以為探求。而解釋意思表示所探求者，即非表意人內心之意思，亦非相對人主觀上所了解之意思，而是法律行為上之客觀意義，亦即探求當事人表示行為之客觀意義。查兩造所訂之合約書第1條約定如上，為兩造所不爭執，而被告於簽約前即申請註冊系爭商標並經審定公告，註冊日期登記為89年11月16日，專用期限迄98年2月28日止，被告自簽約迄今僅登記註冊上開商標等情，有原告提出之系爭商標權註冊文件及被告提出之中華民國商標註冊證為證，且為被告所自認，足認屬實，既兩造簽約時，被告僅登記註冊系爭商標而已，且系爭商標中文圖樣「依必朗傷風友」與合約書所述「傷風友」商標，就「傷風友」三字完全相同，且該「傷風友」三字核屬上述商標重要之中文字樣，足以與其他商標區別，則兩造之真意，就合約書所謂之「傷風友」商標即為系爭商標，當屬無疑，是原告主張合約書第一條所謂「傷風友」商標即系爭商標等語，堪信為真實。

（二）被告另辯稱原告曾申請廢止系爭商標，足認原告無使用系爭商標之意，且認同合約書第1條所指之「傷風友」商標並不存在云云，原告則陳稱：以為廢止後原告即可逕行申請「雙貓傷風友」商標使用，無須再以訴訟程序請求被告移轉，徒增訟累之故等語。經查：原告雖曾於93年2月20日向經濟部智慧財產局申請廢止系爭商標，固有被告提出之經濟部智慧財產局商標廢止處分書在卷可稽，且為原告所自認，足認屬實，然原告係以系爭商標註冊後，無正當事迄未使用或繼續停止使用已滿三年為由，申請廢止，有前開處分書可憑，是原告申請廢止系爭商標之原因，與原告有無使用系爭商標之意及原告是否認同合約書第1條所指之「傷風友」商標並不存在等情，並無關連，故被告此部分辯解，亦屬無據，反之，如系爭商標經廢止，原告確可以前已標得之雙貓商標中文圖樣「雙貓」為基準，加列系爭商標

所含中文圖樣「傷風友」之圖樣，另行申請中文圖樣為「雙貓傷風友」之商標使用，是原告以為廢止後可逕行申請「雙貓傷風友」商標權使用，無須再訴求被告移轉之主張。

　　（三）被告又抗辯：契約之內容係要求被告無條件移轉，對被告極度不公平云云，原告否認之，本院查：依兩造所訂合約書第1條內容，係約定被告對原告應負之義務，同合約第2條內容，則係約定原告對被告應負之義務，且觀諸兩造互負之義務內容，其一係有關「傷風友」感冒液藥照及商標權，另一則係有關「雙貓及圖」商標權，目的為合作生產銷售「雙貓傷風友」感冒液，顯然有所關連，堪信兩造係因上開合約而互負債務無訛，是被告辯稱契約之內容對被告極度不公平云云，自無足取。

　　（四）被告另行辯稱原告於簽立契約書之時尚未購得雙貓商標，故上述合約書係屬預約性質，預定原告需標得雙貓商標授權予被告使用云云，原告否認之。查本件合約書第2條前段雖約定「乙方應負責將經濟部中央標準局註冊號數字第112310號雙貓及圖商標，授權甲方使用」，而原告於簽立合約書時，確未標得雙貓商標，嗣於90年8月10日始標得雙貓商標，固為原告所自認，堪認為真，惟按契約有預約與本約之分，兩者異其性質及效力，預約權利人僅得請求對方履行訂立本約之義務，不得逕依預定之本約內容請求履行。所謂預約係約定將來訂立一定契約（本約）之契約。倘將來係依所訂之契約履行而無須另訂本約者，縱名為預約，仍非預約。而當事人訂立之契約，究為本約或係預約，應就當事人之意思定之，當事人之意思不明或有爭執時，應通觀契約全體內容是否包含契約之要素，及得否依所訂之契約即可履行而無須另訂本約等情形決定之（最高法院61年度台上字第964號判例、64年度台上字第1567號判例、85年度台上字第2396號判決意旨可參）。兩造所訂契約，名為「合約書」，而非「合約書預約」，觀之契約內容，自第1條迄第8條皆為兩造照所訂契約履行之約定，亦無將來訂立本約之約定，又依上開契約即可履行並無須另訂本約，自屬本約而非預約，至右開合約書第2條係約定原告應負責將雙

貓商標授權被告使用，倘原告無法履行，即應負債務不履行之損害賠償責任，與右揭契約究屬預約或本約根本無涉，是被告所辯，容無足採。

（五）基上所述，原告本於兩造簽訂之合約書之法律關係，訴請被告履行契約，將系爭商標權移轉登記予原告，洵屬正當，應予准許。

五、第二審判決原告勝訴理由

（一）上訴人主張依兩造間簽訂之系爭合約第1條約定「甲方（即被上訴人）願意無條件將其所有之『傷風友』感冒液藥照及商標權轉讓給乙方（即上訴人），並應即協同向有關機關辦理移轉登記手續」之旨，被上訴人應將系爭商標權移轉與上訴人，已提出被上訴人所不爭執之合約書、系爭商標註冊證為證。參諸系爭商標中文圖樣「依必朗傷風友」與合約書所述「傷風友」商標，就重要中文字樣「傷風友」三字完全相同，足以與其他商標區別；而證人莊崇意結證之內容，與兩造簽名確認之合約明文顯然不符，且有違常情，為不足採；上訴人申請廢止系爭商標之原因，亦無從憑以認定系爭合約所約定之「傷風友」商標並不存在，固足認兩造於系爭合約所訂之「傷風友」商標即為系爭商標權，雙方確有移轉該商標權之約定。惟按「聯合商標、防護商標未與正商標一併移轉者，其專用權消滅。聯合商標、防護商標單獨移轉者，其移轉無效。」「法律違反強制規定或禁止規定者，無效。」「以不能之給付為契約標的者，其契約為無效。但其不能之情形可以除去，而當事人訂約時並預期於不能之情形除去後為給付者，其契約仍為有效。」，行為時「商標法」第29條第1、2項、「民法」第71條、第246條第1項分別定有明文。

（二）查系爭商標為依必朗正商標之聯合商標，乃兩造不爭執之事實，準此，兩造間所為系爭商標權移轉之約定，即違反前開商標法之禁止規定，屬給付不能，依法為無效。而兩造簽立之系爭合約中，又無預期未來法令修改，於聯合商標得視為獨立商標單獨移轉時，始

爲該移轉約定之情形，亦無民法第246條第1項但書之適用。足見系爭商標權移轉之約定，係自始、絕對、當然的無效，不因嗣後現行商標法之修正，而使原已無效之移轉約定變更爲有效；更不因系爭合約其餘約定（如「傷風友」感冒液藥照移轉等）仍爲有效履行，致系爭合約尚未解除或終止，而得認系爭商標權關於移轉約定無效部分，尚可由被上訴人依該約定履行其義務。是以上訴人依系爭合約約定，請求被上訴人移轉登記系爭商標權，自屬無理，不應准許。爲原審心證之所由得，並說明兩造其餘攻擊防禦方法無庸逐一論述之理由，因而廢棄第一審法院所爲上訴人勝訴之判決，改判駁回其訴，經核於法洵無違誤。查依必朗正商標「依必朗IBL及圖」與系爭商標「依必朗傷風友IBL及圖」乃被上訴人先後分別登記註冊而取得專用權之正商標與聯合商標，係各有註冊號數、商標名稱、圖案、專用期間、指定使用商品範圍之二個商標權，有該二商標註冊證可稽，而兩造間之系爭合約約定係移轉「傷風友」商標，該商標即系爭商標，既爲原判決認定之事實，可見依必朗正商標不在約定移轉商標之範圍，被上訴人自無併同移轉之義務。上訴人主張兩造約定移轉系爭商標，被上訴人即有併同移轉依必朗正商標之義務，顯屬無據。原審爲上訴人敗訴之判決，並無不當。上訴意旨，徒就原審取捨證據、認定事實及解釋契約之職權行使，指摘原判決爲違背法令，聲明廢棄，非有理由。

六、小結

依民國92年5月28日修正前商標法第18條規定：「其未與正商標一併移轉之單獨移轉，仍歸無效。」雖然於審判實法律已修正或廢止，仍應依行爲時之法律定之，固本案例發生於法律修正前，應適用行爲時之法律，故被告依必朗正商標「依必朗IBL及圖」與系爭商標「依必朗傷風友IBL及圖」乃先後分別登記註冊而取得專用權之正商標與聯合商標，係各有註冊號數、商標名稱、圖案、專用期間、指定使用商品範圍之二個商標權，有該二商標註冊證可稽，而兩造間之系爭合約約定係移轉「傷風友」商標，該商標即系爭商標，既爲原判決

認定之事實，可見依必朗正商標不在約定移轉商標之範圍，上訴人依必朗公司自無併同移轉之義務。上訴人金貓公司主張兩造約定移轉系爭商標，被上訴人依必朗公司即有併同移轉依必朗正商標之義務，顯屬無據。現行商標法已廢止相關規定。

參、案例3[46]

一、事實經過

原告新田電機廠股份有限公司（下稱新田公司）就被告臺北地方法院因債權人金亞太租賃股份有限公司（下稱金亞太公司）聲請拍賣債務人晶工工業股份有限公司（下稱晶工公司）所有之商標共32類，並經臺中地方法院以89年度執辰字第23622號受理。又晶工公司之債權人臺灣土地銀行（下稱土地銀行）亦於民國90年2月16日具狀向被告民事執行處聲請查封、拍賣晶工公司之上開商標，並經被告以90年度執酉字第3484號受理。嗣後土地銀行得知上開商標已由臺灣臺中地方法院強制執行中，即向臺灣臺中地方法院聲請參與分配，並請求被告併案處理。惟被告並未併案，且未查明執行標的物有設定質權之情形下，仍於民國90年10月3進行第二次公開拍賣程序，並由訴外人森泉企業股份有限公司（下稱森泉公司）拍定。於拍定之後，被告民事執行處始於同年月9日，經濟部智慧財產局查詢執行標的之有無質權人，經函覆後被告民事執行處於同年11月12日通知質權人即原告提出債權計算書，以憑分配，原告至此方知悉質物遭被告民事執行處拍定，造成質權所擔保之債權受到損害。原告即依「國家賠償法」第10條第1項規定以書面向被告請求賠償，被告則以92年度國賠字第7號拒絕賠償，爰依「國家賠償法」第2條第2項規定，請求被告負損害賠償責任。

---

[46] 臺北地方法院92年度重國字第15號判決。

二、案例研析

(一) 本案爭點

1. 有無管轄權之規定。

2. 新田公司對金工公司之商標主張設有質權，執行法院於拍賣該商標時，未規定通知質權人損害其權益。

3. 執行法院之鑑定價格偏低，有無益執行之事實，而未停止拍賣程序。

(二) 原告主張

1. 被告違反管轄權之規定

商標專用權爲無體財產權，非屬債務人對於經濟部智慧財產局之權利，經濟部智慧財產局僅爲執行標的之註冊登記機關，不能認係第三債務人，故不得以其所在地認爲執行標的物之所在地，因而難因經濟部智慧財產局位於被告轄區內，即認被告爲本件強制執行事件之管轄法院。且該晶工公司係設址於臺中市，土地銀行既以系爭商標爲執行標的，依前開說明及「強制執行法」第7條第1項及第2項規定，其管轄法院應爲臺灣臺中地方法院，被告對此強制執行事件應無管轄權。

2. 被告未依法調卷

被告至遲在民國90年3月15日，即已知悉臺中地方法院89年執辰字第23622號案件存在，如對強制執行事項及範圍有疑義時，應依「強制執行法」第8條調閱該案卷宗以釐清疑義，承辦法官卻怠於調卷，顯有過失。

3. 被告違反「強制執行法」第19條第1項規定

被告在進行拍賣程序前，應命債權人查報，或者依職權調查執行標的物之現有狀況，以供鑑價及核定底價之參考，並查明是否有權利質權及有優先債權存在等執行之必要調查事項。惟被告在受理本件強制執行後，僅囑託經濟部智慧財產局爲查封登記，未向該局一併

調查或命債權人查報系爭商標有無設定質權。直至本件於民國90年10月3日拍定後，才在同年月9日去函經濟部智慧財產局查有無質權人存在，致使原告無法就本件強制執行主張承買之意願，或對鑑價表示意見，或主張本件強制執行就查封標的物所賣得之價金，不足清償質權人之優先債權額，應屬無益執行而應撤銷查封，將查封物返還債務人。

4. 被告違反「強制執行法」第33條規定

系爭商標於民國89年間，已由金亞太公司向臺灣臺中地方法院聲請假扣押，經該院於民國89年9月27日，以中院貴民執全辰字第3137號發執行命令，請經濟部智慧財產局禁止債務人為出讓及其他處分行為，並禁止第三人對上開商標專用權為過戶之行為，此有該案卷可憑。土地銀行遲至民國90年2月16日才向被告聲請對系爭標的物強制執行，亦於民國90年3月15日以陳報狀向被告聲請，將90年度執酉字第3484號與臺灣臺中地方法院89年度執辰字第23622號案件，併案為債權人。被告承辦股書記官亦以電話向債權人求證，有民事陳報狀、被告公務電話紀錄可稽。被告未併案處理並續行拍賣程序以至拍定，於法未合。

5. 被告剝奪原告參與強制執行程序之權利

倘被告有作調卷、調查、或命查報之任一動作，則可知悉原告就系爭商標設定質權之事實，而可依「強制執行法」第34條第2、3項規定通知原告聲明參與分配；又拍賣公告僅刊登臺北縣、市版新聞紙，未予其他縣市債權人知悉該案之機會，剝奪原告參與之權利。

6. 被告違反「強制執行法」第50條之1第1、2項規定

系爭二商標專用權為原告設定質權之債權額度各為5,000萬元（原告實際債權額為30,885,000元），經被告函請聯揚不動產鑑定有限公司（下稱聯揚公司）鑑價之結果，僅有600萬元之價值（含其餘之30件商標共鑑價1,430萬元），其鑑定價格亦明顯低於原告之優先債權額。參照最高法院88年度台抗字第624號裁定，本件強制執行就查封標的物所賣得之價金，顯然不足清償質權人之優先債權額，應屬

無益執行，而應撤銷查封，將查封物返還債務人。其拍賣明顯未遵照強制執行時應遵守之程序，而侵害到原告之利益。

（三）被告即臺灣臺北地方法院主張

本件執行法官於承辦本院90年度執西字第3484號執行案件時，拍賣原告享有質權之系爭商標並無不法：

1. 被告雖違反管轄權之規定，但執行行為仍然有效

按強制執行程序違法，當事人或利害關係人得聲請或聲明異議而未為之者，乃拋棄其依法請求救濟之途徑，強制執行程序不因而無效；次按強制執行事件違背管轄之規定，僅當事人或利害關係人得於該強制執行程序終結前聲明異議，無管轄權法院所為之執行行為並非當然無效。原告主張被告民事執行處辦理90年執西字第3484號強制執行事件違背管轄之規定，惟迄至拍定前，原告並未對此聲明異議；原告於系爭商標經拍定並移轉登記後，依「強制執行法」之規定聲明異議，該異議經最高法院以91年台抗字第690號裁定駁回原告之抗告確定，是前揭執行行為仍屬有效。

2. 被告並未違反「強制執行法」第33條規定

承辦法官於調閱假扣押卷後，查知晶工公司之系爭商標業經被告執行處發扣押令禁止處分，於民國89年12月1日送達智慧財產局，並經該局業函覆已依扣押令於其註冊簿上加註「禁止處分」意旨，該局於覆函中並無系爭商標業經臺中地方法院於民國89年9月27日以中院貴民執全辰字第3173號及同院其他執行命令，及嘉義地院於民國89年10月20日以嘉院昭民89執全辰字第8603號禁止處分在案一事，更未說明系爭商標有設定質權。迄該案拍定前，執行人員仍不知有設定質權情事，致未為併案執行，此責任在於智慧財產局，而非被告承辦法官故意或過失漏未通知。

3. 被告未剝奪原告參與強制執行程序之權利

本件執行程序開始後，被告民事執行處自詢問價格之通知起至拍賣通知，均依債權人民國90年6月29日所陳報之晶工公司變更登記事

項卡上之營業所依法民國90年10月3日收受詢問價格之通知及第二次拍賣通知，由其受僱人陳秀玲收受第一次拍賣通知，有送達證書三件足憑。是晶工公司最遲於民國90年6月22日即知悉被告在進行其所有之商標拍賣程序，而晶工公司於其知悉後亦從未具狀告知被告，系爭商標設定質權於原告並經臺灣臺中地方法院執行中一事，如晶工公司於收受詢價通知後即聲明異議，或將上情具狀陳報或以電話告知被告執行處，即不致發生被告於拍賣程序未通知原告之情事。

4.原告並未受有損害

(1)原告設有質權之系爭商標經拍定後，已就拍賣金額列入優先分配。參照最高法院91年度台上字第2643號判決意旨，損害數額之認定係以客觀、實際上所受損害為其標準，況原告對晶工公司仍有債權存在，亦已依法行使權利優先受償，並無受有損害之處。

(2)按商標有使用權限之問題，如有效期間長，效益較高，反之則遞減。查臺中地方法院委託中華科技經濟鑑測中心（下稱中華鑑測中心）鑑定系爭商標之價格為10,945,000元，而被告委託之聯揚公司鑑定之價格為600萬元，固各有其鑑定報告足憑。惟中華鑑測中心之鑑價日期為民國90年1月20日，而聯揚公司鑑定則為民國90年6月14日，兩者鑑定之時間已有將近5個月之差距又本件聯揚公司及中華鑑測中心之鑑定報告皆有瑕疵，其皆將聯合商標（審定號627069）的專用期限誤為至民國96年4月30日，但該聯合商標之專用期限僅至民國93年4月30日，有商標證書足憑。惟仍以聯揚不動產鑑定公司之鑑定結果較可採，因依聯揚公司鑑定報告，審定號627069商標因係聯合商標單獨無價值存在，必須依附於正商標即審定號449473號商標，故其價值需併入正商標估價。而中華鑑測中心之鑑定報告則未加以區分而予以估價，致其鑑定價格因而超出聯揚公司之鑑定價格將近一倍，故當以聯揚公司之鑑定報告較為可信。況被告民事執行處於鑑價後均有通知債權人及晶工公司表示意見，且債權人及晶工公司迄第二次拍賣期日止均未表示異議過，足見伊等亦認聯揚公司之鑑定報告較為可信。則本件既係以鑑定之價格拍定，並由原告優先受償，原告自無受

有損害。

(3)承辦法官於民國90年7月26日進行單上批示依鑑定價格為底價，並定民國90年8月27日為第一次拍賣期日，有執行筆錄及辦案進行單，故本件係定有底價之動產拍賣，質權人依法並無所謂之優先承買權或得於拍賣期日前得以具狀表示承受之權利。更何況承辦法官通知森泉公司及原告於民國91年1月23日上午11時到庭詢問，僅森泉公司之代理人邱志勇到場，據其稱原告並未到場參與投標，且當日拍賣已停止，則原告應無法承受權利。

(4)查原告主張其於臺灣臺中地方法院原訂於民國90年3月27日拍賣，而原告則於民國90年3月26日具狀表示，願以晶工公司積欠之30,885,000元聲明承受系爭商標，系爭商標拍定價格僅以600萬元拍定，致其受有2,000餘萬元之損害云云，然查原告願以上開價格承受，係其主觀上願以該價格承受，並不代表經由法院拍賣時，絕對可以賣到該價格。另由原告所提出其未載年月日之同意書可知，本件商標亦僅森泉公司有其使用價值，但該同意書訂立後，因無法辦理商標移轉而作罷，且本件晶工公司因有多數債權人存在，並遭數債權人聲請執行及假扣押，亦無由原告、晶工公司及森泉公司私下協商及辦理商標轉讓。又原告就系爭商標雖設有5,000萬元之質權，債權金額為30,885,000元，然質權人在法律上僅能就賣得價金有優先受償之權，與該質物價值與其所擔保之金額是否一樣係屬二事。因之原告主張受有兩千餘萬元之損害，實無可採。

5.縱本案中受有管轄錯誤之影響，但管轄錯誤並不會影響強制執行程序之進行而使其當然無效，而被告於本件執行程序之進行，除土地管轄之外，並無其他故意或過失，其執行職務所為之行為更無任何不法之可言。退步言之，縱認被告之行為有何故意或過失，其與原告所主張之損害之間，亦無相當因果關係存在。

（四）法院駁回原告之判決理由分述如下

1.管轄權部分：按土地管轄之規定僅係定法院間事務之分配，旨

在便於執行程序之進行，由有管轄權法院或無管轄權法院所爲之執行行爲，其執行效果並無差別，故由無管轄權法院所爲之強制執行行爲並非當然無效，爲避免程序之浪費，當事人或利害關係人僅得於該強制執行程序終結前聲明異議。又債權人聲請強制執行係以實現其債權爲目的，倘查封物之賣得價金顯不足以清償執行費用及優先債權時，其債權既無實現可能，即無實施執行之實益。但對有利害關係之優先債權人言，卻有被迫提前實現其債權而又未能獲得滿足之虞，是以執行法院倘未依「強制執行法」第50條之1第2項規定撤銷查封，該利害關係人固亦得聲明異議惟執行法院所爲之上開執行行爲並非當然無效（最高法院91年台抗字第690號裁定參照）。

2. 查晶工公司營業處所設於臺中，其管轄法院應爲臺灣臺中地方法院，被告就系爭商標專用權所爲之強制執行程序並無管轄權；又系爭商標專用權經鑑定結果僅值600萬元，遠低於原告所設定之5,000萬元質權額，拍賣結果顯不足以清償執行費用及原告之優先債權，對於執行債權人土地銀行言，並無執行實益。被告雖未移送管轄法院（即臺灣臺中地方法院）執行，或予以撤銷查封，而將系爭商標專用權拍賣，其執行行爲均非當然無效自無不法之可言。

3. 原告主張被告未調卷，剝奪原告參與強制執行之權利，事後未爲補救措施云，然本件質權之設定旨在擔保原告對晶工公司之債權，而被告民事執行處法官於知悉原告係屬系爭商標專用權之質權人，立即通知原告陳報債權，原告得以於本件強制執行程序受清償，對於原告之債權並無任何影響，是以原告並未受有何損害。

4. 本文認爲：臺北地方法院對債務人晶工公司雖無土地管轄權，但其所爲執行爲並非當然無效，因無體財產權無不動產有專屬管轄之規定，是故其拍賣晶工公司商標執行程序之拍定仍爲有效，質權人主張其權益受損，其請求則無理由，因於臺北地方法院就系爭商標所賣得價金分配，扣除執行費外，已優先清償其質權，其不足受償部分應持終局執行名義向晶工公司求償。

第十四節　結論

　　動產執行因「強制執行法」所規定之條文並不多，對於無體財產權之規定商標係以無體財產權執行扣押，亦即依「強制執行法」第119條之規定執行扣押後，再以動產拍賣程序拍賣或變賣所查封商標，然而，因法令之限制，但買受須向主管機關登記之動產，例如車輛或商標，卻不如買受無不動產後所有權移轉之權利義務劃分清楚與明確，車輛部分如原所有權人有欠稅費，則買受人須全部清償後方能辦理移轉登記，故本文建議能予以修正「強制執行法」之規定。

參考文獻

1. 陳計男（2002），《強制執行法釋論》。
2. 楊與齡（2003），《強制執行法論》。

第六章
離職後競業禁止之相關法規研析

曾勝珍、王惠玲

第一節　前言

　　依照市場自由競爭的原則，每一個市場主體都可以就同類產品或者服務與其他市場主體進行充分的公平競爭。這種競爭，當然也包括人才的競爭。每一個市場主體都可以提供不同優厚的條件來吸引並留住優秀的技術人員和管理人員，進而達到提升自身的競爭力。同樣，擁有各種技能的優秀人才，也可以自由選擇適合於自身發展的市場主體，不斷從一個企業流向另一個企業。人才的自由流動，是市場經濟和自由競爭的應有之義。然而，人才的流動，尤其是技術研發人員和高層管理人員的流動，又有可能將屬於原有企業的商業祕密帶到另一個企業，從而造成原企業營業祕密的洩露。[1]

　　營業祕密的保護對於任何企業而言皆極為重要，不僅是攸關企業的競爭力以及獲利能力，又因現今社會員工的忠誠度普遍不高，所以員工的流動是現代社會普遍的現象，無論是員工的離職或是企業內部職務的異動，都將造成營業祕密無意或有意被洩漏給第三人，以致造成企業管理的風險。甚至離職員工利用所接觸營業祕密自行創業或是帶槍投靠競爭對手，都將為企業帶來巨大的損失，因此如何管理這些可能接觸營業祕密的員工，更是企業智財管理制度的關鍵問題[2]。

　　故企業在僱用員工時，多數會與員工簽訂保密協議及離職後競業禁止相關約定，以求達到三個目的：第一是避免前受僱用人使用或揭露祕密資訊；第二是避免前受僱用人使用受僱期間所取得的資源或人際關係，進而從事和前僱用人的競爭行為；第三則是避免先前的受僱

1　廣東長昊律師事務所，〈美國的競業禁止協議與商業祕密保護及其啟示〉，壹讀，https://read01.com/zh-tw/DN0y7J.html#.WjylJFWWb3g，最後瀏覽日：2017年12月31日。

2　劉霞、呂光，〈淺析企業商業祕密保護與涉密員工管理—從大陸地區實務談起〉，全國律師，19卷10期，頁2，2015年10月01日。

人，藉破壞商譽敲詐勒索原企業，即營業祕密所有人的利益。[3]如何
在保障企業的營業祕密及維持受僱員工之工作權及生存權間達到平衡
是目前討論的重點。故本章將就我國、美國及中國大陸對於離職後競
業禁止相關約定加以探討。

第二節　離職後競業禁止定義

　　所謂「競業禁止」，依據行政院勞動部發布之「簽訂競業禁止參
考手冊」[4]指的是「事業單位為保護其商業機密、營業利益或維持其
競爭優勢，要求特定人與其約定在職期間或離職後之一定期間、區域
內，不得受僱或經營與其相同或類似之業務工作」而言。競業禁止的
限制可於在職期間或離職後，勞動部指出簽訂競業禁止條款的主要目
的包括：（一）避免其他競爭事業單位惡意挖角或勞工惡意跳槽；
（二）避免優勢技術或營業祕密外洩；（三）避免勞工利用其在職期
間所獲知之技術或營業祕密自行營業，削弱原僱主之競爭力。

　　競業禁止在法律上可分為在職期間之競業禁止與離職後之競業禁
止，有關在職期間之競業禁止我國「民法」第562條規定：「經理人
或代辦商，非得其商號之允許，不得為自己或第三人經營與其所辦理
之同類事業，亦不得為同類事業公司無限責任之股東。」

　　「公司法」第32條規定：「經理人不得兼任其他營利事業之經理
人，並不得自營或為他人經營同類之業務。但經依第二十九條第一項

3　曾勝珍，〈從美國案例探討營業祕密與競業禁止條款之關係〉，智慧財產權
　　月刊，第212期，頁79，2016年8月。

4　勞委會鑒於高科技產業中簽訂競業禁止條款情形越來越普遍，為使勞資雙方
　　均能了解競業禁止之約定及合理限制，並為衡平雇主財產權之保障，及保護
　　勞工之工作權及職業自由，故整理學理上之論點，蒐集近年來若干各級法院
　　相關判決，歸納並分析，研擬「簽訂競業禁止參考手冊」。

規定之方式同意者，不在此限。」例外規定亦即：（一）無限公司、兩合公司須有全體無限責任股東過半數同意；（二）有限公司須有全體股東過半數同意；（三）股份有限公司應由董事會以董事過半數之出席，及出席董事過半數同意之決議行之。「公司法」針對經理人設有競業禁止之規定，乃因經理人不僅領有公司報酬且在「公司法」第8條第2項亦明白規定公司經理人在執行職務範圍內，亦為公司負責人，須對公司負有應忠實執行業務並盡善良管理人之注意義務，如有違反致公司受有損害者，負損害賠償責任。

另「公司法」第54條第2項及第3項規定執行業務之股東，不得為自己或他人為與公司同類營業之行為。執行業務之股東違反前項規定時，其他股東得以過半數之決議，將其為自己或他人所為行為之所得，作為公司之所得。但自所得產生後逾一年者，不在此限。

在有限公司部分「公司法」第108條第3項中規定董事為自己或他人為與公司同類業務之行為，應對全體股東說明其行為之重要內容，並經三分之二以上股東同意。

另在股份有限公司部分亦對公司董事設有競業禁止相關規定，「公司法」第209條第1項規定董事為自己或他人為屬於公司營業範圍內之行為，應對股東會說明其行為之重要內容並取得其許可。不論是經理人或是董事，皆為公司重要之管理階層成員，不僅熟悉公司政策及運作模式，更是對於公司營業祕密無所不知，若任其在公司外部，從事與公司競業的行為，難保其不為自身利益而損及公司利益。

「離職後競業禁止之約定」，係雇主為避免受僱人於任職期間所獲悉其營業上之祕密或與其商業利益有關之任何資訊，被受僱人以不當方式揭露或利用，導致雇主利益受損，而於勞務契約中與受僱人約定，於離職後一定期間內，不得利用在原雇主企業服務期間內所知悉之營業祕密或任何業務資訊為競業之行為，此為勞動契約關係消滅後之義務，而此約定涉及受僱人之工作權，以及雇主營業權及財產權。

在企業內得以接觸營業祕密之員工大致可以分為三大類，第一類為管理階層：此類員工皆位居要職，不但得以參與經營會議，甚至有

些高階主管更是參與經營決策，不但熟悉企業運作模式更掌握營業祕密；第二類為專業技術人員：如研發人員等更是掌握企業核心技術；第三類為銷售人員：此類員工掌握企業客戶端訊息，如客戶名單、定價策略等重要銷售資訊。

　　企業在智財管理制度上依據員工將接觸營業祕密的程度不僅設計接觸營業祕密權限，並分別簽署保密協議及離職後競業禁止之約定，避免員工離職後利用任職期間所接觸之營業祕密圖利自己或是投靠競爭對手。

第三節　我國有關離職後競業禁止相關法規發展

　　過去我國在現行勞動基準法內並未針對離職後競業禁止有具體明確之規定，但離職後競業禁止此一概念，早在民國25年12月25日公布的勞動契約法內即有相關規範，但此勞動契約法至今並未命令實施。「勞動契約法」第14條規定：「勞動契約得約定勞動止於勞動關係終止後，不得與僱方競爭營業；但以勞動者因勞動關係得知僱方技術上祕密，而對於僱方有損害時為限。前項約定，應以書面為之，對於營業之種類地域及時期，應加以限制。」

　　在未明文立法前，在契約自由原則之下，勞資雙方簽定離職後競業禁止條款，只要在不違反法律強制規定，不違反公序良俗以及誠信原則等，都應被認為是有效的。勞委會於2003年4月曾提出「簽訂競業禁止參考手冊」，作為勞資雙方簽訂競業禁止條款時之參考，其所提出之注意事項有下列7項：[5]

---

[5]　國辰法律事務所，〈淺析離職後競業禁止約款與新修正勞基法第9-1條之規定〉，第9期，http://www.guochen.com.tw/profile2-2.php?id=21694&lang=tchinese，最後瀏覽日：2017年12月31日。

一、員工有無顯著背信或違反誠信原則。

二、雇主有無法律上利益應受保護之必要。

三、勞工所擔任之職務或職位。

四、應本於契約自由及誠信原則約定。

五、限制之期間、區域、職業活動範圍是否合理。

六、有無代償措施。

七、違約金是否合理。

然而法院在判斷離職後競業禁止條款是否合理時見解亦有分歧，分別有所謂五原則標準及四原則標準說，依據臺北地方法院85年度字第78號判決內即採五原則判斷標準，此五原則為：[6]

一、企業或雇主需有依競業禁止特約保護之利益存在，亦即雇主的固有知識和營業祕密有保護之必要。

二、勞工或員工在原雇主或公司之職務及地位。至於沒有特別技能、技術且職位較低，並非公司之主要營業幹部，是處於弱勢之勞工，縱使離職後再至相同或類似業務之公司任職，亦無害原雇主營業之可能，此時若簽署競業禁止約定將被視為拘束勞工轉業自由，違反公序良俗而無效。

三、限制勞工就業之對象、期間、區域、職業活動之範圍，應不超越合理之範疇。

四、需有填補勞工因競業禁止之損害之代償措施，代償措施之有無，有時亦為重要判斷標準。

五、離職後員工之競業行為是否具有顯著背信性或顯著的違反誠信原則，亦即當離職之原工對原雇主之客戶、情報大量篡奪等情事或其競業之內容即態樣較具惡質性或競業行為出現有顯著之背信性或顯著違反誠信原則時，此時離職違反競業禁止之員工自屬不值得保護。

另亦有主張競業禁止之約定是否有效，須採行四種原則標準加以

6　李兆環，《營業祕密與競業禁止》，頁94，2017年8月。

判斷，此四種原則為：[7]

一、企業或雇主有依據競業禁止特約保護利益之存在，即雇主之固有知識、營業祕密確有保護之必要。

二、勞工或員工在原雇主或公司之職位與地位，必須有接觸原雇主需要保護機密之可能。

三、限制勞工就業之對象、期間、區域、職業活動之範圍，應不超越合理之範疇。

四、需有填補勞工因競業禁止之損害之代償措施。

以上兩種判斷標準之前四項皆相同，僅第五項判斷標準在判斷離職後員工之競業行為是否具有顯著背信性或顯著的違反誠信原則，但實務上原雇主在與員工簽署競業禁止約定時，希望防範於未來，不待造成難以挽回之損失。

近年來國內外企業競爭激烈，企業為保護經營利益，往往會要求各部門、不分職位或不論是否會接觸營業祕密的勞工都簽訂離職後競業禁止條款，也引發許多爭議，故立法院於2015年11月27日三讀通過「勞動基準法」部分條文增修案，明確競業禁止條款應符合相關要件及競業期間最長不得逾二年。本次所增訂第9條之1：雇主與勞工約定「離職後競業禁止」，應符合下列要件：

一、雇主有應受保護之正當營業利益。

二、勞工須擔任之職務能接觸或使用雇主營業祕密。

三、競業禁止之期間、區域、職業活動範圍及就業對象，不得逾合理範圍。

四、雇主對勞工因不從事競業行為所受損失有合理補償，且合理補償不包括勞工於工作期間所受領之給付。

雇主未符合上述規定中任何一項規定，其與勞工所約定之條款無效；另明訂合理有效競業禁止條款，最長競業禁止期間不得逾二年，

---

[7] 同前註7，頁95。

凡超過二年者，期間縮短為二年。[8]並於2016年10月修正「勞動基準法施行細則」，新增第7條之1、之2、之3，相關內容如下：

一、「勞動基準法施行細則」第7條之1

離職後競業禁止之約定，應以書面為之，且應詳細記載本法第9條之1第1項第3款及第4款規定之內容，並由雇主與勞工簽章，各執一份。

二、「勞動基準法施行細則」第7條之2

本法第9條之1第1項第3款所為之約定未逾合理範疇，應符合下列規定：

（一）競業禁止之期間，不得逾越雇主欲保護之營業祕密或技術資訊之生命週期，且最長不得逾二年。

（二）競業禁止之區域，應以原雇主實際營業活動之範圍為限。

（三）競業禁止之職業活動範圍，應具體明確，且與勞工原職業活動範圍相同或類似。

（四）競業禁止之就業對象，應具體明確，並以與原雇主之營業活動相同或類似，且有競爭關係者為限。

三、「勞動基準法施行細則」第7條之3

本法第9條之1第1項第4款所定之合理補償，應就下列事項綜合考量：

（一）每月補償金額不低於勞工離職時1個月平均工資50%。

（二）補償金額足以維持勞工離職後競業禁止期間之生活所需。

8　勞動部新聞稿，〈立法院今（27）日三讀通過勞動基準法部分條文增修，明確競業禁止、調動、必要服務年限及童工等規範，充分保障勞工權益〉，https://www.mol.gov.tw/announcement/2099/24198/，最後瀏覽日：2017年12月31日。

（三）補償金額與勞工遵守競業禁止之期間、區域、職業活動範圍及就業對象之範疇所受損失相當。

（四）其他與判斷補償基準合理性有關之事項。

前項合理補償，應約定離職後一次預為給付或按月給付。

此次修法重點為：[9]

一、為明確雇主與勞工所為離職後競業禁止約定之內容，該約定應以書面為之，避免衍生爭議。

二、雇主與勞工為競業禁止約定，其競業禁止期間、區域、職業活動範圍及就業對象不得逾合理範疇，為使其內涵有更臻明確之界定，爰訂定該約定是否逾越合理範疇之判斷標準。

有關競業禁止之相關約定應符合下列規定，不得造成員工工作權利不公平：

（一）競業禁止的期間最長不得逾二年。

（二）競業禁止的區域應以雇主營業活動之區域範圍為限。

（三）競業禁止的就業對象應明確具體且須與原雇主相同或類似且有競爭關係為限。

三、有關雇主提供勞工因不從事競業行為所受損失之合理補償，應綜合考量之事項，並應約定離職後一次預為給付或按月給付。競業禁止之補償應合理，不包括勞工於工作期間內所受領之給付，補償金額不低於員工離職時月平均工資之50%。補償金足以維持勞工離職後生活所需，及補償金額與勞工損失相當。

---

[9]　余天琦、陳瑞敏，〈勞動基準法施行細則修正預告─勞工離職後競業禁止約定之合法條件〉，http://www.leeandli.com/TW/Newsletters/5644.htm，最後瀏覽日：2017年12月31日。

第四節　美國有關離職後競業禁止相關法規

　　美國是市場經濟非常自由及發達的國家，針對雇員離職有可能帶來的營業祕密洩漏，雇主主要通過兩類協議加以規範。第一類是離職後競業禁止約定，通常是在僱用員工時簽訂，要求員工離職後不得與自己競爭。離職後競業禁止約定通常會界定一定的產業、地域和時間範圍，要求員工離職後不得在此範圍內與原雇主競爭。第二類是營業祕密保密協議，通常是在員工離職時簽訂，要求員工離職後不得披露、使用所掌握的營業祕密。這類協議在必要時還會指明具體的營業祕密，以及應當保密的期限。但在美國的司法實踐中，禁止或者限制離職後員工競爭的競業禁止協議，是需要符合一定條件才能獲得法院的支持。這是因為，自由競爭是市場經濟的一個基本特徵，而禁止或者限制離職員工與原有雇主展開競爭，顯然不符合市場經濟的基本原則。[10]

　　然而離職後競業禁止約定並非毫無意義，尤其是高科技產業通常需投入大量的資金於硬體設備及人才的培訓中，若受僱人利用於原僱用人處獲得專有知識及技能，跳槽於原僱用人競爭對手企業內，競爭對手只是利用挖角行為即可輕易獲取他人之營業祕密，不用花費龐大的成本，再以低價競爭，勢必對原僱用人形成不公平競爭，故針對技術研發人員和高層管理人員簽定離職後競業禁止約定，是有其必要性。

　　然而美國法院對於離職後競業禁止約定的強制力並非視為理所當然，對於受僱人的選擇權及離職後競業禁止協議的合理性會加以考量，其合理性通常以符合「誠信原則」（good faith）及「忠實義務」（fiduciary duty）來約束受僱人。離職後競業禁止約定若要獲得

10　〈美國的競業禁止協議與商業祕密保護及其啟示〉，https://read01.com/zh-tw/DN0y7J.html#.WjylJFWWb3g，最後瀏覽日：2017年12月25日。

美國各州法院的支持更需符合下列要件：[11]

一、離職後競業禁止約定必須根據僱傭契約

無論是在僱傭契約加上離職後競業禁止約定，或是另訂一份契約約定，其前提是當事人間需存在有效的僱傭關係，離職後競業禁止約定不得單獨存在。

二、禁止的時間及範圍合理且需有相當的對價

離職後競業禁止約定會影響受僱人離職後的工作權進而影響生計，故需以書面為之，約定禁止競業期間及範圍。目前美國法院的見解合理禁止競業的期間通常為二至三年，而禁止競業的範圍則為原僱用人營業範圍及營業地域內，避免受僱人於離職後從事相同業務之競業行為。因為受僱人對於工作的選擇權及發揮所長的可能受到限制，更需給予適當的補償。

三、離職後競業禁止約定是為保障僱用人值得受保障的利益而制定的

離職後競業禁止約定是為了保護原僱用人之商譽或是營業祕密而產生之商業利益，對已離職之受僱人限制其於相同領域工作，以避免圖利競爭對手。故法院總是對競業禁止約定做出限定性解釋，將其效力限定在維護營業祕密的範圍內。故當離職後競業禁止約定的條款是為維護原僱主營業祕密時，才會得到法院的支持。

有關離職後競業禁止的類型，在美國實務上有下列三種類型：[12]

---

[11] 曾勝珍，〈「美國離職後競業禁止條款」之適用探討—兼比較我國法〉，中政法學集刊，第14期，頁400-403，2004年1月。

[12] 同前註12，頁414-417。

（一）承諾不引誘顧客之約定

此類約定並不限制已離職受僱人到競爭對手企業工作，而係限制不能引誘原僱用人之顧客。此類約定係在保護原僱用人所擁有的「顧客關係」，在此之「顧客關係」指的是必須是與原僱用人有相當密切及重要性之顧客而言，必須是「幾近永久之顧客關係」（near-permanency）。若是顧客很少聯繫或是不存在忠誠度，則不在此約定的限制內。

（二）承諾不引誘受僱人之約定

此約定係禁止已離職員工引誘原僱用人之仍在職之受僱人，實務上比較少見。其目的在保護原僱用人投入經費於員工教育訓練及各項研習課程，此類約定更限制在原僱用人僱用之重要且具專業技能或技術之受僱人。但亦有法院認為此類約定會擴張僱用人之權利，因其他受僱人離職與否係其自身之決定，除非僱用人能證明：1.已離職之受僱人確有意圖及行為引誘人在職之受僱人，並從事競爭行為；2.僱用人已投入大量資金於人事訓練相關活動上，如此將造成僱用人之損失，此類約定才為法院接受。

（三）保密約定

為避免僱用人之營業祕密被洩漏，此類約定只要內容、保密期間、保密的資訊種類及範圍合理大致皆為法院所認可。況且在普通法之概念下，即便沒有保密約定，受僱人仍然受到約束，受僱人有義務不得洩漏僱用人之營業祕密。

此類約定通常強調兩點：1.保護僱用人之營業祕密。2.可以預先規範當違反此約定時之損害賠償計算。

為鼓勵投資及公平競爭以促進經濟發展，離職後競業禁止約定條款有其存在之必要，但其內容必須符合當事人真意，且需本著「誠信原則」及「合理性」的考量，但若為受僱人非自願性被不當解僱時，此約定條款即無效。法院在衡量離職後競業禁止約定條款是否有效

時，仍會綜合事實推定及合理性原則加以判斷。

第五節　中國大陸離職後有關競業禁止相關法規

　　有關中國大陸對營業祕密之保護相關法制有1993年9月2日中華人民共和國第8屆全國人民代表大會常務委員會第3次會議通過「中華人民共和國反不正當競爭法」，並自1993年12月1日起施行。此法目的係為保障社會主義市場經濟健康發展，鼓勵和保護公平競爭，制止不正當競爭行為，保護經營者和消費者的合法權益。[13]該法第10條規定經營者不得採用下列手段侵犯商業祕密：（一）以盜竊、利誘、脅迫或者其他不正當手段獲取權利人的商業祕密；（二）披露、使用或者允許他人使用以前項手段獲取的權利人的商業祕密；（三）違反約定或者違反權利人有關保守商業祕密的要求，披露、使用或者允許他人使用其所掌握的商業祕密。第三人明知或者應知前款所列違法行為，獲取、使用或者披露他人的商業祕密，視為侵犯商業祕密。本條所稱的商業祕密，是指不為公眾所知悉、能為權利人帶來經濟利益、具有實用性並經權利人採取保密措施的技術信息和經營信息。

　　中國大陸國家工商管理局於1995年11月23日發布「關於禁止侵犯營業祕密行為的若干規定」[14]第3條禁止下列侵犯商業祕密行為，違反規定者，得由工商行政管理機關依照「反不正當競爭法」第25條[15]

---

[13] 中華人民共和國「反不正當競爭法」第1條條文。

[14] 中華人民共和國國家工商管理局國家工商管理局，〈關於禁止侵犯營業祕密行為的若干規定〉，http://gkml.saic.gov.cn/auto3743/auto3746/200807/t20080729_112473.htm，最後瀏覽日：2018年3月31日。

[15] 中華人民共和國「反不正當競爭法」第25條條文：「違反本法第十條規定侵犯商業祕密的，監督檢查部門應當責令停止違法行為，可以根據情節處以一萬元以上二十萬元以下的罰款。」

規定，責令停止違法行爲，並可以根據情節處以10,000元以上200,000元以下的罰款。

一、以盜竊、利誘、脅迫或者其他不正當手段獲取權利人的商業祕密。

二、披露、使用或者允許他人使用以前項手段獲取的權利人的商業祕密。

三、與權利人有業務關係的單位和個人違反合同約定或者違反權利人保守商業祕密的要求，披露、使用或者允許他人使用其所掌握的權利人的商業祕密。

四、權利人的職工違反合同約定或者違反權利人保守商業祕密的要求，披露、使用或者允許他人使用其所掌握的權利人的商業祕密。第三人明知或者應知前款所列違法行爲，獲取、使用或者披露他人的商業祕密，視爲侵犯商業祕密。

工商行政管理機關在依照前款規定予以處罰時，對侵權物品可以做如下處理：（一）責令並監督侵權人將載有商業祕密的圖紙、軟件及其他有關資料返還權利人；（二）監督侵權人銷毀使用權利人商業祕密生產的、流入市場將會造成商業祕密公開的產品。但權利人同意收購、銷售等其他處理方式的除外。

於1994年7月5日第8屆全國人民代表大會常務委員會第8次會議通過「中華人民共和國勞動法」，目的爲了保護勞動者的合法權益，調整勞動關係，建立和維護適應社會主義市場經濟的勞動制度，促進經濟發展和社會進步。[16]在該法第22條明白規定勞動合同當事人可以在勞動合同中約定保守用人單位商業祕密的有關事項，此法條係大陸學者認爲在2008年1月1日「中華人民共和國勞動合同法」[17]實施前有關

---

[16] 中華人民共和國「勞動法」第1條條文。

[17] 中華人民共和國「勞動合同法」於2007年6月29日第10屆全國人民代表大會常務委員會第28次會議通過，自2008年1月1日起施行。此法目的爲了完善勞動合同制度，明確勞動合同雙方當事人的權利和義務，保護勞動者的合法權益，構建和發展和諧穩定的勞動關係。

競業禁止相關條約之法源。

　　然而在「中華人民共和國勞動合同法」中第23條及第24條中明定有關競業禁止相關規定，第23條條文：「用人單位與勞動者可以在勞動合同中約定保守用人單位的商業祕密和與知識產權相關的保密事項。對負有保密義務的勞動者，用人單位可以在勞動合同或者保密協議中與勞動者約定競業限制條款，並約定在解除或者終止勞動合同後，在競業限制期限內按月給予勞動者經濟補償。勞動者違反競業限制約定的，應當按照約定向用人單位支付違約金。」第24條條文：「競業限制的人員限於用人單位的高級管理人員、高級技術人員和其他負有保密義務的人員。競業限制的範圍、地域、期限由用人單位與勞動者約定，競業限制的約定不得違反法律、法規的規定。在解除或者終止勞動合同後，前款規定的人員到與本單位生產或者經營同類產品、從事同類業務的有競爭關係的其他用人單位，或者自己開業生產或者經營同類產品、從事同類業務的競業限制期限，不得超過二年。」重點如下：

　　一、需在勞動合同或者保密協議中與勞動者約定競業限制條款，即需以書面爲之。

　　二、明定適用競業禁止條款之人員爲高級管理人員、高級技術人員和其他負有保密義務的人員。

　　三、明定在競業限制期限內按月給予勞動者經濟補償，但未規定補償金額。

　　四、勞動者違反競業限制約定時，應當按照約定向用人單位賠償違約金。亦未明確規定違約金額上限。

　　五、競業限制期限，不得超過二年。

　　六、競業限制的範圍、地域由用人單位與勞動者約定，競業限制的約定不得違反法律、法規的規定，違反者無效。

第六節　英國離職後有關競業禁止相關法規

　　在英國有所謂「花園休假條款」（Garden Leave）是指公司要求員工待在家裡無需工作，但公司仍繼續給付員工薪資之休假。通常發生在員工已向公司提出辭呈，或僱傭契約因其他原因終止時，公司要求員工在一定時間後方可去其他公司任職，此乃爲避免該員工因立即至其他公司服務而產生與原雇主競業情形，並給予原雇主有緩衝時間處理其與客戶之關係，故花園休假條款與競業禁止期間約定之目的有所不同，時間也較短。在花園休假條款期間，員工雖無需工作，惟仍應繼續遵守僱傭契約之上相關義務，例如競業禁止條款或保密條款等。

　　「花園休假條款」在英國是由企業在實務上的運作，之後才得到法院的認可。其源自於1986年的Evening Standard v. Hendersom案例中，此案原告Evening Standard是一家發行晚報的公司，要求被告Mr. Hendersom履行原僱傭契約上約定，當任何一方要終止僱傭契約時，需在一年之前通知對方，被告違反此項約定，被告爲了替競爭對手工作僅在2個月前通知原告，因此原告向法院提出申請禁止令，限制被告在約定的通知期限內不得爲其競爭對手工作，原告爲補償被告因履行約定的損失，原告願意在約定的期限內不論被告有無工作，皆願意支付被告全額的薪資及福利。此爲「花園休假條款」的發端。[18]

　　經過二、三十年來的發展，已經形成一定的法律原則，隨著時代的變遷、科技的進步，在判例法上將持續往新的方向發展。在「花園休假條款」期間雇主照常給付薪資，不但解決了員工生存權被侵害的問題，亦避免員工離職後立即投入競爭對手企業服務造成競業情形

---

[18] 王曼瑜，《臺灣與英國離職後競業禁止條款之比較法研究─以有效性判斷標準與代償措施之研究爲中心》，頁42，2015年3月。

（惡意跳槽）。[19]

英國的競業禁止在早期發展和貿易限制一樣是屬於無效的，但隨著時代的進展，法院了解到一律禁止的政策會傷害到商業與競爭，因而採取有限度的尊重契約自由。直到1913年的Mason v. the Provident Clothing and Supply Company Ltd.案，法院才奠定了在實務上判斷離職後競業禁止條款合理性的模式。[20]

英國法院在判斷離職後競業禁止條款是否有效的重要因素為合理性，合理性的檢驗通常需要符合以下要素：[21]

一、競業禁止的限制需在有限度的時間、特定的地域內。

二、在受僱員工的運用其所有知識及技術以維護之生存自由，與雇主的合法利益（例如營業祕密、客戶關係）間取得平衡。

三、公共利益。僅僅不希望離職後員工與原雇主競爭，是不足以通過合理性的檢驗，雇主需證明是為了保護與其事業有關的個人財產權，且為了公共利而保護其權利。

「花園休假條款」與「離職後競業禁止條款」兩者目的皆是為了保護原雇主之合法利益避免員工惡意跳槽，但兩者之間仍有差別，在於「花園休假條款」存在僱傭關係仍存續中進行，而「離職後競業禁止條款」顧名思義則是在僱傭關係結束後進行，另外「離職後競業禁止條款」所規範的員工層級較為廣泛，而「花園休假條款」通常使用在高階管理階層。英國法院在「離職後競業禁止條款」合理性判斷並未特別提及補償金額標準，因為法院通常希望透過談判程序來解決雙方利益之平衡。[22]

---

[19] 同前註18，頁57。
[20] 同前註18，頁58。
[21] 同前註18，頁58-59。
[22] 同前註18，頁59-60。

第七節　實務上合理補償的判別檢討

何謂合理的補償？在美國及中國大陸的相關規定中皆對補償金額無明文規範，而我國在2016年10月修正「勞動基準法施行細則」新增第7條之3條文中特別將合理補償做了相關的規範，明定補償金額應就下列三項要素綜合考量：

一、不得低於勞工離職前平均每月工資50%。

二、應足以維持勞工離職後因競業禁止期間生活所需。

三、需與勞工因競業禁止所受損失相當。

此條文立法目的為離職後競業禁止之約定，固然係為了保障原雇主之營業祕密或技術資訊為目的，但勞工因而不能取得符合其個人技能之勞務對價，且影響其技術之提升，所以雇主應考量勞工因技能減損、職業生涯轉換過程培訓支出及不從事競業行為之經濟損失等因素，給予離職勞工必要之補償，照顧受競業禁止約定約束之離職勞工，使其不將因工作選擇遭限制而影響其原有之生活水準[23]。

上述章節中雖未對德國相關法規加以介紹，但大陸法系德國之法律規範一直是我國法律規範重要的參考依據。此條文亦參考了「德國商法」[24]第74條之8規定對於離職後競業禁止的合理補償明確規定雇主應當向離職後承擔競業禁止義務的商業輔助人支付對價，該對價不得少於該商業輔助人離職前一年薪金的二分之一，否則競業禁止的約定對商業輔助人不具拘束力。[25]

此不得低於勞工離職前平均每月工資50%規定，將會被多數企業

---

[23] 全國法規資料庫，「勞動基準法施行細則」部分條文修正條文對照表。

[24] 「德國商法」是德國於1807年5月10日頒布，且於1900年1月1日與「德國民法」同時生效的一部法典。它與1896年8月18日頒布的「德國民法」，共同構成德國私法的兩大法典。資料來源參考https://book.douban.com/subject/4923830/，最後瀏覽日：2018年4月30日。

[25] 「簽訂競業禁止參考手冊」，頁6。

視爲補償的基準，亦被視爲是最低補償金額；但是否足以維持勞工因競業禁止期間工作選擇權遭到限制時生活所需，則無一客觀的標準。生活水準因人而異，是基本生活水準，亦或是離職前的生活水準，更是有所差異；另一考量之要素需與勞工因競業禁止所受損失相當亦同，也一樣無客觀標準加以衡量。

在競業禁止期間並非限制離職員工就業，而是其工作的選擇權受到限制，離職員工無法依據自己的專長或是前一份工作經驗找到適合的工作。就企業而言，在與勞工簽訂離職後競業禁止約定當下，勞工離職後因實現此份約定而找到的工作與不受此份約定相比較下，其所受的損失究竟爲何？企業無法事先預知，故企業無法預估因此份離職後競業禁止約定將付出之代價爲何？

「勞動基準法施行細則」第7條之3雖欲保護勞工不受離職後競業禁止約定而影響權益，亦在避免企業濫用離職後競業禁止約定，立意良好，但卻無具體標準可以遵循。法院在審理相關案件時，將視每個不同個案的案件事實，判斷多少補償金額才是合理。

第八節　結論

離職後競業禁止條款，可保護企業營業祕密不遭競爭對手竊取，然而保密責任可能因爲僱傭契約之終止或解除而失去約束力，員工將因此不再受到保密條款之約束，亦可能因爲員工之任意運用其原本職業上所獲知之機密，而造成企業損害。合法有效之競業禁止條款能進一步確保原雇主之競爭優勢不致遭侵奪，並防止員工惡性跳槽，競爭對手惡性挖角之進一步有效保護祕密及競爭優勢之手段。[26]

---

[26] 曾勝珍，〈從美國案例探討營業祕密與競業禁止條款之關係〉，智慧財產權月刊，第212期，頁78，2016年8月。

新增「勞動基準法」第9條之1引起勞工們的廣大回響，由於員工工作能力的養成並不是完全由其服務的企業所提供，還包括在學校的教育、員工自身的努力、之前工作的學習經驗的累積等等，況且專長的培養更需要長時間的累積，我們一個人一生所能培養的謀生專業並不多，一般而言受僱人相較於企業皆屬於經濟上的弱勢，如果因為在某企業服務過就完全不能在其他公司提供相同或類似的服務，因此影響其工作選擇權，對於受僱人皆相當不合理。[27]

但是部分企業主卻是反對聲浪不斷，因為此舉勢必會增加企業財務上的負擔，然而對於大企業而言，由於簽署離職後競業禁止條款的大多屬於高階及專業技術主管，這些企業主認為支付此補償金合理，應比起營業祕密外洩所成的損失更是不可估計。

新增「勞動基準法」第9條之1，可讓企業主審慎檢視離職後競業禁止條款的使用，而不再濫用。企業應採取較積極性的獎勵措施，有如設計良好的員工認股權或股票分紅制度，給予員工不斷的激勵，增加對企業的認同感，這樣遠比簽署硬性且嚴苛的離職後競業禁止條款，更能留住員工的心；另一方面，加強在職教育訓練，從員工就職起就不斷的教育並告知公司的保密政策，又或者是轉而加強保密協議的簽署。企業內智財管理制度更需要強化及確實執行，以免日後企業營業祕密洩漏後，不僅事後的蒐證上有所困難，在訴訟上亦曠日費時，甚至造成已經難以彌補的損失，對企業的傷害更是難以估計。

參考文獻

1. 王曼瑜（2015），《臺灣與英國離職後競業禁止條款之比較法研究─以有效性判斷標準與代價措施之研究為中心》。

---

27 顏雅倫，〈人才跳槽的緊箍咒─談競業禁止條款的合理運用〉，管理雜誌，頁2，2002年9月。

2. 全國法規資料庫，「勞動基準法施行細則部分條文修正條文對照表」。

3. 李兆環（2017），《營業秘密與競業禁止》。

4. 曾勝珍（2004），〈「美國離職後競業禁止條款」之適用探討－兼比較我國法〉，中政法學集刊，第14期。

5. 曾勝珍（2016），〈從美國案例探討營業秘密與競業禁止條款之關係〉，智慧財產權月刊，第212期，頁78。

6. 劉霞、呂光（2015），〈淺析企業商業秘密保護與涉密員工管理－從大陸地區實務談起〉，全國律師，19卷10期。

7. 顏雅倫（2002），〈人才跳槽的緊箍咒－談競業禁止條款的合理運用〉，管理雜誌。

8. 〈美國的競業禁止協議與商業秘密保護及其啟示〉，https://read01.com/zh-tw/DN0y7J.html#.WjylJFWWb3g，最後瀏覽日：2017年12月25日。

9. 中華人民共和國國家工商管理局國家工商管理局，〈關於禁止侵犯營業秘密行為的若干規定〉，http://gkml.saic.gov.cn/auto3743/auto3746/200807/t20080729_112473.htm，最後瀏覽日：2018年3月31日。

10.余天琦、陳瑞敏，〈勞動基準法施行細則修正預告－勞工離職後競業禁止約定之合法條件〉，http://www.leeandli.com/TW/Newsletters/5644.htm，最後瀏覽日：2017年12月31日。

11.國辰法律事務所，〈淺析離職後競業禁止約款與新修正勞基法第9-1條之規定〉，第9期，http://www.guochen.com.tw/profile2-2.php?id=21694&lang=tchinese，最後瀏覽日：2017年12月31日。

12.廣東長昊律師事務所，〈美國的競業禁止協議與商業秘密保護及其啟示〉，https://read01.com/zh-tw/DN0y7J.html#.WjylJFWWb3g，最後瀏覽日：2017年12月31日。

|第七章|
營業祕密之實務探討

曾勝珍、張永慶

第一節　前言

隨著知識經濟時代來臨，知識成爲企業重要利潤來源，知識之取得、累積、使用及保護越顯重要。知識經濟深化數位科技與全球，驅使企業、產業甚至國家核心競爭力，早已不同於以往的實體資本投資型態，「資訊創新及運用」儼然成爲企業競爭策略磐石。

營業祕密法體系，即爲智慧財產法中，除專利法、商標法與著作權法外，新興之第四大領域。其發展雖遲，然而，其重要性對工業界而言，則有凌駕專利法之勢。智慧財產乃人類智能之創作與心血之結晶。幾世紀以來，國際智慧財產法制經由不斷演進，已漸趨建立。從法律規範保護角度而言，知識可以進一步限縮爲「營業祕密」，亦即法律承認營業祕密爲具有法律利益之知識，乃法律應爲保護之範圍。營業祕密更繫乎企業成敗之關鍵，經營者不能置身事外且責無旁貸。營業祕密與專利權、商標權及著作權相同，均屬於無體之智慧財產，差別在於專利權、商標權及著作權無庸置疑地都是具有排他性質之專屬權利，任何人未經專利權人、商標權人或著作財產權人之同意或授權，皆不得擅自利用其享有專利權、商標權或著作權之成品。我國1996年公布並施行營業祕密法，屬資訊的保護專法，隨著科技日新月異，人們行爲模式不斷改變，國內營業祕密侵害問題爭迭不休，對此，2013年立法院通過修正案，新增之第13條之1至第13條之4，包括增訂刑事責任、域外加重處罰、告訴乃論及告訴可分原則、刑事罰併同處罰等重點內容，透過一套兼具民事賠償及刑事處罰的法律條規，有系統並獨立處理營業祕密相關糾紛。

臺灣成功企業需不斷持有獨特先進之生產技術與經營策略，經營者面臨內部極爲機密資訊時，往往應加思量保存、取用及保護相關課題，亦更顯重要，隨著國際商業活動日趨複雜，跨國企業競爭態勢越顯激烈，爲妥善保障產業倫理及市場公平競爭秩序，營業祕密有受法律保護之必要，且保護強度日益升高，已爲一不爭之事實。如何避

免遭有心人士竊取及盜用。對於營業祕密之犯罪，過去受限於刑法等相關刑事責任之立法漏洞，而多無法成罪。修法後此部分之漏洞應可填補，對於營業祕密之所有人保護應較為充足，企業組織亦可採取適當、合理方式保護自身營業祕密，以維護其權益，回應產業界長久以來的呼喚。本文擬從理論層面切入，重新檢視營業祕密本質及內涵，就我國現行法規內容進行解析，探究營業祕密之實體暨條文規定，與其他法律間之關聯性，佐以臺灣、美國之判例，最後反思其立法真意，期更精準界定營業祕密權益，希冀提出具體建議，供國人解讀抑或政府部門修法時參酌依據。

第二節　營業祕密定義

茲就本研究論文臺灣及美國之定義說明分述如下。

壹、臺灣定義

即是我國「營業祕密法」第2條，營業祕密係指方法、技術、製程、配方、程式、設計或其他可用於生產、銷售或經營之資訊，且須同時符合三項要件：（一）非一般涉及該類資訊之人所知者；（二）因其祕密性而具有實際或潛在之經濟價值者；（三）所有人已採取適當之保密措施。

貳、美國定義[1]

一、美國法律學會（American Law Institute, ALI）定義

對營業祕密定義最為周延在《侵權行為彙編》（Restatement of Torts, 1st, 1939）第757條註釋所下之定義。根據該定義，營業祕密係「一種可用在個人或是商業上之任何配方、模型、裝置或程式之編纂，其可讓使用者獲得較不知或不使用該祕密之競爭者更為有利之競爭優勢。營業祕密可為一種化學混合物之配方、製造、處理或保存物品的方法，機械的模型或其他裝置，或客戶名單。通常營業祕密與商品之生產有關，例如生產產品之機械或配方，亦可能涉及商品之銷售或商業之經營。」

二、美國統一營業祕密法（The Uniform Trade Secrets Act, UTSA）定義

將營業祕密定義為「一種資訊，這種資訊包含了配方（formula）、模式（pattern）、編輯物（compilation）、程式（program）、裝置（device）、方法（method）、技巧（technique）或流程（process），該資訊有兩個特性：（一）並非眾所皆知且持有人可因合法使用或公開而產生實質或潛在之獨立經濟價值；（二）持有人採取了合理的保護措施。」

三、美國經濟間諜法（Economic Espionage Act）定義

將營業祕密定義為「各種形式與類型之財務、商業、科技、技術、經濟或工程資訊，包括資料、計畫、工具、機制、組成、公式、設計、原形、製程、程序、程式、程式碼、或商業策略，不論其為有形或無形，亦不論其係以儲存、編輯、文字、或以物理、電子、圖形

---

[1] 郭國斌，《淺談營業祕密管理制度》，頁2。

或照相記憶，只要其符合：（一）該等資訊之所有人已針對情況採取合理措施以保護此等資訊之祕密性；（二）此等資訊由於未爲一般大眾所知悉，或因公眾利用合法方式，無法即時確定、取得或發展出來，而具有實質或潛在之獨立經濟價值。」

第三節　我國營業祕密保護要件理論研究

營業祕密，係企業者營運時投入相當的人力、物力，且經年累月努力研發之技術經驗所累積而成。企業者所擁有之獲利中，有很大部分是來自於營業祕密所產生之價值，倘若一朝，營業祕密遭受竊取、揭露及侵害，將使該祕密意義潰決而喪失其競爭優勢，無疑造成難以挽回之莫大損失，正所謂「江湖一點訣，說破不值錢」。是以，企業營運之特殊模式、商業創意等，應如何有效保護賴以爲生之機制，其必然審慎思考之保護範圍與方式。營業祕密保護要件，綜觀我國尚未制定營業祕密法之前，營業祕密保護要件甚爲分歧，有主張二要件說、三要件說、四要件說、五要件說、六要件說。綜覽，我國「營業祕密法」（以下稱本法）於公布施行後，紛歧現象已有緩和之趨勢，但對於祕密性、價值性、可利用性、保密性及新穎性，此五種保護要件，仍具爭議。言簡意賅，以二要件說、三要件說與五要件說法，較爲大宗。

壹、保護要件概述

我國尚未制定營業祕密法之前，營業祕密保護要件學者論述分歧有二要件說、三要件說與五要件等說法。分述如下：

　　一、採「二要件說」之學者認為，[2]營業祕密之保護要件應只有祕密性與價值性二者，凡是有經濟價值之祕密資訊，都足可構成企業之營業祕密。

　　二、採「三要件說」之學者認為，[3]營業祕密之保護除了有祕密性與價值性，尚包括有新穎性。其認為我國「營業祕密法」係參考TRIPS與美國及加拿大之相關規定，而在第2條將可獲得營業祕密的客體規定為「方法、技術、製程、配方、程式、設計或其他可用於生產、銷售或經營之資訊」，且需符合上述之三項要件，方可成為法律所保護之客體。

　　三、採「五要件說」之學者認為，[4]營業祕密之要件除了一般所論之新穎性、祕密性、價值性之外，仍須具備「必須是可用於生產、銷售或經營上之資訊」之要件，並且將通說所謂之「祕密性」要件分為「必須具有祕密性」及「所有人以採取合理之保密措施」。[5]其立論基礎在於，並非所有資訊都是營業祕密法所保護客體，營業祕密法之立法目的在於維護產業倫理與競爭秩序，因此生產、銷售或經營上之資訊都是指與產業有密切關係者，若一項祕密資訊與產業上之生產、銷售或經營無關，則不能成為保護之客體；然而對於「必須具有祕密性」及「所有人以採取合理之保密措施」兩者要件予以並列之方式，則未具說明。[6]

2　張靜，〈營業祕密法及相關智慧財產問題〉，經濟部智慧財產局，頁112，2009年1月。

3　馮震宇，〈論營業祕密法與競爭法之關係──兼論公平法第19條第1項第5款之適用〉，公平交易季刊，4卷3期，頁24-27，1996年7月。

4　謝銘洋，《智慧財產權法》，頁148-149，2008年10月。

5　謝銘洋，〈營業祕密之保護與管理〉，https://www.tipo.gov.tw/ct.asp?xItem=207076&ctNode=6740&mp=1，最後瀏覽日：2017年3月18日。

6　曾勝珍、陳武鍵，〈法學論著──我國營業祕密保護要件及其相關判決評析〉，法令月刊，64卷2期，頁46-48，2012年11月30日。

貳、我國營業祕密之保護要件

「營業祕密」一詞沿用自TRIPS第二章第七節所出現的「未曾揭露之資訊」（Undisclosed Information），內容所涉之多樣性，即各類資訊本身皆可成為營業祕密。我國營業祕密定義，先明訂資訊（Information）範疇，再佐以要件來認定保護客體範圍，其所謂方法、技術、製程、配方、程式、設計等，例示資訊範圍，即營業祕密部分客體，搭配「其他可用於生產、銷售或經營之資訊」，此一概括性詞彙，若發生適用性模糊地帶時，可藉由推及界定方式，以免顧此失彼。就我國法條論述資訊之定義，有別原則或抽象式解釋，實較為具體且明確。[7]

產業所創造研發之各種有形或無形資產，皆需符合營業祕密之構成要件，方屬於營業祕密，而受到法律所賦予之保護。換言之，若不符合營業祕密之要件規定，上述有形或無形資產即無法成為法律所保護之營業祕密。我國「營業祕密法」按照通說見解係採三要件式，即「祕密性」、「價值性」與「合理保密性」三要件。[8]

我國「營業祕密法」明文規定於第2條[9]其條文共3款，「營業祕密法」第2條第1款「非一般涉及該類資訊之人所知者」（祕密性要件），第2款「因其祕密性而具有實際或潛在之經濟價值者」（價值性要件），與本研究重點核心之第3款「所有人已採取合理之保密措

---

[7] 曾勝珍、嚴惠妙，〈我國營業祕密法法制探討（下）〉，頁103-104，法學論述，中華民國律師公會全國聯合會，http://www.twba.org.tw/Manage/magz/UploadFile/4530_103-114-%E6%88%91%E5%E7%87%9F%E6%A5%AD%E7%A7%98%E5%AF%86%E6%B3%95%E6%B3%95%E5%88%B6%E6%8E%A2%E8%A8%8E（%E4%B8%8B）pdf，最後瀏覽日：2017年3月18日。

[8] 林洲富，《智慧財產權法案例式》，頁109，2011年8月。

[9] 「營業祕密法」第2條：「本法所稱營業祕密，係指方法、技術、製程、配方、程式、設計或其他可用於生產、銷售或經營之資訊，而符合左列要件者：一、非一般涉及該類資訊之人所知者。二、因其祕密性而具有實際或潛在之經濟價值者。三、所有人已採取合理之保密措施者。」

施者」（合理保密性要件）。就「祕密性」、「價值性」與「合理保密性」三要件分述如下：

一、非一般涉及該類資訊之人所知者（祕密性）

要成為受營業祕密法保護的營業祕密，依第2條規定必須是「非一般涉及該類資訊之人所知」的技術或經營資訊，如果資訊已經廣泛被一般人所知悉，那麼法律上也沒有保護的必要，此即學說上所稱營業祕密之「新穎性」、「非周知性」或「非公知性」。營業祕密的新穎性與專利法所要求的新穎性並不相同。專利法所要求的是「絕對新穎性」，也就是指發明創作在申請專利前從未被公開，因而從未被公眾所知或使用過之情形。[10]一旦在國內外刊物上公開、或是因公開使用，而使不特定多數人得知其使用之狀態，都將會使創作發明之新穎性喪失，從而無法獲准專利。但是營業祕密法所要求的新穎性則為「相對的新穎性」，只要具有最低程度的新穎性，也就是該資訊係「非一般涉及該類資訊之人所知者」，即符合新穎性之要求。[11]此為營業祕密本來就應具有之特質，知悉該祕密之人僅能限於特定而封閉之範圍內，如果已經成為公開之事實，則不再是祕密，自然不能再受到營業祕密法之保護，例如已經在期刊上發表過之技術或其他資訊。[12]

大多數國家對於營業祕密均以「一般公眾知悉」為標準，例如「美國經濟間諜法案」第1839條第3項（B）款規定，營業祕密需非一般公眾所知，「美國統一營業祕密法」第1條第1項第4款規定「非他人所普遍知悉」；「加拿大統一營業祕密法」第1條第2項規定「非

---

[10] 賴文智、顏雅倫，〈營業祕密的保護要件〉，《營業祕密法二十講》，頁117。

[11] 馮震宇，《了解營業祕密法——營業祕密法的理論與實務》，頁101-102，1998年9月。

[12] 同前註4。

一般公知者」；「日本不正競爭防止法」第1條第3項規定「不被公
眾所知悉」；「韓國不正競爭防止法」第2條第2項規定「無法公然
得知」；而「WTO/TRIPS」第39條第2項第（a）款則規定營業祕密
須係「該項資料目前仍不為一般處理同類資料之人所得知悉或取得
者」，關於知悉該資訊之判斷標準，前者為「一般公眾」，後者為
「一般處理同類資料之人」，即同行或該相關行業中之人，二者範圍
不同，認定是否為營業祕密之結果亦會不同。如何明確界定範圍，
不論學說或實務上，一直都有所爭議。學說上有三種不同的見解：
（一）「非一般」：將其解釋為專業，相同行業別且據專業而不知者
才具此要件，如德國採行業界標準劃分，凡僱傭關係或委任關係所託
或知悉者，此看法最為嚴苛；（二）非「一般」：將其解釋為不是一
般社會大眾所知，就具備此要件，此認定範圍最為寬鬆；（三）上述
二者採折衷說法，主要依據TRIPS原文做解釋，Generally Known並非
達業界的專業標準，而Circles一詞，顯然又有一定的侷限性。[13]「我
國營業祕密法」限制在「非一般涉及該類資訊之人所知」，顯然係採
後者之「業界標準」，而非「公眾標準」，亦即其不僅是一般公眾所
不知，還必須是其專業領域中之人亦無所知悉始可。蓋既是與營業有
關之祕密，一般公眾不知悉，尚不能構成祕密，若連其專業領域中之
人亦無所知悉，才是營業中之祕密。若一般公眾雖尚不知悉，但在其
專業領域中之人均已知悉，則不能被認為還可稱為祕密。[14]

二、因其祕密性而具有實際或潛在之經濟價值者（價值性）

任何營業祕密都必須具備價值性，足以使祕密所有人在激烈商業

---

[13] 同前註7。

[14] 章忠信，〈營業祕密之範圍與條件〉，2013年9月11日，頁1-4，http://www.
copyrightnote. org/ArticleContent.aspx?ID=8&aid=2466，最後瀏覽日：2017年3
月18日。

競爭中，有機會超過不知或未使用這些祕密的對手。營業祕密法在於保護正當之競爭秩序，祕密之所有人在主觀上有將其當成營業祕密之意思，固然重要，然而如果該祕密在客觀上，並不具有競爭上之意義，並無加以保護之必要，此又為一般所指營業祕密之「實用性」。[15]

營業祕密並不以開發完成為限，任何營業上有價值或具競爭性之資訊，不論係屬已完成或僅為開發階段之中間產物或技術設計，均應不影響其成為營業祕密之資格。所謂「實際之經濟價值」，乃指目前即可實現之經濟利益，所謂「潛在之經濟價值」，乃指目前雖無即可實現之經濟利益，但在未來必然可以獲得經濟利益。前者例如行銷中之產品祕方，一旦洩漏，立即受到經濟損失；後者如數月後將上市之特殊產品資訊，如被洩漏，上市後將減少或無從獲利。[16]

又經濟價值性不意味祕密本身皆屬積極資訊，正面資訊可透過對它的使用獲得經濟利益；消極資訊（Negative Knowledge）如失敗的實驗報告，雖不足使營業祕密所有權人於營業時更有效率，卻可減省許多研發費用，避免重蹈覆轍，亦具某程度之經濟價值。[17]簡言之，無論是成功或失敗的經驗，均可能具有一定之價值，端看其是否能為企業帶來創新、降低成本等實質利益。此一產業資訊具備封閉性質者，即可認定。

三、所有人已採取合理之保密措施者（保密措施）

營業祕密與其他智慧財產權最大的不同，一般人倘依正當方法而能輕易取得資訊，則不能認為所有人已採取合理之保密措施。營業祕密之所以要保護，在於所有人主觀上有保護之意願，且客觀上有保

---

[15] 同前註4。

[16] 同前註14。

[17] 曾勝珍，〈負面資訊與離職後競業禁止形成不公平競爭之探討〉，公平交易季刊，16卷4期，2008年10月，頁12。

密的積極作為。若所有人未採取合理之保密措施，任何人均得自由接觸相關資訊，所有人既不在乎資訊之保密，法律亦無須給予保護。所謂「合理之保密措施」，其作法並無明文規定，一般可能包括對營業祕密，標明「機密」或「限閱」或其他類似之記號、妥為存放（如上鎖、設定密碼）並對於接觸者加以管制、與接觸到該營業祕密之員工約定「保密協定」、告知公司營業祕密之範圍、對於書面記載之營業祕密，嚴格管制影印數量、競業禁止條款的簽定，甚至對於員工有關營業祕密保護的教育訓練，都可以被認為是屬於保密措施的一環。[18]

　　保護營業祕密對內之構成本質，在於祕密所有權人對於該「祕密」是否具有保護價值認知，若主觀認定該資訊已不具祕密價值或可能，充其量只得適用著作權保護；其次，保護營業祕密對外之構成本質，須具備客觀上可界定營業祕密之範圍，以及給與營業祕密保護程序之合理與具體性，即判斷持有人有無採取保密措施，往往成為確認是否構成營業祕密關鍵因素之一。如遭商業間諜非法刺探時，理應不喪失祕密性，但非法行為一經查獲，營業祕密所有權人卻未採取任何措施，包括始終不提起訴訟，則可能被視為拋棄，又如訴訟時當事人未請求對方或法院做合理保密程序，極有可能因已被相當多人所知悉而喪失機密性。是以，主觀認定固為重要，客觀具體措施更是判斷要件成立與否之依據。[19]

第四節　我國營業祕密保護要件法律規範

　　營業祕密乃產業界賴以生存與發展之利器，各產業對於營業祕密之保護均不遺餘力，廠商為取得競爭優勢，投入鉅額成本研究各種

---

[18] 同前註14。

[19] 同前註7。

有形、無形成果，舉凡製造方法、配方、設計圖、藍圖、規格、製造程序、機器操作方法、工廠管理實務、顧客名冊、技術之紀錄……等均屬之。一旦此等營業祕密被公開揭露成為競爭對手所知悉，將因此失去競爭優勢。由於營業祕密具有極度商業價值，且為產業競爭之重要致勝利器，各國為保護其產業得於正常之競爭秩序下經營運作，並鼓勵產業致力於研發與創新，促進產業蓬勃發展，免於產業間以惡意挖角，或商業間諜等各種不正當競爭手段，獲取最新之商業情報，由於營業祕密之重要性於我國產業競爭環境中日益增強，為促進產業發展，無不明文制定法律，[20]以保障營業祕密。為因應上開WTO/TRIPS規定之要求，同時於中美智慧財產權諮商時，承諾制定專法保護營業祕密，我國乃於1996年1月17日制定公布「營業祕密法」全文16條。營業祕密法是智慧財產權法域中的一項專法，其立法的主要目的在於希望藉此項專門的法律，透過「保障營業祕密」的手段，達到「維護產業倫理與競爭秩序」以及「調和社會公共利益」的目標。關於營業祕密保護的立法方式，在國際間可分成不同體系，一是在公平交易法中專章處理，如德國、日本、韓國及中華人民共和國；二是制定專法，如美國及加拿大；三是在民法中之侵權行為或契約法中保護，如法國及義大利。世界智慧財產權組織（WIPO）之「公平競爭法模範條款」第6條則規範祕密資訊之定義、其保護原則與不正競爭類型。我國在「營業祕密法」立法以前，「刑法」、「民法」與「公平交易法」等法律對於營業祕密之保護原即有若干規定，惟因為營業祕密的定位、範圍、歸屬、侵害營業祕密的態樣不明，適用對象有限，且適用效果不直接，在司法實務上屢屢引起爭議，「營業祕密法」專法立法之後，解決了大部分問題，當然，仍尚有部分問題必須經由法的執行實證後，做進一步修正。[21]

---

[20] 曾勝珍，〈我國有關營業祕密立法之評析〉，智慧財產權論叢，第2輯，頁9，2009年6月。

[21] 章忠信，〈營業祕密法之立法目的〉，頁1-2，2013年2月20日，http://www.

壹、營業祕密之定義

依照我國「營業祕密法」第2條，營業祕密係指方法、技術、製程、配方、程式、設計或其他可用於生產、銷售或經營之資訊，且須同時符合下列三項要件：

一、非一般涉及該類資訊之人所知者；二、因其祕密性而具有實際或潛在之經濟價值者；三、所有人已採取適當之保密措施。

營業祕密的內容，大致可分為下列三類分述如下：

一、管理性資訊：例如：企業特別整理過之客戶名單、財務管理系統等等。[22]

二、技術性資訊：例如：產品的開發、製造方法、技術、製程、配方、程式、設計等等。

三、銷售性資訊：例如：市場情報、行銷策略、價目表、成本等等。

貳、營業祕密之侵權態樣

營業祕密係營業上有價值且具機密性之資訊，基於商場競爭，自必引起他人覬覦，故營業祕密之侵害隨時可能發生，為明確規範此一問題，營業祕密法第10條[23]第1項特別參考德、日立法例，具體例示

---

copyrightnote.org/ArticleContent.aspx?ID=8&aid=2465，最後瀏覽日：2017年3月20日。

[22] 張凱娜等6人合著，《智慧財產權入門》，頁210，2016年9月。

[23] 「營業祕密法」第10條：「有左列情形之一者，為侵害營業祕密。一、以不正當方法取得營業祕密者。二、知悉或因重大過失而不知其為前款之營業祕密，而取得、使用或洩漏者。三、取得營業祕密後，知悉或因重大過失而不知其為第一款之營業祕密，而使用或洩漏者。四、因法律行為取得營業祕密，而以不正當方法使用或洩漏者。五、依法令有守營業祕密之義務，而使用或無故洩漏者。前項所稱之不正當方法，係指竊盜、詐欺、脅迫、賄賂、

若干構成營業祕密之侵害態樣，計有下列五種，主要分為二大類：[24]

一、不正當方法取得、使用或洩漏

（一）以不正當方法取得營業祕密者

營業祕密法第2條明文規定，包括竊盜、詐欺、脅迫、賄賂、擅自重製、違反保密義務、引誘他人違反其保密義務或其他類似方法。但以還原工程（Reverse Engineering）方式取得他人營業祕密者，則為合法之手段。

（二）知悉或因重大過失而不知其為前款之營業祕密，而取得、使用或洩漏者

該款主要是在規範轉得人之行為，行為人首先必須要知悉或是因重大過失而接觸到別人以不正當方法取得、使用或是洩漏之禁止行為。

（三）取得營業祕密後，知悉或因重大過失而不知其為第1款之營業祕密，而使用或洩漏

本款的情形是取得營業祕密時，可能是合法的，或是經過調查後仍然不知道該營業祕密是禁止之情況，例如：有人發函告知你說，你所使用的營業祕密是法條所禁止的，而你並未查證，也沒有採取任何行動，這樣的行為就可能被列為重大過失。

擅自重製、違反保密義務、引誘他人違反其保密義務或其他類似方法。」

[24] 葉育瑞，〈淺談營業祕密與保護措施〉，青創會訊，2013年第2季，https://www.careernet.org.tw/modules.php?name=csr&op=csr_detail&nid=135，最後瀏覽日：2017年3月20日。

二、合法取得後之不正當使用或洩漏行為

（一）因法律行為取得營業祕密，而以不正當方法使用或洩漏者

本款合法取得係指買賣、授權、委任、僱傭等法律關係。

（二）依法令有遵守營業祕密之義務，而使用或無故洩漏者

本款針對法令上有特別守密義務之人，包括營業祕密法第9條所規範的公務員、司法機關之人員、當事人、代理人、辯護人、鑑定人、證人、其他相關之人、仲裁人、會計師、醫師、建築師等。

營業祕密之侵害態樣，僅須符合上述五種情形，即為侵害營業祕密，不以發生「實害結果」為必要。亦即，公司營業祕密遭非法取得或洩漏後，縱使公司尚未因此發生損害，該非法取得或洩漏之人仍已構成「侵害營業祕密」（最高法院97年度台上字第968號判決）。然本條項僅係例示規定，如有其他侵害情形，仍得依「營業祕密法」第12條[25]之規定請求損害賠償，故營業祕密之侵害不以上開法條所規定者為限。

參、營業祕密遭侵害之權利主張

近年來，我國產業界陸續發生幾件離職員工盜用或外洩原任職公司營業祕密，以及以不法手段竊取臺灣產業營業祕密的嚴重案件，不但侵害了產業重要研發成果，更嚴重影響產業之公平競爭。我國「營業祕密法」自1996年公布施行以來，中間並未經歷任何修正，直至2012年，因企業界對近年來層出不窮之營業祕密侵害案件，嚴重危害產業研發成果與國際競爭力一事，感到憂心忡忡，從而向政府發出修

---

[25] 「營業祕密法」第12條：「因故意或過失不法侵害他人之營業祕密者，負損害賠償責任。數人共同不法侵害者，連帶負賠償責任。前項之損害賠償請求權，自請求權人知有行為及賠償義務人時起，二年間不行使而消滅；自行為時起，逾十年者亦同。」

正營業祕密法、增訂刑事責任之迫切呼籲,因此希望透過修法手段有效遏阻營業祕密侵害案件,以強化我國產業營業祕密之保護,並建立公平競爭之市場環境。營業祕密法修正案終於在2013年1月11日經立法院三讀通過,並於2013年1月30日經總統令公布,同年2月1日生效施行。最近修正的最大變革即是加入刑事責任,期盼透過刑事手段的力量強化對營業祕密的保護。以下首先說明營業祕密的意義,接著解釋侵害營業祕密之相關民、刑事責任,最後對於營業祕密之保護措施,提供企業管理者一些建議。

一、刑事責任

（一）我國「營業祕密法」原僅有民事賠償之相關規定,而無刑事處罰之規範,是以,公司若欲提出刑事告訴,僅得依其他刑事法規提告,例如:「刑法」第342條背信罪、「刑法」第320條竊盜罪、「刑法」第359條無故取得刪除變更電磁紀錄罪、「刑法」第316條至第318條及第318條之1洩漏祕密罪等,或「公平交易法」、「著作權法」等相關規定提起告訴,惟仍有無法適用前開法規之情形,保護尚有不足。又近年來,陸續發生離職員工竊取、盜用或外洩原任職公司營業祕密而圖利之事件,甚至有高階研發主管攜帶研發機密前往大陸公司發展之情事,此種情形嚴重侵害產業之公平競爭,更不利於我國產業的創新研發,為了遏止此種情形,立法院已將「營業祕密法」修法增訂刑事責任,並於2013年1月30日經總統公布。

（二）增訂內容:

1. 增訂刑事責任,法定刑為五年以下有期徒刑,得併科新臺幣100萬元以上,1,000萬元以下之罰金（營業祕密法第13條之1）[26]。

---

[26] 「營業祕密法」第13條之1:「意圖為自己或第三人不法之利益,或損害營業祕密所有人之利益,而有下列情形之一,處五年以下有期徒刑或拘役,得併科新臺幣一百萬元以上一千萬元以下罰金:一、以竊取、侵占、詐術、脅迫、擅自重製或其他不正方法而取得營業祕密,或取得後進而使用、洩漏

　　2.若意圖「域外」使用,加重刑事處罰,法定刑為一年以上十年以下有期徒刑,得併科新臺幣300萬元以上,5,000萬元以下之罰金(營業祕密法第13條之2)[27]。

　　3.侵害營業祕密之刑事責任為「告訴乃論之罪」。且如犯罪行為人為公務員,加重其刑至二分之一(營業祕密法第13條之3)[28]。

　　4.法人之代表人、法人或自然人之代理人、受僱人或其他從業人員,因執行業務侵害營業祕密而須負擔刑事責任時,除依本法處罰行為人外,對該法人或自然人亦科以該條之罰金之併同處罰規定(營業祕密法第13條之4)[29]。

二、民事責任

　　(一)被害人可以請求排除或防止侵害;若侵害行為人已經將之做成物品或專攻侵害所用之物品時,可以請求「銷毀」該物品,或為

者。二、知悉或持有營業祕密,未經授權或逾越授權範圍而重製、使用或洩漏該營業祕密者。三、持有營業祕密,經營業祕密所有人告知應刪除、銷毀後,不為刪除、銷毀或隱匿該營業祕密者。四、明知他人知悉或持有之營業祕密有前三款所定情形,而取得、使用或洩漏者。前項之未遂犯罰之。科罰金時,如犯罪行為人所得之利益超過罰金最多額,得於所得利益之三倍範圍內酌量加重。」

[27]「營業祕密法」第13條之2:「意圖在外國、大陸地區、香港或澳門使用,而犯前條第一項各款之罪者,處一年以上十年以下有期徒刑,得併科新臺幣三百萬元以上五千萬元以下之罰金。前項之未遂犯罰之。科罰金時,如犯罪行為人所得之利益超過罰金最多額,得於所得利益之二倍至十倍範圍內酌量加重。」

[28]「營業祕密法」第13條之3:「第十三條之一之罪,須告訴乃論。對於共犯之一人告訴或撤回告訴者,其效力不及於其他共犯。公務員或曾任公務員之人,因職務知悉或持有他人之營業祕密,而故意犯前二條之罪者,加重其刑至二分之一。」

[29]「營業祕密法」第13條之4:「法人之代表人、法人或自然人之代理人、受雇人或其他從業人員,因執行業務,犯第十三條之一、第十三條之二之罪者,除依該條規定處罰其行為人外,對該法人或自然人亦科該條之罰金。但法人之代表人或自然人對於犯罪之發生,已盡力為防止行為者,不在此限。」

其他「必要」之處置（營業祕密法第11條）[30]。

（二）被害人得請求損害賠償，惟應自「知悉」有侵害行為及賠償義務人時起二年內提出，至遲應於侵害行為人侵害行為時起十年內提出。

（三）賠償範圍：下列擇一請求（營業祕密法第13條）[31]：

1. 依「民法」第216條[32]之規定請求。但被害人不能證明其損害時，得以其使用時依通常情形「可得預期之利益」，減除被侵害後使用同一營業祕密所得利益之「差額」，為其所受損害。

2. 請求侵害人因侵害行為所得之利益。但侵害人不能證明其成本或必要費用時，以其侵害行為所得之全部收入，為其所得利益。

3. 侵害行為如屬「故意」，法院得因被害人之請求，依侵害情節，酌定損害額以上之賠償。但不得超過已證明損害額之3倍。

肆、營業祕密保護措施

企業應廣泛蒐集公司內部資訊，並逐項進行風險分析評估，再針

---

[30] 「營業祕密法」第11條：「營業祕密受侵害時，被害人得請求排除之，有侵害之虞者，得請求防止之。被害人為前項請求時，對於侵害行為作成之物或專供侵害所用之物，得請求銷毀或為其他必要之處置。」

[31] 「營業祕密法」第13條：「依前條請求損害賠償時，被害人得依左列各款規定擇一請求：一、依民法第二百十六條之規定請求。但被害人不能證明其損害時，得以其使用時依通常情形可得預期之利益，減除被侵害後使用同一營業祕密所得利益之差額，為其所受損害。二、請求侵害人因侵害行為所得之利益。但侵害人不能證明其成本或必要費用時，以其侵害行為所得之全部收入，為其所得利益。依前項規定，侵害行為如屬故意，法院得因被害人之請求，依侵害情節，酌定損害額以上之賠償。但不得超過已證明損害額之三倍。」

[32] 「民法」第216條：「損害賠償，除法律另有規定或契約另有訂定外，應以填補債權人所受損害及所失利益為限。依通常情形，或依已定之計畫、設備或其他特別情事，可得預期之利益，視為所失利益。」

對某些具有重要性之特殊資訊，作為營業祕密分級加密加以管理，亦可因應該營業祕密之特性決定管理方法。通常一項資訊會因企業的規模、所屬行業別、資訊屬性、資訊與外界接觸狀況，而有不同管理方式，企業可以從組織角度進行系統性之分類及規劃。對於營業祕密保護措施茲分述如下：

一、使員工了解營業祕密保護的重要性及法律責任

主管應教育員工營業祕密之意義，並告知其相關之法律責任，使員工了解何種知識需要保護，並警惕員工相關法律責任，避免員工因輕忽甚或貪圖利益，而任意將企業之營業祕密洩漏予他人，主管應嚴加防範，並使員工知道公司對營業祕密之重視。

（一）進公司時

員工甫進公司時，由於尚不確定該員工未來可能承辦或負責哪些業務，所以較難明確特定營業祕密保護的對象，通常僅能規範一般性的保密義務內容，因此嗣後可能發生規定內容過廣之問題，事後需要檢討限定契約範圍。

（二）在職中

員工如參與公司重要的營運計畫，公司應與該員工另行訂定保密協定，要求該員工不得透露任何有關該計畫之內容及進度，計畫結束後，員工應將所有檔案資料交還予公司，並刪除備份。

（三）離職時

在員工辦理離職手續時，應再次提醒員工已與公司簽訂保密協定一事，並具體告知應保守哪些特定祕密，俾利員工了解與遵循。

二、盡善良管理人注意義務

所謂善良管理人注意義務係指員工應盡相當知識經驗之人，所應有之注意義務。實務上保密契約約定，要求當事人應負擔善良管理

人應有之注意義務。故若企業已盡該注意義務，而營業祕密由他人竊取，則可主張不可歸責，不負民事契約賠償責任。

三、不要將公司營業祕密洩漏予未經授權得知第三人

營業祕密應僅由相關業務之人得知即可，包括對本公司及關係企業員工，如非其權限及業務範圍，則無得知該營業祕密之必要，以避免增加營業祕密洩漏之風險，且該不相關之員工往往不知該資訊之重要性，而輕忽其應做好之保密措施。

四、注意營業祕密提供者是否取得合法授權

企業常會接觸其他業者願意提供研發資訊或市場行銷企劃，身為主管應警覺該資訊是否為有權提供者所合法提供，如該廠商自行所有或經合法授權代理，以避免涉入商業間諜案，而被課予法律責任。

五、不要將前公司之營業祕密用於現任職公司

當員工轉換工作時，不應在新工作使用前公司之營業祕密，此種行為將侵犯前公司之利益，並使現任職公司陷於法律風險中。尤其是研發人員，可能將相關研發資料帶到現任職公司，甚或依據該資料申請專利；主管應告知員工其法律風險，避免公司無端涉入紛爭。

六、產業內部應制定營業祕密保護守則

公司應於內部工作規則、公司相關合約及內部政策制定保護營業祕密之守則，為了具體達成「物的管理」及「人員管理」之目標與效果，上位的「組織管理」策略之貫徹與實施，在組織中扮演相當重要之整合角色，企業應有更宏觀全面之整體規劃及制度設計，方能更有效地保護營業祕密，俾使將來在法律上主張之營業祕密範圍得以擴張。於涉入員工個人侵權或刑事紛爭時，公司亦得以該守則作為證

據，主張乃純屬員工個人行爲，與公司無關。[33]

第五節 實務判決

茲就臺灣、美國實務判決分述說明如下：

壹、臺灣實務判決

未經授權得使用客戶聯絡資料侵害其營業祕密（惠○公司案）。

一、原告主張[34]

被告吳○祥係被告惠○實業有限公司（下稱惠○公司）負責人。惠○公司自民國（下同）90年起，爲告訴人○○企業有限公司（下稱告訴人公司）代工製作企業行號，政府機關之識別證及服務證。吳○祥明知其所持有由告訴人交付之營業祕密爲客戶姓名、照片、識別證樣式，爲告訴人之營業祕密，未經授權不得使用，竟意圖爲自己不法之利益，於103年9月間，利用其自告訴人取得之客戶聯絡資料，寄發郵件另附表所示之聯絡人，指稱告訴人已幾個月未給付貨款，請客戶往後如有需求，可直接與惠○公司接洽等情，而爲使用上開營業祕密之行爲。案經告訴人告訴，因認吳○祥涉有營業祕密法第13條之1第1項第2款之侵害營業祕密罪嫌。吳○祥爲惠○公司代表人，其因執行業務，犯營業祕密法第13條之1之罪，應依同法第13條之4前段，對惠

---

[33] 陳瑞琦，〈營業祕密保護及法律責任〉，臺灣法律網，頁4，http://www.lawtw.com/article.php? template =article_content&job_id=58193&article_catego-ry_id=210&article_id=28098，最後瀏覽日：2017年3月20日。

[34] 新北地檢署103年度偵字第2904號。

○公司科以罰金云云。

二、被告吳○祥、惠○公司辯稱

被告二人均否認有任何侵害告訴人營業祕密之犯行。吳○祥辯稱，伊是惠○公司負責人，伊公司替告訴人公司代工做識別證及服務證，附表所示的郵件是伊寄的，因為告訴人付不出貨款，又寄存證信函表示有連帶損失要伊賠償，伊才聯絡客戶，避免傷害擴大。惠○公司和告訴人公司就識別證的製作，只有在第一年即90年簽訂過書面契約，期限是一年，雙方之間並沒有簽訂任何的保密協議，識別證沒有祕密，檔案也沒有任何加密。

客戶職員姓名、照片雖為資訊；識別證樣式雖可能存有製作成本，然二者相合並非營業祕密法所稱之祕密。告訴人從事代工製作企業行號、政府機關之識別證及服務證、客戶職員姓名、照片等資訊，充其量係作為被告承作識別證之工作內容，告訴人並不因之取得優勢競爭地位，客戶內部人事異動，亦無礙於告訴人與客戶之合作關係，該等資訊自非告訴人之營業祕密，被告寄予客戶識別證之行為，難以構成侵害營業祕密罪。被告寄發識別證樣本，無非用以取信客戶「被告為製造商」之事實，並未用以生產、銷售或經營以獲取不法利益，未構成侵害營業祕密罪。

三、本案爭點要旨

本案告訴人公司交付予被告之客戶職員姓名、照片、識別證樣式等資訊，是否屬營業祕密法第1、2條所稱之營業祕密？

四、法院判決

（一）第一審法院判決針對上列爭點第一審法院認定分述如下

1.被告合法取得系爭資訊，且兩造未簽訂保密約定，不違反營業祕密法之規定

營業祕密法第13條第1項第2款營業祕密罪，從構成要件而言，「未經授權」或「逾越授權範圍」，可推知本罪所指情形涵蓋營業祕密之知悉或持有，係基於僱傭、委任、承攬等雙方行為，而違反保密協議或因代理權授予之單方行為，或營業祕密授權契約而合法知悉，或取得營業祕密而違反保密協議，亦涵蓋依法律規定有保密義務者（如「刑法」第316條從事業務之人之保密義務，「刑法」第318條之公務員保密義務），未經授權或逾越授權範圍之重製、使用洩漏。故必須具備一定身分或關係之人，始得成立該罪，故本罪應屬刑法上之身分犯[35]。

參酌以合法取得營業祕密者，其因違反保密義務，而使用或洩漏者，始有成立民事上侵害營業祕密之餘地（「營業祕密法」第10條第1項第4、5款），則較低不法內涵之民事不法既有如此規定，較高不法內涵之刑事不法之本罪，尤應如斯解釋，否則不構成民事上之侵害營業祕密行為，反而可該當刑事上之侵害營業祕密罪，豈非事理之乎！本案雙方並未簽訂任何保密約定或協議，為兩造所不爭，則吳○祥於合法取得系爭資訊後，縱有對外加以使用，揆諸上開說明，自不得以該罪相繩。

2.告訴人未對系爭資訊加以保密，即非營業祕密法所稱之祕密性要件

本案告訴人所提供予被告之前揭資訊，均無閱覽上之分級限制，亦無在技術層面上為得否存取之相關設定。足見告訴人提供給被告之系爭資訊根本未採取任何保密措施，且如上述，兩造間並無任何保密

35 司法院，《智慧財產訴訟制度相關論文彙編》，第3輯，頁308、309。

約定或協定，即非本法所稱之營業祕密。

3. 依最高法院99年度台上字第2425號民事判決要旨，應不具經濟價值性

單獨之客戶名稱等一般性質資料，應不具祕密性及經濟性，必該客戶名稱結合其他具有祕密性及經濟之價值之客戶資訊，抑或連同報價或實際成交價格，始有可能符合祕密性及經濟性之要件，而成爲營業祕密保護之標的。查系予資訊對告訴人或被告等人承作識別證或銷售之業界人士而言，其有經濟價值者，應視客戶名稱及所結合之相關資訊（如：客戶喜好、特殊需求、背景、決策名單等各項分析之資訊，成本分析及交易價格等），單獨客戶之名稱尚難認有經濟價值充其量，此部分資訊僅係作爲被告公司承作識別證之工作內容，難認有經濟價值。

4. 第一審法院判決如下[36]

本案告訴人提供之系爭資訊，既非營業祕密第1、2條所稱之營業祕密，其無經濟價值，亦無爲合理之保密措施，故認犯罪不能證明而判決被告二人無罪。

（二）第二審智慧財產法院，本案經檢察官上訴，並於二審追加背信罪（刑法第342條）

1. 第二審法院判決如下[37]

告訴人公司之提供予被告之系爭資訊，無祕密性、無經濟價值、未做合理之保密措施，理由除援用一審之理由外（未援用一審之理由，不構成營業祕密法第10條第1項第4、5款之民事請求，尤應不構成較高不法內涵之同法第13條第1項第2款之罪），並認定檢察官於二審所主張之兩造間有口頭保密約定，不足採信，而駁回上訴。

---

[36] 新北地院104年度智訴字第11號刑事判決。
[37] 智慧財產法院104年度刑智上訴字第61號刑事判決。

2. 第二審法院針對檢察官於上訴二審追加起訴背信罪（刑法第342條）判決如下

第二審認定與檢察官起訴之基本事實相同，准予追加它。但認告訴人公司與被告公司間，被告公司為告訴人公司製作客戶識別證或服務證，製作完成後給付貨款性質上屬民法上之承攬關係。如被告公司倘未完成各該次識別證或服務證之製作，當無貨款（報酬）請求權，此與委任契約之受任人，於委託事務處理完畢，無論有無結果，均待請求報酬之情形不同，而非民法之委任契約。「刑法」第342條背信罪之主體須為他人處理事務者，且基於對內關係，而非對向關係，基於誠實義務，而非基於交易上信義誠實之原則，本案被告利用雙方多年承攬契約之信賴關係，所交付之相關資料或寄發上開郵件給告訴人之客戶，僅生是否有背交易上信義誠實之原則，並非違背委託事務之誠實義務，核與背信要件不符，因而認不構成背信罪，亦駁回此部分之上訴，而告確定。

五、案例評析

（一）關於目前公司或企業界承作類似本案之公司或政府機關之識別證、服務證，訂作人往往會將客戶名稱等一般性質資料（如：客戶之名稱、地址、聯絡方式）提供給承攬之承攬人，此一般性資料並不構成祕密性、經濟價值。必須結合其他有祕密性、經濟價值之相關資訊，如：客戶喜好、特殊需求、背景、決策名單等各項分析、成本分析、交易價格等，始成為營業祕密法第2條所稱之營業祕密（此項見解，可參照最高法院99年度台上字第2425號民事判決意旨）。

（二）本案一審判決與二審判決均認被告等未構成營業祕密法第13條第1項第2款，第13條之4前段之罪，均屬適當。惟一審認為營業祕密法第13條第1項第2款之罪，其不法內涵較高於同法第10條第1項第4、5款，因而認為不構成該法第10條第1項第4、5款之侵害營業祕密行為，即不構成同法第13條第1項第2款之罪云云，頗值商榷，蓋當事人請求同法第10條第1項第4、5款之民事請求，與是否觸犯同法第

13條第1項第2款之罪,係屬二事,並無分軒輊高低不法內涵之必要,充其量在審酌被告是否觸犯同法第13條第1項第2款之罪時,可援用同法第10條第1項第4、5款之解釋論據,但並無分不法內涵高低之必要,一併敘明。

貳、美國判決

Garden Catering-Hamilton Arenue, Lic, Et AL. v. Wally's Chicken Coop, Et AL.案[38]。

一、原告主張

原告控告先前任職於其餐廳的員工,違背對其應遵守之忠實義務（Fiduciary duty）,要另外開設一家餐廳,原告乃在1977年創設於康乃狄克州的餐廳,近期由原告經營的連鎖餐廳,在紐約也有分店,被告從1990年至2011年8月都在原告的餐廳擔任兼職收納員,2011年的3月或4月開始,被告接觸其他員工表明想創業的興趣。2011年8月11日原告餐廳的炸物主廚Marcos Zuniga無預警遞出兩週後辭職的請求,並說明原因乃因被告餐廳高薪聘請,所以他要離職到被告餐廳工作。直到此時,被告和主廚都仍在原告餐廳工作,被告一直隱瞞將開張新餐廳的事情,原告仍極力慰留主廚,但主廚最後仍加入被告餐廳工作。被告餐廳開張之後,原告主張被告侵害其多項餐廳的商標名稱,還有對多種菜單的商品名稱商標,然而,被告的餐廳中多項菜單直接抄襲、模仿、剽竊原告餐廳的作品,亦即竊取原告的營業祕密。

二、被告主張

（一）被告並不認為準備雞塊的方式,是原告所謂的營業祕密,

---

[38] 曾勝珍,〈我國營業祕密保護要件與相關案例之探討—參考美國經驗〉,司法院智慧財產訴訟制度相關論文彙編,第5輯,頁19-20。

因為有其他人在其他餐廳中亦用相同的方式準備雞塊，另一位主廚作證說從來不知道如此料理方式是屬於被保障的營業祕密。

（二）被告指出原告對其食譜、配方或所謂的祕密資訊並未申請任何專利，因此，被告不認為其行為構成不正當競爭。

（三）原告指稱被告違反忠實義務及誠信原則（Good faith），因為當時被告還在原告餐廳工作，卻從事與原告餐廳競爭的行為，原告必須證明與被告間具備忠實義務的關係。

三、爭點

（一）關於忠實義務適用對象為何？

（二）衡量職位低，薪資少於僱用人的受僱人，是否必須背負忠實義務的必要？

（三）以僱傭雙方而言，雙方處於斡旋能力及談判能力並不對等的當事人關係，受僱人還必須遵守忠實義務關係嗎？

四、法院判決

（一）經法院查證判決確定，被告確實違反應對原告遵守的忠實義務，及不公平競爭的規定，原告控告被告販售類似食品，觸犯著作權法與不公平競爭，此點獲得法院判決確定原告請求成立。

（二）康乃狄克州法律規定，限定忠實關係必須在僱用人與受僱人有代理關係，故最高法院均認為因存在代理關係，雖未有營業祕密，惟基於雙方成立代理關係，受僱人即有忠實義務，故判決原告（雇主）之請求賠償等均有理由。

五、案例評析

（一）在康乃狄克州法律，限定忠實關係必須在代理人之間的關係，受僱人並沒有義務一定要遵守受忠實義務的約束，除非是當事人之間還存在著本人與代理人之間的關係（見上述Garden v. Wally's, *supra note*112, at 14），此案並討論其他案例，如1963年Town &

Homes Serv, Inc, v. Evans案，有關家庭清潔打掃公司，涉嫌在幫客戶打掃時，引誘其客戶，說明將成立新的打掃公司，希望客戶能夠終止跟原本的清潔公司的合作關係，轉而由被告為其服務。一審法院並不認為原告與被告之間存在如此的忠實義務關係，然而康乃狄克州最高法院審理時，卻認為被告必須遵守原告之間的忠實義務，因為被告無異為原告的代理人，應該秉持忠實義務為本人做最好的傳達。

（二）在2008年Talent Burst, Inc. v. Collabera, Inc.案，認為低薪並且以自己自由意願任職員工，沒有遵守著忠實義務的必要性，麻省州的法律規定之下，一般的低階受僱人並不需要遵守忠實義務。而在1999年Cameeo, Inc. v. Gedicke案，認為遵守忠實義務的受僱人，應限在管理與行政等較高階的受僱人範圍內，低階受僱人不應該有遵守的必要。

從上述各州及案例，適用忠實義務之對象，各州有所不同，康乃狄克州法律規定，限定忠實關係必須在僱用人與受僱人有代理關係，故上述Garden v. Wally's一案，及上述清潔公司訴訟一案，最高法院均認為因存在代理關係，雖未有營業祕密，惟基於雙方成立代理關係，受僱人即有忠實義務，故判決原告（雇主）之請求賠償等均有理由。至於麻省州的法律規定一般低階受僱人並不需要遵守忠實義務，只有在管理與行政等較高階的受僱人才有遵守忠實義務，美國此二州的規定與最新案例，認為雖尚未構成營業祕密，但只要有代理關係，在高階之受僱人才有忠實義務，另康州認為低階受僱人亦有負忠實義務。但此類規定在我國營業祕密法並無此類規定，亦不適用，應適用我國營業祕密法第2條之三要件規定，才能請求賠償等請求。

第六節　結論

茲就臺灣與美國兩國實務判決差異分述說明：

　　一、我國營業祕密法要件之認定，依營業祕密法第2條規定，其立法係採取列舉方式規定，但在司法實務之法院判決對於營業祕密之要件認定寬鬆不一，且未有一致性、常態性之立論基礎，尤其普通法院與智財法院對證據法則、認定事實差異甚大，審查標準不一，逐使營業祕密之範圍認定不明，造成營業祕密保護之不確定性。

　　而美國各州就營業祕密部分，適用「美國統一營業祕密法」、「美國經濟間諜法」、「侵權行為法」，另美國各州除加州外，大多承認競業限制，如佛羅里達州之「貿易商業法」有效的限制、規範「競業禁止與挖角契約」，而美國各個法院就何謂營業祕密之定義及範圍之認定，及競業禁止契約之限制是否合理，亦有不同。並試圖以「誠信原則」（good faith）、忠實義務（Fiduciary duty）之原則平衡探討競業禁止契約之限制是否合理，再以反突擊條文之「代償金」取得平衡補償受僱人因簽署競業禁止契約；並由法院核發暫時禁制令、永久禁制令以避免企業主因冗長的訴訟一、二、三審程序，在法院未可知何時判決勝訴確定前，所造成營業祕密被公開、盜用等事由，所造成之鉅大損害。再者，由於勞資雙方就營業祕密範圍之認知各有不同，所謂的「新式的心理條款」（Professor Katherine Stone）造成利益衝突點，均值得我國將來立法或法院判決時之重要參考。

　　二、營業祕密所有人對該資訊價值，存有某種程度上之保護認知。除主觀認定企業有無重視外，確切界定營業祕密客體，以滿足具體實現。而如何將商業祕密判定基礎公開化，俾兩造當事人認知有所共識，即：

　　（一）首先排除任意或不需透過特殊方法，即可取得或查知的相關資訊。

　　（二）法透過初階辨識之資訊或技術，擬建議請業界專職人員或該領域專業專家，依當事人在公司的地位，所執行的業務性質，或客體本身的特性等，予以查核認定，原則建議從寬認定，且經還原工程得知者，不在此限。

　　（三）若仍無法解決其爭議，得經兩造同意或公開委由第三人機

構加以鑑定。以此三段過濾法，更能幫助法院能有效，迅速解決訴訟爭議。

三、營業祕密法第2條第1款「非一般涉及該類資訊之人所知者」要件，應稱之爲祕密非公知性，我國實務於其判斷之要素上，應觀察其客觀與主觀要素，即須有「非大眾所知」、「反面界定祕密性」、「正面界定祕密性」、「一般性原則」，始符合祕密非公知性。其次，應爲判斷一般社會或文化或科技之劇變，導致營業祕密之破解而非祕密所有人自行洩漏或受他人侵害而外洩，則該營業祕密仍應具有祕密性。

在法院裁判時，合理保密措施之要件審查上，應屬營業祕密成立與否之程序審查，是判斷準則應優先探討該祕密尚符合本要件與否，再行檢視祕密非公知性與祕密具有經濟之實體審查。且法院須依個案觀察祕密所有人具體措施即足以判斷「所有人已採取合理之保密措施」之要件時，則無須再擴張審查主觀保密意識或祕密認知之有無，否則對於雙方當事人舉證上皆有不利之礙難，於訴訟程序上亦難解其必要性。然而，對於客觀事項無法判定是否爲營業祕密時，則仍須其主觀要素，以判斷所有人之保護意願並於該特定事件於實務判決已達一定之認定基礎時，於修法理論上仍應列明文之考量。即將準則擬定爲祕密非公知性與合理保密措施爲嚴格審查模式，則價值性即不宜再由嚴格標準檢視，否則營業祕密要件範圍過於狹隘，導致營業祕密保護無法成立。質言之，建議關於祕密之價值性之要件審查時，擬予消極態度，而爲保一致性，審查營業祕密要件時，可採行雙軌模式，即檢視祕密性及合理保密措施，且不分優先順序及其重要性。

四、營業祕密無法如其他財產權般，主要在於執行面上的困境，美國律師協會對於執行營業祕密控訴時，設立了六至七個要件，且單就侵害營業祕密要件要至起訴，事實上是很難成立的。首先除確認營業祕密之存在外，還必須確定勞資間保密關係及忠實義務之存在，二者必須同時直接互動且共存之關係，苟系爭資訊涉及國外因素等，依據市場效率運作理論、執行費用、負面評價影響，不對等的資訊科技

及配合的相對技術能力等因素，亦應列入判斷準則之依據，其複雜程度往往讓承辦人員處於無法處理之局面。

在實務運作上，建議應側重審查資方之舉證責任，理由如下：

1. 營業祕密內容極具多樣性，且自由競爭市場下，任一競爭者皆無要求維持享有某一特定經濟利益或生存之權利。

2. 從決策權與工作權角度來切入，雇主應在定型化契約條文中明確記載職務權限及其執行限制，使其員工執行業務時，有客觀之依據；如無法事先確切說明者，則應由雇主就該條款並未顯失公平負舉證責任。

3. 為維持公平正義原則，資方欲尋求營業祕密法保護者，首先要滿足其法律要件，將「知識」進一步限縮為「營業祕密」，此一主、客觀要件宜由執行者即資方負舉證責任。

五、智慧財產是精神創作的表彰，而科技發展與商業型態之多元化，以專利、商標、著作權、營業祕密之智慧財產權為主脈，其性質上與傳統權概念並不相同，在權利保護層面上卻又如膠似漆，考量高科技產業涉及國家競爭力與國家市場之競爭，對於智慧財產權仍必須藉由法律來保護，以現行的營業祕密法為規範，尚嫌不足。

如何確保產業之商業價值及促進產業同業間之公平良性競爭，進而提升國家的國際競爭力，則修正制定一套可行的法律，以規範智慧財產之保護極為重要。立法者應建立一套足以保障智慧財產權之營業祕密法，以確保人民有效的支配，順利的行使、防禦及救濟其權利；且於實體法與程序法中，提供完善及必要的保護規定，並維繫營業祕密「私」的使用與交易安全，互相信賴制度之建立，與「公」的社會公益之調和，而使之維繫科技產業發展價值、公平競爭秩序與勞工權益三者間之衡平。此乃我國「營業祕密法」第1條所規定之立法意旨。

另在司法實務上，企業主應在訴訟上，善用智慧財產案件審理法

相關規定，尤其是依該法第11條[39]向法院申請核發祕密保持命令、第22條[40]聲請定暫時狀態之假處分，以避免訴訟冗長延滯，在訴訟終結勝訴判決前營業祕密所有人遭受巨大損害。勞資雙方雇主及受僱人在簽訂競業禁止契約時，要注意，並善用「勞動基準法」第9條之1[41]規定，審酌競業禁止條款之限制是否公平合理以避免利益衝突，而美國

---

39 「智慧財產案件審理法」第11條：「當事人或第三人就其持有之營業祕密，經釋明符合下列情形者，法院得依該當事人或第三人之聲請，對他造當事人、代理人、輔佐人或其他訴訟關係人發祕密保持命令：一、當事人書狀之內容，記載當事人或第三人之營業祕密，或已調查或應調查之證據，涉及當事人或第三人之營業祕密。二、為避免因前款之營業祕密經開示，或供該訴訟進行以外之目的使用，有妨害該當事人或第三人基於該營業祕密之事業活動之虞，致有限制其開示或使用之必要。前項規定，於他造當事人、代理人、輔佐人或其他訴訟關係人，在聲請前已依前項第一款規定之書狀閱覽或證據調查以外方法，取得或持有該營業祕密時，不適用之。受祕密保持命令之人，就該營業祕密，不得為實施該訴訟以外之目的而使用之，或對未受祕密保持命令之人開示。」

40 「智慧財產案件審理法」第22條：「假扣押、假處分或定暫時狀態處分之聲請，在起訴前，向應繫屬之法院為之，在起訴後，向已繫屬之法院為之。聲請定暫時狀態之處分時，聲請人就其爭執之法律關係，為防止發生重大之損害或避免急迫之危險或有其他相類之情形而有必要之事實，應釋明之：其釋明有不足者，法院應駁回聲請。聲請之原因雖經釋明，法院仍得命聲請人供擔保後為定暫時狀態之處分。法院為定暫時狀態之處分前，應令兩造有陳述意見之機會。但聲請人主張有不能於處分前通知相對人陳述之特殊情事，並提出確實之證據，經法院認為適當者，不在此限。定暫時狀態之處分，自送達聲請人之日起三十日內未起訴者，法院得依聲請或依職權撤銷之。前項撤銷處分之裁定應公告，於公告時生效。定暫時狀態之裁定，因自始不當或債權人聲請，或因第五項之情形，經法院撤銷時，聲請人應賠償相對人因處分所受之損害。」

41 「勞動基準法」第9條之1：「未符合下列規定者，雇主不得與勞工為離職後競業禁止之約定：一、雇主有應受保護之正當營業利益。二、勞工擔任之職位或職務，能接觸或使用雇主之營業祕密。三、競業禁止之期間、區域、職業活動之範圍及就業對象，未逾合理範疇。四、雇主對勞工因不從事競業行為所受損失有合理補償。前項第四款所定合理補償，不包括勞工於工作期間所受領之給付。違反第一項各款規定之一者，其約定無效。離職後競業禁止之期間，最長不得逾二年。逾二年者，縮短為二年。」

之反突擊條文之「代償金」制度，正與上述「勞動基準法」第9條之1第1項第4款規定：「雇主對勞工因不從事競業行為所受損失有合理補償。」不謀而合，一併指明。

參考文獻

1. 林洲富（2011），《智慧財產權法案例式》。
2. 張靜（2009），《營業祕密法及相關智慧財產問題》。
3. 曾勝珍（2008），〈負面資訊與離職後競業禁止形成不公平競爭之探討〉，公平交易季刊。
4. 曾勝珍（2009），〈我國有關營業祕密立法之評析〉，智慧財產權論叢。
5. 曾勝珍（2016），〈我國營業祕密保護要件與相關案例之探討—參考美國經驗〉，司法院智慧財產訴訟制度相關論文彙編，第5輯。
6. 曾勝珍、陳武鍵（2013），〈我國營業祕密保護要件及其相關判決評析〉，法令月刊。
7. 馮震宇（1998），《了解營業祕密法—營業秘密法的理論與實務》。
8. 趙晉枚、蔡坤財、周慧芳、謝銘洋、張凱娜、秦建譜（2016），《智慧財產權入門》。
9. 賴文智、顏雅倫（2004），〈營業祕密的保護要件〉，《營業秘密法二十講》。
10. 謝銘洋（2008），《智慧財產權法》。
11. 郭國斌，〈淺談營業祕密管理制度〉，https://www.google.com.tw/?gfe_rd=cr&ei=xXsFWYaGHOmm8wf_nr3ABw#q=%E6%B7%BA%E8%AB%87%E7%87%9F%E6%A5%AD%E7%A7%98%E5%AF%86%E7%AE%A1%E7%90%86%E5%88%B6%E5%BA%A6，最後

瀏覽日：2017年3月18日。

12. 陳瑞琦（2004），〈營業祕密保護及法律責任〉，http://www.lawtw.com/article.php?template=article_content&job_id=58193&article_category_id=210&article_id=28098，最後瀏覽日：2017年3月20日。

13. 章忠信（2013），〈營業祕密之範圍與條件〉，http://www.copyrightnote.org/ArticleContent.aspx?ID=8&aid=2466，最後瀏覽日：2017年3月18日。

14. 章忠信（2013），〈營業祕密法之立法目的〉，http://www.copyrightnote.org/ArticleContent.aspx?ID=8&aid=2465，最後瀏覽日：2017年3月20日。

15. 曾勝珍、嚴惠妙（2015），〈我國營業祕密法法制探討（下）〉，法學論述，http://www.twba.org.tw/Manage/magz/UploadFile/4530_103-114-%E6%88%91%E5%9C%8B%E7%87%9F%E6%A5%AD%E7%A7%98%E5%AF%86%E6%B3%95%E6%B3%95%E5%88%B6%E6%8E%A2%E8%A8%8E(%E4%B8%8B).pdf，最後瀏覽日：2017年3月20日。

16. 馮震宇（1996），〈論營業祕密法與競爭法之關係─兼論公平法第19條第1項第5款之適用〉，公平交易季刊，http://www.commerce.nccu.edu.tw/faculty/facultylist/writing_journal，最後瀏覽日：2017年3月20日。

17. 葉育瑞（2013），〈淺談營業祕密與保護措施〉，青創會訊，https://www.careernet.org.tw/modules.php?name=csr&op=csr_detail&nid=135，最後瀏覽日：2017年3月20日。

18. 謝銘洋，〈營業祕密之保護與管理〉，https://www.tipo.gov.tw/ct.asp?xItem=207076&ctNode=6740&mp=1，最後瀏覽日：2017年3月18日。

|第八章|
數位遺產相關法規與案例之探討

曾勝珍

第一節 前言

　　儲存於數位世界的照片、詩詞歌賦、訊息、影片、電子郵件……等，對於使用者與其分享者或群組會員，甚至包含其家人、親友們，皆有遠高於實質經濟價值的意義，本文認為放眼國際社會與未來趨勢，數位化將是資產升級，價值提升的最佳方式。即使並非獲得經濟上的利益，數位財產更著重的是精神價值，尤其是當事人死亡之後，能夠留給親友們的回憶，遠超過任何經濟利益的衡量。[1]

　　數位財產應該如何進行管理，特別在帳戶所有人去世之後，形成疑義，Facebook至今的歷史令我們思考，當死者過世二十年、三十年或五十年後，移除帳戶的請求是否仍然可以進行？臉書至今十餘年的歷史，是否有能力因應未來訊息萬變的社會需求，仍是各界需要投入的共同課題。

　　如何達到受託人管理數位財產的合理化與妥善利用法規規範，臉書（Facebook, FB）的策略規定，[2]對使用者是否達到真正便利的訴求，既有的法令規範與未來的修法方向，是否需要隨著使用者的需求，而做調整？網路服務提供者（Internet Service Providers, ISPs）根據其服務規範（Terms of Service, TOS），規定網路帳戶使用人若同意其他第三人進入其帳戶，將致使網路服務提供者承擔觸法責任。

　　本文探討如何管理何謂數位財產與數位遺產，特別在帳戶所有人

---

[1] James D. Lamm, Christina L. Kunz, Damien A. Riehl & Peter John Rademacher, *The Digital Death Conundrum: How Federal and State Laws Prevent Fiduciaries from Managing Digital Property*, 68 U. Miami L. Rev. 388 (2014).

[2] 30天後移除死者帳戶的規定，臉書在2007年因為維吉尼亞的校園槍殺悲劇後，因為不幸喪生的死者同學們要求臉書回覆死亡者的帳號，以供緬懷與追思，臉書在當時配合辦理。Damien McCallig, *Facebook after death: an evolving policy in a social network* (Sep. 25, 2013), https://academic.oup.com/ijlit/article/22/2/107/800684/Facebook-after-death-an-evolving-policy-in-a (last visited: 9/24/2017).

去世之後，形成疑義，Facebook並沒有明確的死亡後帳戶終止條款，Google亦同。奇摩則有終止條款，避免類似案例。Facebook以緬懷專頁（memorialization）說明在帳戶所有人死亡之後，有關其帳戶的資訊資料的使用者使用準則。

　　社群網站服務的做法乃為保障所有帳戶使用人資訊隱私，雖然不近人情，然而在資訊揭露與隱私保護的取捨之間，如何界定合理標準，值得探討。如何達到受託人管理數位財產的合理化與妥善利用法規規範，形成本文研究動機。

第二節　何謂數位財產

　　所謂數位財產，乃指未附著於任何形體之上的無體財產，並以財務帳戶、股票、選擇權、智慧財產權等方式呈現，或儲存在電子設施中的資訊，如雲端，或如網頁、電子郵件、社群媒體、拍賣網站、支付寶、部落格，再如照片、影音頻道、遊戲網站或音樂網站……等等皆是。[3]當網站所有人上傳歌曲、影片和其他資料到網站上時，皆構成數位資產的內容，與此有關的法律規範包括著作權、商標權、營業祕密、隱私權與公開權。

　　私人的法律與商業機構提供帳戶所有人，關於其帳戶內的數位資產管理，社群媒體遺囑或信託及數位法律服務，亦即皆以數位型態為之。數位財產的規劃步驟，首先創造網路帳戶，存放所有數位資料，如同實體電腦硬碟儲存所有資料一般；其次，記錄與保存帳戶帳號和密碼，存放在網路或其他實體硬碟、記憶卡當中；接著指定一位受託人，完成當事人對其數位財產管理的權限，且必須依循當事人的指示為之。最後，也是最重要的，當事人必須給予受託人法律上的授權，

3　Lamm, Kunz, Riehl & Rademacher, *supra note*1, at 388.

通常，藉由社群媒體遺囑或信託。[4]

　　自然人在建立數位財產的規劃時，借助專業律師、法律學者的建議，成爲「社群媒體遺囑」，[5]受託人爲了管理數位資產，必須擁有合法進入帳戶所有人數位資產的管道，因而所有人要選擇將使用人名稱、帳戶號碼與帳戶密碼，給予受託人。另外，某些社群媒體直接在帳戶所有人死亡之後，關閉其帳戶，如雅虎公司（Yahoo!）爲例，網頁明確標示，雅虎帳戶無法轉移且在帳戶所有人死亡後，自動終止該帳戶，且帳戶的所有內容自動全部移除，[6]以Facebook爲例，禁止帳戶所有人分享帳戶密碼資訊，如此，帳戶所有人無法授權給受託人管理權限，亦即無法授權受託人管理其數位資產。[7]

　　不僅僅是對死者帳戶內容資訊的要求，某些家屬希望維持和死者生前帳戶管理相同的權限，Facebook拒絕此類的要求，不會提供給任何人有關該死者的帳戶帳號與使用者密碼，這是Facebook維持照護管理基本原則。因此，死後的數位資產管理服務計畫更形重要，如LegacyLocker.com與SecureSafe該類網站因應而生，依據死者生前帳戶資料所設定的受託人名單，繼續進行管理。[8]此外，尚有一種情形，不致發生帳戶所有人死後帳戶管理的問題，因爲帳戶所有人先前已與家人或親友，分享其帳號名稱與密碼，或死者在遺囑或其他書面資料中，載明帳戶名稱與密碼。Facebook明文禁止帳戶與密碼的分享，然而Facebook無法限制使用人的個人行爲，因應需求，Facebook成立緬懷追思帳戶，杜絕當事人死亡之後，其他親友可以使用原先

[4] Lamm, Kunz, Riehl & Rademacher, *supra note*1, at 407.

[5] Social Media Will, Rocket Lawyer, http://www.rocketlawyer.com/document/social-media-will.rl (last visited: 9/18/2017).

[6] Terms of Service, Yahoo!, http://info.yahoo.com/legal/us/yahoo/utos/utos-173.html (last visited: 9/26/2017).

[7] Lamm, Kunz, Riehl & Rademacher, *supra note*1,at 399.

[8] Damien McCallig, *supra note*2.

知悉的帳號密碼，繼續登錄使用。帳號與密碼的分享有可能造成違法行為，美國聯邦法規與州法皆有限制，針對未經授權的電腦帳戶使用和分享，Facebook亦有偵查與停權的功能。運用OAuth軟體，Facebook會在被告知帳戶所有人死亡後60天終止其帳戶，Facebook增加Ifidie和Perpertu的功能，即為避免下載死者照片或散布分享相關訊息。[9]Facebook與其他多種社群媒體，目前皆利用上述技術，不論是在緬懷追思帳戶或其他帳戶資訊管理功能，運用科技更加有利於資訊的管理。

第三節　美國經驗

以下說明美國相關法規與實務。

壹、法規

以美國聯邦法規而言，CFAA（the Computer Fraud and Abuse Act of 1984）[10]提供刑事的強制執行的執行力與效果，特別是在非法侵入他人電腦，CFAA並未定義授權或授權途徑，美國聯邦第九巡迴上訴法院，解釋為只要是同意即可。1986年美國國會通過電子通訊隱私法（the Electronic Communications Privacy Act, ECPA）[11]，明文禁止電子通訊服務業者對於公部門伺服器的服務，有以下行為：明知而洩

---

[9]　Damien McCallig, *supra note*2.

[10]　18 U.S.C. § 1030 (2012).

[11]　Electronic Communications Privacy Act of 1986 (ECPA), Pub. L. No. 99-508, 100 Stat. 1848 (codified as amended at 18 U.S.C. § § 1367, 2701-2711, 3117, 3121-3127 (2012)).

漏、暴露給任何人或部門，與其服務相關的資訊；亦防止遠端電腦服務系統（remote computing services, RCS）的公用伺服器洩漏前述資訊。

美國儲存通訊法（the Stored Communications Act, SCA）與CFAA相同，並未對所謂的授權予以定義，SCA條文規定內的「法律上的同意」（lawful consent），[12]並未包括是否提供給伺服器業者資訊的權利，Facebook案例中，死者的母親希望調查其死因，因而授權Facebook公司可以破解死者帳戶密碼，獲取帳戶所有資訊內容；Facebook公司認為死者母親雖然身為其遺產執行人，然而根據條文規定，是否有權限給予Facebook公司足夠的法定同意權，因為條文沒有清楚規範法定同意權的意涵，因此質疑死者母親即使是其遺產執行人，仍然沒有足夠權限。最終法院判決死者母親有足夠權限，SCA並未規範必須公開死者帳戶，然而可以根據請求破解密碼，允許自主性的公開。[13]

網路伺服器業者並非出於自願的，必須承擔用戶私密資訊被公開後的民事損害賠償責任，面臨當今用戶數目迅速增加，此類風險，相對的增加企業訴訟成本，減損所得利益。當SCA適用時，服務提供業者對其公開用戶資訊，必須有所準備即將面臨的法律責任，當然，在此之前更加需要提高注意義務。[14]

針對SCA與CFAA提出修法建議，解決適用法規時的不確定性，同時避免引用州刑法解決此類紛爭，因為前述法規屬於聯邦法規，更適合作為準據法的適用。[15]建議SCA法第2711條（§2711）修正「法律上的同意」定義，全面性解決各州州法對此定義的不一致，建議修改如下：無論是訴諸文字或數位化，皆可構成法律同意，只要是經由

---

[12] 923 F. Supp. 2d 1204, 1205 (N.D. Cal. 2012).

[13] Lamm, Kunz, Riehl & Rademacher, *supra note*1, at 404.

[14] Lamm, Kunz, Riehl & Rademacher, *supra note*1, at 405.

[15] Lamm, Kunz, Riehl & Rademacher, *supra note*1, at 413.

合法的管道，取得權利所有人的允許，包括州法規範中權利所有人授權的代理人或受托人，準據法來自州法、聯邦法或法院命令皆可。[16]建議CFAA法條第1030(e)(6)修正「授權」（authorization）定義，吻合上述法律同意的相關規定，使其一致化，使各州適用州刑法解讀未經授權進入他人社群媒體帳戶，與取得帳戶所有人的合法同意，有法源依據。[17]

　　2015年統一法規委員會（the Uniform Law Commission）制定通過，「數位財產受託人入徑法」（the Fiduciary Access to Digital Assets Act, FADA Act），[18]針對前述討論制定原理與原則，FADA Act草案審議時，Facebook也有三名代表列席旁聽，草案的主要內容針對死者帳戶資訊的授權，希望給予管理人等同死者生前的權限，一次性解決因為沒有取得合法授權或法律上的同意，違反SCA與CFAA的問題。希望藉由財產管理人，可以達到妥善管理、移除、檢查、確認帳戶的目的，除非之前死者的遺囑有特別明示予以限制。

　　因應網路數位時代，財產權的內涵千變萬化，大眾媒體的表達方式包羅萬象，然而，大多數的人在今天，或多或少皆以數位方式保存自身資產。因為有使用上的需求，產生對於使用內涵的保障，因此法令更新勢在必行，這也是本法明確定義財產管理人與授權方式的原因。[19]FADA法規內容明確定義以下數項內容，如死者遺產管理人的合法授權與數位資產帳戶管理的規範，此外，彌補SCA「法律上的同

---

[16] Lamm, Kunz, Riehl & Rademacher, *supra note*1, at 413.

[17] Lamm, Kunz, Riehl & Rademacher, *supra note*1, at 413.

[18] Fiduciary Access to Digital Assets Act, Revised (2015), the Uniform Law Commission, http://www.uniformlaws.org/Act.aspx?title=Fiduciary%20Access%20to%20Digital%20Assets%20Act,%20Revised%20 (2015) (last visited: 9/24/2017).

[19] Uniform Law Commission, The Revised Uniform Fiduciary Access To Digital Assets Act, http://www.uniformlaws.org/shared/docs/Fiduciary%20Access%20to%20Digital%20Assets/Revised%202015/Revised%20UFADAA%20-%20Summary%20-%20March%202016.pdf (last visited: 10/8/2017).

意」與CFAA「授權」等法條用語的定義模糊地帶，解決聯邦法與州刑法規定不合制之處。[20]孩童的部分需要被特別關注，因此，孩童使用Facebook的限制應和成人不同，如受託人至少應得到至少一位監護人或家長的同意，增加未來管理其家庭帳戶的靈活性。

除了SCA，聯邦貿易委員會（The Federal Trade Commission, FTC）禁止任何商業組織，使用任何不公平競爭方法與手段影響、破壞商業行為，[21]FTC處罰違反規定的網路服務業者，已經有數十個案件，[22]如2011年的Twitter、[23] Facebook、[24]Google[25]與2012年的MySpace[26]等。

數位財產的受託人，確保當事人在世或死亡之後的數位財產的受託人，確保當事人財產被妥善管理。有別於其他的財產權，適用其他的法令規範，數位財產法律地位的確定，可能有以下原因，聘任律師、法院指定接管、遺囑認證與信託。[27]

一、律師

當律師違反代理人義務時，法院將判決賠償給當事人，對其因為律師的職務懈怠而導致的損害。[28]

---

[20] Lamm, Kunz, Riehl & Rademacher, *supra note*1, at 415.

[21] 15 U.S.C. § 45(a)(2) (2012).

[22] Lamm, Kunz, Riehl & Rademacher, *supra note*1, at 405.

[23] *Twitter, Inc.,* 151 F.T.C. 162 (2011).

[24] *Facebook, Inc.,* No. 092-3184, 2011 WL 6092532 (Nov. 29, 2011).

[25] *Google Inc.,* No. 102-3136, 2011 WL 5089551 (Oct. 13, 2011).

[26] *Myspace LLC,* No. 102-3058, 2012 WL 4101790 (Aug. 30, 2012).

[27] Lamm, Kunz, Riehl & Rademacher, *supra note* 1,at 391.

[28] Unif. Power of Attorney Act § 123, 123 cmt. (2006).

二、接管

當法院判定當事人需要有人維護其利益，[29]接管人與該當事人的房地產、利益息息相關，當事人因為不當的管理而導致權益受損時，法院會指定接管人。

三、遺囑認證

遺囑認證人在管理當事人的財產時，無論是保留資產、獲取資產、出售或投資、拋棄資產等等行為，皆需遵循死者的遺囑內容，完全根據死者的意願為主。[30]

四、信託

受託人將為委託人的利益，就信託財產管理處分及其他法律行為，不論現在及未來，不能違背受託意旨，遵照受託人的義務為之。[31]

無論是有關繼承而涉及的隱私權保護或利用刑法中的強制執行規定，在處理死者身後數位遺產的部分，皆產生一定的作用，因而美國有數州展開數位遺產的立法規劃，有論者（Beyer and Chan）提出三階段立法的時間表，[32]首先，針對電子郵件的立法，其次，如印第安納州（Indiana）[33]採用更寬廣的定義，提出與遺囑認證有關的電子文件儲存和數位管理的立法，不僅包含電子郵件也將Facebook的

---

[29] Unif. Guardianship & Protective Proceedings Act § 102(2) (1998).

[30] Unif. Probate Code § 3-715(1)-(2), (5)-(6), (11). (amended 2010).

[31] Unif. Trust Code § 103 cmt. (amended 2010).

[32] Gerry Beyer and Naomi Cahn, 'Digital Planning: The Future of Elder Law' (2013) 9(1) National Academy of Elder Law Attorney's Journal 137, 142–8.https://scholarship.law.gwu.edu/cgi/viewcontent.cgi?article=2255&context=faculty_publications (last visited: 7/1/2018).

[33] Indiana Code s 29-1-13-1.1 (2007); as added by P.L. 12-2007, SEC.1.

使用涵括在內。第三階段，奧克拉荷馬州（Oklahoma）[34]和愛達荷州（Idaho）[35]，亦立法增加遺囑認證的相關法規，增加死者的繼承人，可以管理、指導、持續或終止死者的社群媒體數位帳戶。

2013年7月1日維吉尼亞州已通過對遺囑認證的法規更新，主要針對未成年人死亡後的數位帳戶，可以由法定代理人進行管理。[36]2013年10月1日內華達州亦通過法案，可以授權指定死者的代理人，代為管理與終止死者的各種社群媒體帳戶。[37]

FADA Act草案審議時，Facebook也有三名代表列席旁聽，草案的主要內容針對死者帳戶資訊的授權，希望給予管理人等同死者生前的權限，一次性解決因為沒有取得合法授權或法律上的同意，違反SCA或CFAA的問題。

貳、實務

死者的數位資產存在且具備一定的經濟價值，經濟價值除了既有的實益外，也包含未來可能的利益，2012年華爾街期刊報導「美國人估價其數位資產約超過美金55,000元；[38]2013年世界版的研究報告（McAfee）估價存在數位儲存的資產超過35,000元。[39]當然估價時依據不同型態的資訊內容，產生不同的價值，如專業資訊可能價值美

---

[34] Oklahoma Statues s 58-269 (2010).

[35] Idaho Code s 15-3-715 (28) (2011) and s 15-5-424 (3)(z) (2011).

[36] Virginia House Bill no. 1752.

[37] Nevada Senate Bill no. 131.

[38] Alberto B. Lopez, *Posthumous Privacy, Decedent Intent, And Post-Mortem Access To Digital Assets*, 24 Geo. Mason L. Rev. 188 (2016).

[39] Robert Siciliano, How Do Your Digital Assets Compare?, McAffee: Consumer Blog (May 14, 2013), https://blogs.mcafee.com/consumer/digital-assets/ (last visited: 9/3/2018).

金17,000元，娛樂相關的資訊可能價值就在美金4,000元到1,000元之間，雖然這些都是估計的金額，還是可以得出相當的判斷，有資料顯示購買美金10萬元的數位資產，之後產生美金百萬的價值，且增加所有權人每個月的固定收益。[40]

使用者的帳號與密碼在其死亡後，繼承人只能藉由臆測與搜尋死者生前文件資料，找尋可能破解的機會；數位技術進步神速，無論是線上購物、社群網站、電子郵件……，即使是使用人，若未儲存帳號密碼，可能自己都無法熟記所有資料，更何況死亡之後，繼承人希望進入其帳號的難度。這些都是有別於傳統的法律繼承概念，在虛擬的數位空間中，存在這些都是有別於傳統的法律繼承概念，在虛擬的數位空間中，存在死者生前創作的文化遺產，亦為其智慧財產權的結晶，更遑論對其親友們的精神價值，因此，維護帳戶所有人的隱私與資訊保護，並兼顧數位遺產的保障，是本文探討的重點。以下說明幾個相關案例。

如奇摩網站在密西根的判決中，被當地的地區法院要求，必須讓使者家屬進入奇摩帳戶，查看死者生前的資訊內容。2005年，一位母親Karen在他22歲的兒子Loren Williams，因為車禍意外去世之後，希望進入兒子的社群網路Facebook帳戶，請求Facebook帳戶，不要刪除兒子的資料，即使她經由兒子友人，取得兒子帳戶的帳號密碼，卻無法使用，因為Facebook在得知他兒子喪生的消息之後，主動封鎖該帳戶。後尋求律師協助，至2007年，終於經由法院判決，母親取得兒子帳戶的使用權，但是只有10個月的期間。[41]這類的限制，起因於如Facebook類的社群網站，深恐違反聯邦儲存通訊法的規定。[42]

2008年12月，英國的Sahar從12樓高的陽台墜樓而亡，她的母

---

[40] *Id.*

[41] Damien McCallig, *supra note*2.

[42] Stored Communications Act 18 USC s 2702(b)(3)，規定只有在特定條件之下，否則禁止所有電子通訊的資料內容，洩漏給任何第三人。

親Daftary與親戚Jawed Karim，請求公開她死前Facebook帳號中的20天紀錄。[43]他們從英國到美國提起請求，他們認為該段時間的紀錄，可以使他們更加了解死者死前的精神狀態。Facebook拒絕此項請求，死者家屬繼續以財產管理人身分提出請求，Facebook認為雖然家屬有合法權限（lawfull consent），然而依據SCA，Facebook並非必須配合開放死者帳戶資料（mandatory），而是可以自願配合公開（voluntary），法院並未強迫Facebook公開。Facebook另外提出聲明，法院必須考量：（一）Anisa Daftary提出，能夠證明合法開啟死者帳戶的證據；（二）法院必須指定Facebook開放帳戶資料。其後法院判決（法官Grewal J.）指出，民事傳票並不會強制網路服務提供業者，公開其客戶資料，因為如此會違背SCA規定內容。Facebook網頁明確指出，只有在收到法院的執行命令後，才有可能取得死亡者帳戶資料，前提是家屬或遺產執行人，必須先以書面向法院依據程序申請，最終結果仍由Facebook自行判斷，Facebook的做法乃為保障所有帳戶使用人資訊隱私，雖然不近人情，然而在資訊揭露與隱私保護的取捨之間，如何界定合理標準，值得探討。

2009年加拿大隱私委員會（the Office of the Canadian Privacy Commissioner）提出數項議題的探討，其中加拿大網路政策與公共利益研究中心（the Canadian Internet Policy and Public Interest Clinic, CIPPIC）特別針對帳戶所有人去世之後，帳戶應否因為親友緬懷功用而予以保留的議題，加以討論。委員會提出數項建議，預先告知帳戶所有人，當發生緬懷帳戶的情況時，對於其帳戶內的資料，可以有與原本設定不同功能的使用狀況，方便其他親友可以繼續在該帳戶追思紀念。Facebook拒絕此項建議，Facebook認為追思緬懷，可以使用其他方式進行，超過設定目的的資訊使用，會違背Facebook的使用規

---

[43] Damien McCallig, *supra note*2.

範。[44]

　　還有一種情形，帳戶所有人死亡後，家人要求Facebook移除其帳戶，而非如前所述的進入其帳戶，Facebook接受家人的要求移除帳戶，然而，非家屬的其他任何人則無此權限。經由家屬的要求移除帳戶或經由親友們的通報，建議移除或變更帳戶前的思考時間非常重要，強化當事人們審慎考量的機會，避免未來爭執。

　　著名伊朗女作家（Marsha Mehran）2014年在愛爾蘭驟逝，[45]她於2005年出版的石榴湯（Pomegranate Soup）是其代表作。其父（Abbas Mehran）悲痛不已，希望了解其女生前是否還有任何作品，存在電腦雲端服務空間（Chromebook），他前後寄出四封電子信給Google，希望解開其女Google帳戶，直到聘請律師代為爭取，經過一年多的過程，終於拿到一片光碟，內含200多篇死者生前著作。[46]

　　若授權其他人可進入死者的網路帳戶，無異開啟侵害其隱私權的可能性，各州成文法皆明文限制此類的侵害行為，數位資產計畫服務（Digital Estate Planning Services）也許是網路服務提供業者的一個解決方案，方便帳戶所有人決定在其死亡之後，是否該帳戶可供追思而予保留，或者授權財產管理人處理帳戶內容，隨著各地與各國文化的差異，要找出一致性的原則適用，規範死後帳戶資訊的管理，有其難度。

　　2011年5月美國統一法規委員會（the Uniform Law Commission, ULC）開始立法，[47]尋求進入死者數位帳戶的管道，一年之後，包括

---

[44] Damien McCallig, *supra note*2.

[45] 東方日報新聞網，伊朗女作家離奇死亡 前夫：她一直與心魔交戰，2015年1月03日，http://hk.on.cc/int/bkn/cnt/news/20150103/bknint-20150103065124498-0103_17011_001.html，最後瀏覽日：2018年6月24日。

[46] Alberto B. Lopez, *supra note*, at185.

[47] Letter from Gene H. Hennig, Minn. Comm'r, Unif. Law Comm'n, to Comm'r Harriet Lansing, Chair, Comm. On Scope and Program, Unif. Law Comm'n (July 5, 2011), http://www.uniformlaws.org/Committee.aspx?title=Fiduciary%20

其他團體，如美國公民自由團體（the American Civil Liberties Union, ACLU），提出立法相關草案，至2014年7月完成稱為「統一數位資產受託途徑法」（the Uniform Fiduciary Access to Digital Assets Act, UFADAA），[48]讓未獲得死者明文禁止授權代理的受託人，有合法權限進入其帳戶。2014年至2015年有26州嘗試引進此草案。[49]然而，反對聲浪亦隨之上升，如隱私權議題，讓其他人在死者去世之後能進入其數位帳戶，明顯違反隱私保護。其他如Yahoo！提出異議，此法案違背死者簽署同意的帳戶使用者條款。最終，在遊說團體的反對下，原本想採用此法的26州有25州放棄。[50]

有別於ULC提出的法案，亦有其他替代草案由NetChoice提出「The Privacy Expectation Afterlife and Choices Act（PEAC）」，[51]該組織認為促進網路使用的和諧，如Google、Facebook、Yahoo！、eBay，PayPal等等，維護電子商務平台的交易秩序，建立消費者的交易便利和安全，[52]皆為該組織的成立宗旨。

Access%20to%20Digital%20Assets (last visited: 9/7/2018).

[48] Unif. Fiduciary Access to Dig. Assets Act (Unif. Law Comm'n 2014), http://www.uniformlaws.org/shared/docs/Fiduciary%20Access%20to%20Digital%20Assets/2014_UFADAA_Final.pdf [hereinafter UFADAA] (last visited: 9/9/2018).

[49] Legislation, Unif. Law Comm'n, http://uniformlaws.org/Legislation.aspx?title=Fiduciary+Access+to+Digital+Assets (use navigation tools to show "All" Bill Dates by state) (last visited: 9/9/2018).

[50] Morgan M. Weiner, Opposition to the Uniform Fiduciary Access to Digital Assets Act, Nat'l L. Rev. (July 21, 2015), http://www.natlawreview.com/article/opposition-to-uniform-fiduciary-access-to-digital-assets-act (last visited: 9/9/2018).

[51] Letter from Carl Szabo, Policy Counsel, NetChoice, to Matthew Shepherd, Representative, Ark. House of Representatives (Feb. 18, 2015), https://netchoice.org/wp-content/uploads/NetChoice-Opposition-to-AR-HB-1362.pdf (last visited: 9/9/2018).

[52] NetChoice, https://NetChoice.org/ (last visited: 9/9/2018).

第四節 建議與結論

　　無論公、私部門皆對帳戶所有人、受託人與網路服務提供業者，希冀制定數位財產管理的良好規範。帳戶所有人可以運用下述步驟管理，首先，必須確認自己的數位資產內容與種類，儲存於數位帳戶，並且創造帳戶、使用人名稱、密碼。根據內容的機密性，預先防堵電腦駭客侵入竊取帳戶密碼，對於授權帳戶管理人，也必須要明確指示，確認管理人的身分和權限。隨著社會變遷與科技結合，對遺囑的製作產生重大改變。

　　無論法令如何修改或更新，帳戶所有人與財產管理人都必須更加維護其財產管理的效率性，並降低管理的風險。其次，帳戶所有人應定期儲存電子資料，完整保存自身資訊，即使資料都被儲存在雲端空間，因為管理人要經由伺服器業者取得資料，難以避免州法與聯邦法之間的衝突。[53]第三，帳戶所有人應對於創作的數位財產有管理與分配的規劃，包括經由律師、信託、遺囑或授權方式指定財產管理人。第四，帳戶所有人應明確授權，確保財產管理人與網路服務業者，取得完整授權。

　　授權給財產管理人的內容，應載明所有下列事項，包括：科技工具與電腦裝置的使用方法，儲存各類應軟體的裝置位置，儲存的電子資訊內容，所有帳戶明細，所有網域名稱與所屬網頁。此外，詳盡說明授權方式與授權對象，並授權管理員可以進入上述所有說明的事項內容，授權方式越詳實，日後的爭議越少。若沒有任何授權管理人管理數位財產的計畫，當帳戶所有人去世之後，帳戶內的數位財產該如何管理，本文建議如下：（一）財產管理原應該先諮詢律師，目前數位財產法規制度仍在發展過程，尋求正確的法律依據，不但避免風險，亦使管理人在充分理解與完整規劃之下，能夠做出對被管理者最

---

[53] Lamm, Kunz, Riehl & Rademacher, *supra note*1, at 416-417.

有利的解決方案；（二）管理者應聯絡網路伺服器業者，取得帳戶所有人帳戶內容的複製本，避免當盡力取得合法手段，直接進入帳戶時，仍有觸犯CFAA條文「未經合法授權」的疑慮；（三）若死者有任何民事或刑事的調查程序仍在進行，管理人切記勿對帳戶內數位財產的資訊內容，進行任何變動或更改，以免影響司法程序的進行，意即保留所有資訊的完整性，協助案件順利進行；[54]（四）即使沒有因為其他訴訟案件的調查程序，管理人仍然應該在任何人試圖接觸帳戶資訊前，保持帳戶資訊的完整性，以配合調查死者資訊的必要性，在任何帳戶資料有疑或追查其完整性時，帳戶管理人應透過電腦專家，恢復其資訊。

　　目前不論美國國會立法、法院實務或專家學者的理論建議，迄未產生一致性的見解，畢竟整合數位財產管理，特別是帳戶所有人死亡之後，既要符合現行法規的內涵，又要為訊息萬變的科技時代，預先準備未來數位財產帳戶管理的規範理據，誠屬不易。本文探討的數種財產管理人的類別，各有其優點與劣勢，如何在未來的實際運作上，減少不確定因素，妥善保管帳戶所有人的數位財產，書面契約明文指定財產管理人，至少是帳戶所有人必須預先準備的重要文件，促使未來權益歸屬明確詳盡。解決CFA和SCA對定義的模糊地帶，找出未來適用的依據，希冀解決長時期以來，州法與聯邦法之間的矛盾與衝突。

參考文獻

中文部分

1. 東方日報新聞網，伊朗女作家離奇死亡 前夫：她一直與心魔交戰，2015年1月3日，http://hk.on.cc/int/bkn/cnt/news/20150103/bk

---

[54] Lamm, Kunz, Riehl & Rademacher, *supra note*1, at 419-420.

nint-20150103065124498-0103_17011_001.html，最後瀏覽日期：
2018年6月24日。

英文部分

1. Alberto B. Lopez, *Posthumous Privacy, Decedent Intent, And Post-Mortem Access To Digital Assets*, 24 Geo. Mason L. Rev. 183-242 (2016).
2. James D. Lamm, Christina L. Kunz, Damien A. Riehl& Peter John Rademacher, *The Digital Death Conundrum: How Federal and State Laws Prevent Fiduciaries from Managing Digital Property*, 68 U. Miami L. Rev. 385-420 (2014).
3. Damien McCallig, Facebook after death: an evolving policy in a social network (Sep. 25, 2013), https://academic.oup.com/ijlit/article/22/2/107/800684/Facebook-after-death-an-evolving-policy-in-a (last visited: 9/24/2017).
4. Fiduciary Access to Digital Assets Act, Revised (2015), the Uniform Law Commission, http://www.uniformlaws.org/Act. aspx?title=Fiduciary%20Access%20to%20Digital%20Assets%20 Act,%20Revised%20(2015) (last visited: 9/24/2017).
5. Gerry Beyer and Naomi Cahn, Digital Planning: The Future of Elder Law (2013)9(1) National Academy of Elder Law Attorney's Journal 137, 142–8. https://scholarship.law.gwu.edu/cgi/viewcontent.cgi?articl e=2255&context=facultypublications (last visited: 7/1/2018).
6. Jack Linshi, Here's What Happens to Your Facebook Account After You Die, (Feb. 12, 2015), http://time.com/3706807/facebook-death-legacy/ (last visited: 9/24/2017).
7. Kate Connolly, Parents lose appeal over access to dead girl's Facebook account (May 31, 2017), https://www.theguardian.com/technology/2017/may/31/parents-lose-appeal-access-dead-girl-

facebook-account-berlin (last visited: 9/24/2017).

8. Legislation, Unif. Law Comm'n, http://uniformlaws.org/Legislation.as px?title=Fiduciary+Access+to+Digital+Assets (use navigation tools to show "All" Bill Dates by state) (last visited: 9/9/2018).

9. Letter from Carl Szabo, Policy Counsel, NetChoice, to Matthew Shepherd, Representative, Ark. House of Representatives (Feb. 18, 2015), https://netchoice.org/wp-content/uploads/NetChoice-Opposition-to-AR-HB-1362.pdf (last visited: 9/9/2018).

10. Letter from Gene H. Hennig, Minn. Comm'r, Unif. Law Comm'n, to Comm'r Harriet Lansing, Chair, Comm. On Scope and Program, Unif. Law Comm'n (July 5, 2011), http://www.uniformlaws.org/Committee. aspx?title=Fiduciary%20Access%20to%20Digital%20Assets (last visited: 9/7/2018).

11. Morgan M. Weiner, Opposition to the Uniform Fiduciary Access to Digital Assets Act, Nat'l L. Rev. (July 21, 2015), http://www. natlawreview.com/article/opposition-to-uniform-fiduciary-access-to-digital-assets-act (last visited: 9/9/2018).

12. NetChoice, https://NetChoice.org/ (last visited: 9/9/2018).

13. Robert Siciliano, How Do Your Digital Assets Compare?, McAffee: Consumer Blog (May 14, 2013), https://blogs.mcafee.com/consumer/digital-assets/ (last visited: 9/3/2018).

14. Social Media Will, Rocket Lawyer, http://www.rocketlawyer.com/document/social-media-will.rl (last visited: 9/18/2017).

15. Terms of Service, Yahoo!, http://info.yahoo.com/legal/us/yahoo/utos/utos-173.html (last visited: 9/26/2017).

16. Unif. Fiduciary Access to Dig. Assets Act (Unif. Law Comm'n 2014), http://www.uniformlaws.org/shared/docs/Fiduciary%20Access%20to%20Digital%20Assets/2014_UFADAA_Final.pdf [hereinafter UFADAA] (last visited: 9/9/2018).

17. Uniform Law Commission, The Revised Uniform Fiduciary Access To Digital Assets Act, http://www.uniformlaws.org/shared/docs/ Fiduciary%20Access%20to%20Digital%20Assets/Revised%202015/ Revised%20UFADAA%20-%20Summary%20-%20March%202016. pdf (last visited: 10/8/2017).

|第九章|
雲端數據發展與隱私權之探討

曾勝珍、林正雄

第一節　前言

　　電腦的發明讓人類可以更快速處理複雜的數字運算，網際網路的出現使電腦相互連接傳遞訊息，隨著網際網路從有線跨入無線，加快傳輸速度及機動性，配合資訊技術不斷提升下，讓連接資訊的終端設備價格逐步平民化，帶動網路資訊邁向雲端運算新世紀。「雲端」通常是指網路的意思，名稱來自人們在繪製示意圖時，常以雲狀圖來代表「網路」。「雲」指的就是網際網路（Internet），代表了規模龐大的運算能力，其資源是動態、易擴充且虛擬化的；「端」就是使用者端（Client），即連接資訊的終端機，終端使用者不需擁有雲端內部的控制權以及相對的資訊，只需關注自己真正需要什麼樣的資源以及持有連上雲端的設備與介面，透過網路以獲得相對應之服務，就能擁有猶如超級電腦的運算能力與最新應用軟體。因此雲端運算是一種平台概念，以嶄新觀念搭配科際整合的應用方法，用「網路運算」方式將所需資料全部放到網路上，不必再儲存於個人電腦上，讓網路上不同伺服器組成的龐大系統協同運算，大幅提升處理的速度，讓運算能力改以服務形式，使企業或個人經由網際網路直接取得，使用者只需要連上雲端的設備與持有簡單的介面就可行了，如：智慧型手機、桌上型電腦、平板電腦。

　　近年來各式電子裝置日益激增，如：手持式行動裝置、全球定位系統、公眾監視器等等，所產生的數據相當可觀，其中群眾透過電腦、智慧型手機連網，進行網路搜尋、線上交易、社群網站互動，讓每天累積、輸出更多的巨量的數據，這些數據包括：簡訊、電子郵件、網頁、視訊，音樂、圖片等，由於資料容量倍數增長，現今科技無法即時處理分析，故企業不斷研發資料儲存設備、提升軟體技術的進化並降低成本，並儲存在雲端上交由雲端伺服器組成的系統協同運算，希望從大數據中挖掘出有價值的資訊。但大數據帶來的「思維大變革」所著重的是「資料經濟」（Data Economics）的精神，而非只

是執著於「資料容量」，企業真正要尋找的是非傳統的，且未曾被挖掘過的資料，能從看似毫無意義的數據礦坑中挖掘出金礦，並且從這些資料中去提煉出價值，即所謂的「資料探勘」（data mining）[1]的技術。「資料探勘」從「使用者」的角度出發來發掘真正的問題，借助電腦從龐大數據中找出隱藏的知識、規律及特徵，是一門融合了電腦、統計等領域知識的交叉學科，其核心以人工智慧、機器學習、模式識別等理論挖掘資料的關聯規則（Association Rules）、演算法關聯規則，從而開發新的商業模式（Business Model）及銷售模式；簡單的說「資料探勘」的意義在於，從無意義的資料（Data）中萃取出有意義的資訊（Information）。

　　因此網路的應用革命正改變你我生活，影響企業經營與政府決策。而今日在資訊潮流下，強國富民之策是善用數據分析，因此各國與跨國企業莫不運用先進技術積極參與雲端運算與大數據的研發及應用，以獲取龐大經濟效益、提升行政效能，並從而改變世界、預測未來。但此應用發展在一片讚揚下卻帶有隱憂，由於網路科技特性對於各種的資訊，容易複製並分享至全球網路，當事人在未被告知下將全然不知，個人資料以何種方式蒐集、如何利用，因此若過於強調大數據的應用發展，將造成隱私權的保護更顯困難。隱私權在概念上，依個人權益之支配可概分為積極與消極兩種。積極強調個人私生活不受外界任意公開、騷擾；消極則是個人資料自我掌控權。隨著現今資訊流通極為快速下，個人資料在經過有心人士之蒐集、歸類、重組、分析、處理與利用後遭到公開、盜用與操控，對於個人權利的保護具有相當之威脅，於是，「資訊隱私權」之概念乃因應而生。大法官釋字

---

[1] 又稱「資料採礦」或「數據挖掘」。指從資料中挖掘出資訊或知識，故又有人稱為「資料庫知識挖掘資」（Knowledge Discover in Database, KDD）。陳孟澤，〈臺灣各大學就業履歷分析模型〉，僑光科技大學資訊科技研究所碩士論文，頁5，2015年4月，http://ir.lib.ocu.edu.tw/wSite/PDFReader?xmlId=12947&fileName=1439955656194&format=pdf&ctNode=464，最後瀏覽日：2017年4月19日。

第603號解釋文中，舉例出許多憲法應保障的權利，最後著重於「資訊隱私權」（Information privacy）[2]，資訊隱私權指個人有自主控制本身生活領域相關資訊用途的權利，亦保障特定資訊不受政府或企業蒐集及任意取得的權利。在數位資訊時代之衝擊下，造成人我之間與公私領域明確劃分的界限逐漸模糊而難以界定，故有別於傳統上對隱私權保障之思考，轉向以「個人資料」及「通訊內容」的隱私權保護為重心，因資訊隱私權之保護，對於保障資訊社會的正常運作及秩序維護提供莫大效益。

近期網路上所面臨之新興隱私權議題，基本上以「個人資料保護」為中心而陸續發展，許多國家近年來亦均針對個人資料保護做出許多決議及立法。本文分別說明其他國家在隱私權保護上立法，如：歐盟「個人資料保護規則」（GDPR）、日本「個人資料保護法」（個人情報保護法），並以企業及政府在極力推動、發展雲端運算、大數據過程中，對於個人資訊隱私權造成之侵權分別探討之。

第二節　各國對隱私權之個人資料保護與發展

本文以歐盟及與我國民情相近的日本為例，探討說明對隱私權之保護與發展。

2　趙伯雄，〈資訊隱私權與個人資料建檔—以DNA資料建檔為探討中心〉，司法新聲，頁100，ja.lawbank.com.tw/pdf2/003趙伯雄.pdf，最後瀏覽日：2017年4月19日。

壹、歐盟個人資料保護法制定歷程

一、歐盟個人資料保護指令（Data Protection Directive, 95/46/EC, 1995）[3]

　　歐盟執委會（European Commission）為建立適用歐盟各會員國對於個人資料保護法規之標準，並保障資訊傳遞自由，特整合各國相關法律規範，並參考經濟合作暨發展組織（OECD）1980年提出「隱私保護與個人資料跨境流通指導原則」（Guidelines On the Protection of Privacy and Transborder Flows of Personal Data）為基礎，於1995年制定「個人資料保護指令」，該指令適用於歐盟境內會員國所有公民，著重在個人資料處理及隱私權保護與資訊自由流通保障，之後也成為國際相關立法時之參考依據，[4]我國於2010年5月修正通過之「個人資料保護法」，其中若干條文亦參考歐盟之個人資料保護指令。

　　「個人資料保護指令」適用任何有關個人資料之活動，不致因儲存、傳遞、更正及刪除等資料處理過程而損害其權益，指令中個人資料的定義並不僅限於文字、圖像、聲音、視訊等，任何可以辨識或可被辨識的個人身分，而可被辨識的個人是指一個人可被直接或間接的被識別。內容分為一般條款、個人資料處理原則、資料當事人權利、資料控管人責任及監督機制等五項。

　　（一）一般條款：就立法目的、適用主體、保護客體及名詞定義等加以說明。立法目的方面為，為保障自然人基本權益，建立最低隱私保護標準；整合各會員國關於隱私保護立法之差異，注重會員國境

---

[3] Directive 95/46/EC of the European Parliament and of the Council of 24 October 1995 on the protection of individuals with regard to the processing of personal data and on the free movement of such data, Directive 95/46/EC.

[4] 李沛宸，〈歐盟提出現行個資保護指令規範之修正草案〉，科技法律電子報，資策會科技法律研究所，2014年9月，https://stli.iii.org.tw/epaper_hx.aspx?auid=699，最後瀏覽日：2017年4月19日。

內個人資訊隱私權之保障，並防止假藉以隱私保護名義妨害資料之流通。適用主體則包含公、私營等部門任何涉及個人資料處理者。保護客體包含自然人之個人資料，蒐集方式涵蓋自動或非自動方式，但以非自動化方式處理資料有一定要件之限制。

　　（二）包括目的明確、資料內容完整、限制蒐集、限制利用、敏感性資料妥善處理等五項原則。

　　（三）資料當事人之權利：有一般常見之權利，例如受告知權、資料近用權、修改或刪除權等四項外，尚有異議權及自動個別決定拒絕權等。

　　（四）資料控管人責任：可略分為資安維護責任與損害賠償責任等。

　　（五）監督機關：則以成立專責主管機關，賦予其檢查、調查、監管、參加訴訟等。[5]

　　隨著網路資訊傳輸無國界之限制，跨境隱私保護直接涉及個人資料輸出國與接收國雙邊的保護法規，故指令第25條規定[6]：「會員國應規定欲傳輸至第三國之處理中或傳輸後將處理之個人資料，在不違反依本指令其他規定而制定之國內法規情況下，僅限於傳遞至個人資料保護已適當達成本指令的規範標準之第三國。」，即對於可以提供「適當」（adequate）資料之保護法規之非歐盟國，經歐盟執委會核定後方可跨境資料傳輸。[7]

---

[5]　戴豪君、洪聖濠、周慧蓮、黃菁甯、廖書賢，〈服務業科技應用之個人隱私權保護相關法制之研究〉，資訊工業策進會科技法律中心，頁29-30，2004年12月。

[6]　Id. art. 25, " Principles 1. The Member States shall provide that the transfer to a third country of personal data which are undergoing processing or are intended for processing after transfer may take place only if, without prejudice to compliance with the national provisions adopted pursuant to the other provisions of this Directive, the third country in question ensures an adequate level of protection."

[7]　同前註5，頁30。

在1995年制定的「個人資料保護指令」（Directive），由於法律位階屬於指令（Directive）層級，對歐盟會員國之規範不具統一性，且各會員國在個人資料保護相關法律上缺乏一致性的架構，導致各國間對於個人資料保護標準產生差距，僅能依歐盟地區廣泛共通的法律框架與指導原則，再依各國之國情按相關規定，制定各自的資料保護法規與措施，也因而造成了歐盟地區各會員國對資料保護之程度仍存在極大的差異。因此歐盟執委會（European Commission）在2012年1月25日，向歐洲理事會（European Commission）及歐洲議會（European Parliament）正式提出「一般個人資料保護規則」（General Data Protection Regulation, GDPR）。[8]

二、歐盟個人資料保護規則（General Data Protection Regulation, GDPR）[9]

歐盟於1995年通過「個人資料保護指令」（Directive 95/46/EC），在法律規範形式上屬「指令」（Directive）位階，必須透過各國依此立法加以規範，因而造成各國個人資料保護規範，存在不一致的差異性，影響歐盟資料跨境之自由流通，與增加資料管理者成本，因此歐盟藉由制定具有直接規範效力之「規則」（Regulation）來加以取代，直接適用而不再需要透過會員國國內法的轉換，解決成員國之間的法律制度差異問題。

歐洲聯盟執行委員會（European Commission，簡稱執委會）自2012年1月提出資料保護改革草案，然而因為草案內容爭議頗大，各方意見紛歧，直至2013年底，歐洲議會公民自由、司法與內政委員會（European Parliament Committee on Civil Liberties, Justice and Home

---

8　同前註4。

9　范姜真媺、劉定基、李寧修，〈法務部「歐盟及日本個人資料保護立法最新發展之分析報告」委託研究案成果報告〉，東海大學，頁4-5，2016年12月30日，pipa.moj.gov.tw/dl.asp?fileName=71191649270.pdf，最後瀏覽日：2017年4月21日。

Affairs）方才通過對於執委會版草案之修正意見，其後歐盟執委會、議會與理事會（European Council）持續長期進行三方協議版草案討論，歐盟理事會於2015年6月達成協議，於2015年12日15日宣布各成員國已就歐盟個人資料保護規則（General Data Protection Regulation, GDPR）所提出協議達成修正規則之最後共識。歐洲議會在2016年4月27日通過歐盟規則（2016/679），亦即個人資料保護規則，於同年5月4日正式公布。

依據歐盟「個人資料保護規則」第99條第1項規定，將於公布後20天生效，即2016年5月25日起生效，並取代歐盟1995年的「個人資料保護指令」，但考量為達到歐盟「個人資料保護規則」所要求之保護水準，不論是公務機關或是非公務機關，都需要時間因應此一轉變，故於同條第2項中，將其生效日期再延長二年過渡期，直到歐盟各成員國均實施GDPR，才自2018年5月25日起全面施行新法，屆時將正式取代1995年「個人資料保護指令」。

貳、日本個人資料保護法制定歷程[10]

日本為亞洲鄰近國家間首先制定個人資料保護法之國家，日本個人資訊保護法，其原文為「個人情報の保護に関する法律」，其推動主要來自1980年9月經濟合作暨發展組織（Organization for Economic Co-operation and Development, OECD）理事會依據其公布之「隱私保護暨個人資料國際傳遞指導綱領」，建議加盟國之一日本立法規範個人資訊揭露之立法準則，藉此與國際接軌並因應資訊社會快速發展，促進日本國內之個人資料之保護，[11]便於當時「行政管理廳」轄下，成立了隱私權保護協會，首先就個資處理較大政府機關進行立法，於

---

[10] 同前註9，頁59-62。

[11] 范姜真媺、范姜肱、鄭鎮樑，〈美日兩國金融機構使用顧客資料相關法令之比較—以銀行保險為例〉，核保學報，第19期，頁121，2011年3月。

1988年公布、1989年實施「行政機關電腦處理個人資料保護法」，通商產業省於1989年訂定「非公務機關電腦處理個人資料保護綱要」，藉以規範非公務機關之消費者資訊揭露，由於行政機關電腦處理個人資料保護法所規範者僅限於行政機關，受保護客體則為電子計算機所處理之個資，未規範至人工處理者，之後發生多起企業、銀行等洩漏、盜賣大量顧客個人資料事件，個資之保護成為社會關注問題。

為整合行政機關與民間機構對於個人資料保護之處理並擴及適用至人工處理之個資，配合近年來公、民營等機構利用電腦與網際網路等所處理之個人資料日益劇增，一旦個人資料處理不當，則對於當事人影響甚遠，加上近幾年因資訊通信技術（ICT）快速進步急速擴大，引發有關個人資料保護議題，讓各國政府逐步提高個人資料保護的水準，日本政府為了與國際接軌因此整合制定「個人資料保護法案」。於2000年10月提出「個人資料保護基本法大綱」，2001年3月內閣會議通過，3月27日提報國會進行審議，後經過多次協商，2003年5月30日由國會通過完成立法，2005年4月1日全面施行「個人資料保護法」（JPIPA）。本法不論是行政機關或是民間機構亦不區分行業別，只要有利用個人資料者，都受到此法之規範，而擁有5,000筆以上個人資料，並以此資料庫供事業之營運利用者，則負有維護隱私之義務並建置資料外洩防範措施，本法案之五項基本原則，包括：（一）資料的使用目的之限制；（二）資料取得之方法；（三）資料正確性之維護；（四）資料安全性之確保；（五）資料公開之條件等要件。

日本政府在內閣府成立IT統合戰略本部，其原文為「高速情報通信ネットワーク社会推進戦略本部」，自2013年9月開始，在歷經多次之會議討論，研擬出個人資料保護法修正草案（個人情報保護法の改正案），此修正大綱於2014年6月公布，2014年12月19日交由IT統合戰略本部正式對外發布「個人資料保護法部分修正法案概要」，著手開始修法並研擬具體法條經日本內閣會議通過後，於2015年1月日本國會會期中提出法律修正案審議，經歷國會數次審查與答詢，於

2015年9月3日決議通過個人資料保護法之法律修正案。本法概分兩階段實施，首先成立個資法執行監督機關：「個人情報保護委員會」，於2016年1月起個人資料保護法之管轄權轉移至此開始運作；接著再針對新修訂之細則進行必要性修正，而新修正條文之施行，須經保護委員會完成所有後續之申報、公告程序後始能運作，故全面實施定於頒布後兩年內再開始實施。

　　本次修訂主要目標之一[12]，是使日本成為具充分保障個人資料的國家，並進而成為歐盟（EU）所承認能提供跨國傳輸個人資料的第三國，故於本次為因應歐盟個人資料保護規則（GDPR）新增若干政策：（一）設立「個人資料保護委員會」；（二）訂定應予嚴格處理相關敏感性資料（包含種族、信仰、犯罪前科等）；（三）訂定賦予資料當事人得行使查詢或請求閱覽其個人資料等權利。本次修訂的另一目標，則是促進個人資料利用及活用的可能性。基於雲端運算與各種電子裝置陸續問世，如：個人電腦、智慧型手機、各種電子感應器等，每日個人資料被大量地儲存，分散傳輸至複數之儲存裝置或雲端做有效率之分析、處理，所產生之大數據價值利用為各國政府高度重視，以提升國家產業競爭力及有效率地提高行政管理效率。因此日本內閣府在2014年個人資料保護法修正草案中，提出「有關個人資料利活用制度修正大綱」，其內容提到昔日個人資料保護法著重在避免個人資料遭到洩漏、濫用及盜用的基礎上，但在現今活用大數據信息的時代裡，當初保護之要件中有部分規範已不符合當下需求，且將造成法規適用上的窒礙難行，甚至影響經濟發展及公共利益，故應透過本次修法重新檢討並修正有關利用與活用資料等制度，促進資料當事人及公眾的福祉，本次修法要求在符合下列法定要件下，同意變更利用目的：

---

[12] 張乃文，〈日本個人資料保護法修正案允許變更利用目地引發各界議論〉，資策會科技法律研究所，2015年2月，https://stli.iii.org.tw/article-detail.aspx?tp=1&i=72&d=6787&no=64，最後瀏覽日：2017年4月21日。

　　（一）於個人資料之蒐集時，即把未來可能變更利用目的之意旨通知資料當事人。

　　（二）依個人資料保護委員會所訂規則，將變更後的利用目的、個人資料項目、及資料當事人於變更利用目的後請求停止利用的管道等，預先通知本人。

　　（三）須使資料當事人容易知悉變更利用目的等內容。

　　（四）須向個人資料保護委員會申請。

　　上述之修訂目標間有各論述與各自主張，其間又具部分衝突和矛盾存在。當該修正大綱送交國會提審時，亦引發不少質疑與爭議，因一方持盾者主張充分保障個人資料，而一方持矛者又主張於特定條件下運用個人資料，與現今歐盟等注重個人資料保護國家政策背道而馳。

第三節　雲端運算侵權之探討

　　當資訊產品與網路科技技術逐漸興盛與蓬勃發展時，也為雲端運算獲取更多全新的訊息，對於資訊之處理、運算與分析後可獲得更為準確的數據，但在蒐集資訊過程中，讓個人資料的取得、利用與儲存效率大增，個資於雲端上散布、留存不同的儲存硬體並經由資訊的繼續傳送與不斷利用，此時個人資料不管是否經過當事人同意或不經意狀況下讓蒐集者取得或盜用，事實上資料當事人在雲端上對於自己資訊已無法控制其流向。當資訊科技越發達時個人的隱私權將更為透明、脆弱，個人要主張所謂的「資訊自決權」，應更加困難甚至帶來新的隱私風險，在經過國內外多起個資外洩事件後，如：美國網路雅虎於2016年9月23日證實，公司網路2014年可能遭到他國家支持的駭

客大規模攻擊，竊取全球約5億用戶帳號內的資料，[13]讓民眾也逐漸警覺連跨國網路企業都無法倖免，並開始重視個人資料之保護。

　　雲端運算將網際網路的功效完全發揮，讓有資訊需求者可在短時間、零距離、不拘地點、不限內容，就可獲取所需資訊與服務，但使用者在瀏覽網頁、購物過程中，難免會在不經意或疏忽下，將自己資料、喜好等私密訊息遺留在該網站，讓資訊蒐集者順勢蒐集訪客走過痕跡，但雲端運算在運作過程中形成的法律爭議，並不僅有上述單純個人隱私問題，而應著重在雲端服務提供者、服務租用者與服務使用者等三者間的關係、位置、契約等議題，加以分析敘述。

壹、雲端服務提供者與服務租用者法律關係

　　其二者間關係產生依「服務模式」與「部署模型」兩大類所形成[14]。以服務模式類型區分，可概分為：軟體服務商機（SaaS）、平台服務商機（PaaS）、設備服務商機（IaaS）；若以部署模型（供應商、使用者所屬關係）來區分，可以分為公有雲（Public Cloud）、私有雲（Private Cloud）和混合雲（Hybrid Cloud）及社群雲（Community Cloud）等四類。

　　目前我國法律並未明文特別限制或禁止企業將資訊揭露予雲端服務提供者，雖然在例外情形下可揭露予第三人，但至今法律所承認的例外情形尚不包括雲端服務提供者，例如企業以電子化方式儲存雲端伺服器，卻遭服務提供者職員查閱或使用，企業仍須對雲端服務提供

---

[13] 〈雅虎遇駭歷來最嚴重 5億用戶個資遭竊〉，CNN中央通訊社，2016年9月22日，http://www.cna.com.tw/news/firstnews/201609230016-1.aspx，最後瀏覽日：2017年4月21日。

[14] 雲端運算的定義與範疇，雲端開發測試平台Cloud Open Lab，https://www.cloudopenlab.org.tw/ccipo_industryDefinition.do，最後瀏覽日：2017年4月22日。

者之行為負責。

　　2016年3月15日施行「個人資料保護法」第4條（視同委託機關）：「受公務機關或非公務機關委託蒐集、處理或利用個人資料者，於本法適用範圍內，視同委託機關。」本文提及受個資法規範行為係蒐集、處理或利用；受規範對象則係公務機關或非公務機關。「個人資料保護法」第2條第7款規定「公務機關」，指的是中央或地方機關或行政法人、個人資料保護法第2條第8款規定「非公務機關」，指公務機關以外所有之自然人、法人或其他團體。通通都是本法所定的「非公務機關」。現以政府與企業等委託機關概分為公務機關或非公務機關兩類說明。

一、公務機關

　　近年來政府為朝向創新、改革、資訊數位化，以迎向世界潮流邁入雲端，並積極推動被廣泛應用在生活中的各個領域的環保、交通、警政、食品、健康、文化、教育、防救災、圖資、農業等10朵應用「端」之政府雲[15]，以具有使命和共同訴求為目的，提供特定社群的雲端服務，但礙於經費及預算關係，以訂定契約委託雲端服務提供者等供應商，以節省建構、保養、維修等龐大經費。而原本由個人持有的資訊，在個人或公務機關利用雲端服務儲存於服務提供者時，相對讓雲端供應商間接持有個人資訊，故政府機關應對此嚴格加以控管，避免發生龐大全民個資外洩之資訊安全事故。

　　個人自己持有的個資，在某些狀況下讓第三人合法持有，而喪失某種程度的資訊自決權與隱私權保障，目前第三人持有的情形實際上非常普遍，除政府機構外尚包含：醫院、銀行、保險公司、信用卡機構及網站所有人等民營企業。當政府機關以執行公權力強制要求提

---

[15]　楊惠芬，〈行政院70億元打造10朵政府雲，三年內陸續上路〉，iThome，2012年11月02日，http://www.ithome.com.tw/news/87812，最後瀏覽日：2017年4月22日。

供某人資訊時，雲端服務提供者通常無法抗拒命令，原本應保障個人資訊祕密性之義務，在此情形下將受到影響，對於未經個資當事人同意、知悉甚至有機會反對的情形下揭露予政府機關，這些由第三人及雲端服務提供者持有的資訊，其個人隱私權應得到何種程度之保護，目前對該議題仍受到相當程度上的忽視，仍有待立法者詳加立法補充或司法機關之判例。

二、非公務機關

當企業運用雲端技術將客戶或蒐集的個人資訊加以處理、儲存及利用時，可能會間接將個人資訊提供給雲端服務提供者，例如中小企業因資金不足無法建構私有雲，將業務委由公有雲進行雲端運算服務以提高利潤，但在公有狀態下與其他使用者共用時，容易把客戶個資外洩或遭駭客入侵，造成資訊安全工作的隱憂，因此雲端服務租用者必須特別注意資訊安全之預防及防毒軟體的安裝。

貳、雲端運算所處位置之法律議題

由於網際網路具有天涯若比鄰般的特性，因此在本質上並無國界之限制，故雲端運算之服務透過網際網路的運算方式提供，而雲端運算採取將資源轉換成虛擬化（Virtualization）技術分配，把所有的資料全部放置網路上處理，以提高運算效能降低成本開銷。因此，資料的儲存位置將橫跨國境，[16]但對於全數的雲端服務租用者，根本就無從得知自己所屬的資料儲存的伺服器放置何處。

當企業因營運需求承租雲端相關設施，將公司資料或所蒐集個人訊息放置雲端上時，基於雲端透過網際網路提供服務，其資料之傳輸

---

[16] 鄭宗庭、王朱福、邱暘智，〈雲端運算之節能資源分配方法〉，國立屏東教育大學資訊科學系，頁1，2013年9月17日，http://140.127.82.166/retrieve/18832/13.pdf，最後瀏覽日：2017年4月22日。

亦將跨越國境。現今許多國家對於人民隱私權已逐漸開始重視，尤其是個人資訊方面的存取與利用都嚴加立法加以規範，對應雲端運算獨特的資訊安全問題，短期將會衝擊各國法規制定及應遵循責任，長期將突顯出各國法治權之間的衝突問題，因此對於國際間個人資料保護的協調與合作具有必要性。現以服務提供者、資料跨境傳輸、雲端運算設施等三者之位置探討之。

一、服務提供者

對於雲端服務提供者，除了考量收取費用、服務績效、安全防護等因素外，對於外國相關雲端服務供應商尚需特別注意其註冊所在國，是否會因政策問題影響並抵觸個人資料之保護。最經典的案例莫過於美國的「愛國者法案」（USA PATRIOT Act），該法案提升了美國情治機關管理的範圍與權限，其目的在防制恐怖主義，只要註冊所在地為美國，不論雲端資料所存放的伺服器位置在哪一國度，一旦美國政府認為有恐怖組織情資時，只要依照愛國者法案要求時，企業或雲端供應商就要交出嫌疑人所有訊息，如：醫療、財務和其他種類的紀錄。美國國安局（NSA）並以此為法源依據，實施大規模監控的「稜鏡計劃」（PRISM），[17]這計畫讓美國政府擴大獲取網路中所有訊息，如：電子郵件、視訊交談內容、儲存檔案、加密資料及即時監控個人網頁瀏覽紀錄。

二、資料跨境傳輸

網際網路具有聯結世界的特點，使雲端運算的發展與運用與日俱增，而資訊自由的指標，是指資料能否不受限制自由的跨境傳輸。近年來，世界各國開始注重民眾隱私權之保護，尤其以歐盟對個人資

---

[17] 王立恒，〈三十年來第一次美國國會立法禁止NSA大規模濫權監聽〉，iThome，2015年6月3日，http://www.ithome.com.tw/news/96404，最後瀏覽日：2017年4月24日。

料保護相關法案的立法不遺餘力，但各國因國情、政策、民情等諸多因數各有不同，在個人資訊跨境橫越輸出與接收國時，自當受到兩國對於個人資料保護態度的影響，相關國家在考量國家安全或個人隱私目的下，對於資料跨境流通給予某程度上的設限措施，即「資料在地化政策」（data localization policy）。所謂資料在地化政策，指要求服務供應商於國境內設置伺服器，其儲存或傳輸資料均透過國內伺服器，或依法令要求需經過一定程序，方可准於跨境資料傳輸，屬於阻礙資料跨境流通之管控措施。[18]

「資料在地化政策」對關於個人隱私資料的傳輸有相當程度影響，近年來陸續有歐盟、中國、俄羅斯等國家制定專法將資料在地化並付諸實施，對於無國界的網路服務將產生影響，其中俄羅斯與中國其資料在地化政策，屬限制資訊自由流通而非專為個資之保護，現以保障個人資料之歐盟舉例說明，資料跨境流通之管理，禁止會員國將資料跨境流傳至非歐盟國且對於個人資料保護不符規範的國家。由於執行標準嚴格，目前僅有數個地區被歐盟認可屬於個人資料保護充足的地區。因美國國內對於隱私權之立法架構未能符合歐盟之規範，但兩國間有資訊跨境交流之需求，故由雙方採取一個折衷方案的措施，即「安全港」（SafeHarbor）架構原則，[19]僅有在合於安全港框架下原則之企業，才被允許從歐盟領域內存取個人資訊。

三、雲端運算設施

雲端運算設施之位置與法律具關聯性，當屬儲存資料的伺服器與大型資料中心等兩項，伺服器可能會受上述所提及「資料在地化政

---

[18] 陳文生，〈資料在地化政策與個人資料保護議題〉，NII財團法人中華民國國家資訊基本建設產業發展協進會，2016年9月12日，http://www.nii.org.tw/Recents/Detail/74，最後瀏覽日：2017年4月24日。

[19] 維基百科，〈安全港原則〉，https://zh.wikipedia.org/wiki/%E5%AE%89%E5%85%A8%E6%B8%AF%E5%8E%9F%E5%89%87，最後瀏覽日：2017年4月24日。

策」影響，而較具潛在問題當屬資料中心。我國因政策鼓勵世界大型企業在臺設置資料中心，並提供廉價及穩定的水、電與土地，近期陸續有Google、Facebook與Amazon等國際知名大廠皆對於在我國投資建立資料中心產生興趣，目前僅Google在彰濱工業區設置資料中心於2013年12月11日啓用，占地15公頃是Google在亞洲設置的最大資料中心，作爲提供亞太地區資料服務之用。[20]

　　Google在世界設立資料中心，亞洲除了臺灣外，也在新加坡打造第二個資料中心，並爲擴展歐洲服務業務興建比利時資料中心，其目的有二：一是縮短雲端租用者與提供服務資料中心距離，提高服務品質減少傳輸干擾；二可作爲其他區域資料中心因故毀損時緊急應變支援替代服務，但其傳輸資料中應有關於高度個人隱私資訊，如：Google相簿、Facebook的社群服務等，若歐洲地區資料中心有上述第二種因意外毀損應變支援之情形時，需將歐洲境內資料中心之資料，跨境傳輸儲存至臺灣資料中心時，依歐盟「個人資料保護規則」（General Data Protection Regulation, GDPR），那時我國對於個人資料保護程度，是否已達到歐盟之標準，目前尚有爭議與討論空間。[21]

參、雲端服務提供者與服務租用者契約法律關聯

　　對於廠商或企業依本身業務需求，交由雲端服務供應商進行資料管理時，大多關注在將相關資訊傳送後，其資料後續保護與安全管理等議題，而忽視有關於服務契約內容的訂定，因此在雲端運算的服務過程中，因資料處理、傳輸、儲存所引發其他相關電子資訊的問題，

---

[20] 陳怡如，〈亞洲最大！Google投6億美元臺灣資料中心正式啓用〉，數位時代，2013年12月12日，https://www.bnext.com.tw/article/30406/BN-ARTICLE-30406，最後瀏覽日：2017年4月24日。

[21] 陳柏霖，〈試析歐盟資料保護規則中境外傳輸之要求與我國個人資料保護法之合致性〉，經貿法訊，第196期，頁13，2017年4月24日。

如：資料存取的登入紀錄、資料儲存備份紀錄、系統運作的日誌等。雖然企業本身對於資料就具有所有權，但此時服務租用者對於所衍生的資訊，無法確定是否具有控制權。當發生違反法律需要進行調查時其責任歸屬問題，對於雙方彼此間應負責任，因此最好在簽約時便透過書面協議方式，明定應遵守事項，像是在服務合約中簽訂有關資料儲存地點、傳輸加密方式、嚴禁未經同意下備份資料及發生法律疑慮時相關證據之提供等，所以簽定契約前應事先釐清雙方對資料管理之責任，以避免爭議發生時影響自身權益。

　　部分行業對於個人資料具有保密義務，如醫師：「醫師法」第23條[22]（保密義務）、「醫療法」第72條[23]（祕密洩漏之禁止）；律師：「律師倫理規範」第33條第1項前段[24]；銀行：「銀行法」第48條第2項規定[25]（銀行接受第三人請求之限制及存放款資料之保密）等等。故企業在將客戶相關文件由紙本轉為電子檔以利於整理歸檔，並採用雲端服務，但在職業倫理上對於客戶、患者具有嚴格保密限制，因此對於與雲端服務提供者之間契約條文之約定，必須特別注意限制服務提供者對雲端儲存資訊私自存檔備份，並嚴禁使用或揭露相關的文件、紀錄，避免因服務提供者的洩密行為，造成雲端使用者因此違反專業保密義務並喪失信譽。

---

[22] 「醫師法」第23條：「醫師除依前條規定外，對於因業務知悉或持有他人病情或健康資訊，不得無故洩漏。」

[23] 「醫療法」第72條：「醫療機構及其人員因業務而知悉或持有病人病情或健康資訊，不得無故洩漏。」

[24] 「律師倫理規範」第33條第1項前段：「律師對於受任事件內容應嚴守祕密，非經告知委任人並得其同意，不得洩漏。」

[25] 「銀行法」第48條第2項規定：「銀行對於客戶之存款、放款或匯款等有關資料，除有下列情形之一者外應保守祕密。」

肆、雲端運算與國家政策法律事件

「愛國者法案」正式的名稱為「Uniting and Strengthening America by Providing AppropriateTools Required to Intercept and Obstruct Terrorism Act of 2001」，取英文原名的首字縮寫成為「USA PATRIOT Act」，而「PATRIOT」也是英語中「愛國者」之意，中文為「使用適當手段來攔截及阻止恐怖活動以團結並強化美國的法律」，[26]是美國歷史上第一部專門針對恐怖主義的法律。2001年美國為防範911事件中紐約雙子星南北雙塔崩塌恐怖攻擊再現，制定「愛國者法案」。該法案未經過聽證會與任何會議的討論，就直接交付表決並以壓倒性優勢通過，國會通過後交由當時總統小布希（George W Bush）於2001年10月26日簽署頒布，當時雖有人對「愛國者法案」的部分條款提出質疑，但在剛剛遭逢911恐怖攻擊下民情沸騰，「愛國者法案」僅歷經45天就簽署通過。

愛國者法原文共342頁，分為10個部分：（一）增加國內反恐安全；（二）增強監視手段；（三）2001年消除國際洗錢和反恐資金法案；（四）邊界保護；（五）為調查恐怖主義掃除障礙；（六）公共安全官員及其家屬的恐怖襲擊受害補償；（七）為保護關鍵設施而增加情報共享；（八）強化反恐的刑事法律；（九）改善情報機構；（十）其他規定。該法律副標題為：法案旨在阻嚇和懲罰發生在美國和世界各地的恐怖主義行為，並加強法律執行中的調查手段等。[27]這部法案的主要目的在於擴張執法部門更大權限來預防犯罪和打擊恐怖活動，並對相關法律進行整合與修訂，賦予美國情治單位在反恐犯罪司法調查權與部門間情報交換、財政部門控制管理金融方面的洗錢流

---

[26] 林詩遠，〈愛國者法案過期 美參院表決自由法案〉，2015年6月01日，http://www.epochtimes.com/b/515/6/1/n4447914.htm，最後瀏覽日：2017年4月25日。

[27] 楊麗媛，〈美國：「愛國者法案」2001年頒布〉，壹讀，2016年6月21日，https://read01.com/47aPjE.html，最後瀏覽日：2017年4月25日。

通活動、增加入境口岸和邊境巡邏人員、移民單位對於拘留、驅逐被懷疑與恐怖主義有關的外籍人士等權力。

愛國者法中較具爭議條文共兩條，分別為第215條：漫遊竊聽條款，及第218條：搜查紀錄條款，均有侵害人民基本權利。其中，第215條美國政府就授權調查人員，可以在沒有證據的情況下，直接監聽嫌疑人的電話通話內容、監看網路通信內容或向通訊公司索取客戶信息，對於監控目標並不限定於某個可疑電話，調查人員也不必確認要竊聽的嫌疑對象。第218條允許執法人員蒐集任何明確外國目標的通訊資料的權力，只要提出這些紀錄和外國情報調查有關就可以得到切實的各種商業活動紀錄。[28]

美國愛國法於2005年12月31日到期，2006年參議院通過延期。容許情報機關認為可疑的人物，不經審訊便可無限期拘留，並以調查為由取得相關的業務通訊資料，方便國家安全局（NSA）大量攔截通訊資料。2011年5月26日經過國會表決繼續授權，爭議法條因而再次取得四年延展期限，[29]2015年5月30日參議院沒有就延長的決議達成一致，故本法案共執行了十四年，於2015年6月1日失效。取而代之的是「美國自由法案」（USA FREEDOM Act），效力至2019年。但即使美國愛國法案第215條過期失效，國安局依然可以按照第225條（所謂免追溯條款），對於在6月1日前就已經展開的調查，繼續使用愛國者法案授予的權利繼續對名單上的嫌疑人員進行監聽。第225條屬於老祖父條款（Grandfather clause），作為一種追溯法令，允許在舊有法律下已存的事物不受新通過條例約束的特例，[30]乃愛國者法案的起草者 美國政府留下的一條退路。

---

28 蔡庭榕，〈反恐的法律挑戰─從人權保障觀察，第二屆恐怖主義與國家安全學術研討暨實務座談會論文集〉，頁198，2006年10月。

29 陳明傳、蕭銘慶、曾偉文、駱平沂，《國土安全專論》，頁31，2013年3月。

30 李宗鍔，何冠驥，呂哲盈，潘慧儀，《英漢法律大詞典（修訂版）》，頁152，2015年4月。

　　依美國愛國者法案之規範只要是美國電子通訊或雲端運算業者，其儲存的資料放置於任何國家都會受美國政府機關調查，故在此情形下荷蘭政府計畫考慮禁止使用美國雲端供應商的服務，並將其排除在政府供應契約之外。美國網路及雲端許多業者曾因愛國者法案要求提交用戶相關資料予執法機關[31]：

　　一、美國網路代管業者Dynadote，曾在2011年初收到法院命令，要求提供自2009年11月迄今Wikileaks的註冊會員資料、與Wikileaks創辦人Assange及網域名稱wikileaks.org有關的帳號及訂閱戶資料。

　　二、2011年6月於倫敦舉辦的微軟Office 365發表會上，Microsoft首度鬆口坦承，無論雲端資料存放於哪裡（亦即雲端伺服器所在位置），都會因為愛國者法案的要求而無法受到保護。一旦美國政府強制要求搜查時，Microsoft就必須提交資料，也不確定一定能通知資料當事人，而且任何一間在美國具有實體公司的雲端服務供應商都是如此。

第四節　大數據侵權之探討

　　網際網路的發明與成熟化將人們之間的交流和互動做了巨大變革，而大數據技術藉由網際網路的推動發揮到了另一個境界。對於何謂大數據，其解讀為：人們將不同來源間產生的大量數據，由於資料規模大到無法透過人工在合理時間內，整理成為人類所能解讀的形式的資訊，而運用電腦將各種相關資料經過擷取、合併後進行分析，得到額外的資料及關聯性並進而發現近似於自然現象的規律

---

[31] 林聰武，〈雲端運算國外案例探討〉，證卷櫃檯，頁32，file:///C:/Users/User/Downloads/21-33主題二2_國際證券市場雲端應用案例與探討（定稿）.pdf，最後瀏覽日：2017年4月25日。

性，從而研究現狀以便預測未來的數據，又稱為巨量資料。高德納
公司（Gartner, NYSE: IT）於2012年將巨量資料定義修改為：巨量
資料是大量、高速，及多變的資訊資產，它需要新型的處理方式去
促成更強的決策能力、洞察力與最佳化處理。[32]此種數據其來源可
概分為兩大類，過去由人們分析所創建的資料為「靜止巨量資料」
（Big Data at Rest），[33]包括了如：Log檔、[34]影片、照片、網頁等，
到現今轉變為以機器所產生的資料源「流動巨量資料」型態（Big
Data in Motion），[35]目前大多來自各種終端設備、監控機具與物聯網
（Internet of Things, IoT）感測器，產生相關數據再透過網路上傳到
儲存裝置，使得現今所產生之資訊量呈現極大量的成長，這些資訊看
似雜亂，但運用大數據演算法從數據庫（Databases）分類資料，從
資料倉庫（Data warehouse）到相關任務資料（task-relevant data），
經過資料探勘（Data mining）及評估模式（Pattern Evaluation），在
這一連串運算過程中，會在各階段計算錯誤時因得到不合理的答案，

---

[32] 羅濟威，〈先進國家巨量數據政策分析—以英美日澳為例〉，STPI科技
政策研究與資訊中心，2015年6月30日，https://portal.stpi.narl.org.tw/index/
article/10108，最後瀏覽日：2017年4月27日。

[33] 指更新頻率較低、以批次處理技術為主，資料分析時間大約是分鐘到小時的
等級。大多是處理人類製造的資料為主。王宏仁，〈大資料邁入成熟期　流
動大資料分析時代來了〉，iThome，2016年1月23日，http://www.ithome.com.
tw/news/103270，最後瀏覽日：2017年4月24日。

[34] 又稱為日誌檔（log file），其目的是用來追蹤所有交易動作中可能影　響到
資料庫某些欄位值的所有交易動作，以便日後需要復原時提的所有交易動
作，以便日後需要復原時提供訊息。新版「個資法施行細則」第12條第10
項規定「使用紀錄、軌跡資料及證據保存」經由各項程序所產生的任何形
式紀錄，皆需妥善保存以利日後舉證之用。李宗翰，〈因應個資法實施Log
管理重要性大增〉，iThome，2012年11月9日，http://www.ithome.com.tw/
node/77197，最後瀏覽日：2017年4月26日。

[35] 資料源是機器產生的資料，資料更新頻率遠高於過去的靜止巨量資料，資料
分析速度也從批次處理更進一步縮短到微批次（Micro Batch）等更短時間間
隔的處理單位，資料分析時間是毫秒到秒。

而回到前幾個步驟重新運算，最後透過分析歸納與整理後得到所要數據（Knowledge）。[36]

　　大數據技術是當代最引人側目的新興科技，其重要價值在於從各式數據中經過探勘或分析以獲得數據資訊，通過運算程式預測趨勢走向，藉以促進決策實現及創新社會價值。由於網際網路的特性使得檔案複製、分享和轉存變得極為容易，但過程中經常容易忽略個人隱私的保護，舉例而言搜尋引擎Google是現在最普及與功能強大的資料搜尋工具，即使資料當事人已經刪除了相關原始網頁、信息或已過時限連結失效，使用者只要key-in相關或相近的關鍵字，可利用搜尋引擎「頁庫存檔」（web cache）[37]功能連結曾經瀏覽過的網站資料，對於曾經有過或有失偏頗不願記起的負面個人資料或網頁，在Google搜尋引擎演算法與日俱進下，都可再度連結重新瀏覽。因此當個人資訊在大數據下被加工、儲存或繼續保有，將陸續引發科技與法律上爭議，目前法界對於大數據的討論多集中在隱私權的部分，但對於網路與大數據侵害隱私權的認定，由於法律對於責任歸屬之判斷在於過錯與因果關係的確定，而網路數據的傳遞管道與路徑具多樣化、複雜化，要依法律思維在抽絲剝繭中追蹤最初過錯節點，並探究其中因果性似乎有極高的困難度，如同「大數據」作者麥爾荀伯格（Viktor Mayer-Schönberger）認為：知道「是什麼」（What）就可以了，沒必要知道「為什麼」（Why），即「相關性」就可以解釋和推測未來，取代過往人們習慣於研究的「因果關係」，但因果關係是確定法律責任的

---

[36] 謝邦昌，〈揭開大數據面紗─考驗倫理與法律〉，臺北醫學大學大數據研究中心，2016年9月30日，http://bdrc.tmu.edu.tw/index.php/2016-02-04-02-21-50/2015-06-26-06-46-24/365-2016-10-12-01-56-23，最後瀏覽日：2017年4月26日。

[37] Google在拜訪各網站時，會將瀏覽過的網頁複製一份存在伺服器的頁庫裡，以備不時之需。Google的特色，Google官方網站，http://www.cpttm.org.mo/textmode_c.php?pg=/cpttm/Issuance/ITtips/images/t3/features.html，最後瀏覽日：2017年4月26日。

構成要件之一,所以在科技創新的時代中,一連串技術變革正在衝擊著現有的法律概念和邏輯思維,並對社會大眾的道德觀與認知感有一定程度影響。由於政府和企業都具有控制並招攬大數據分析人才之能力,故稱為數據控制者(data controller),現以數據控制者、一般民眾之間關係與法律在認知上的差距產生法律議題說明之。

壹、企業在不侵犯隱私下蒐集個人信息並運用於大數據研判趨勢

1991年美國矽谷施樂PARC研究中心的首席技術師馬克魏瑟(Mark Weiser)提出普適運算(Ubiquitous computing或Pervasive computing)的概念,[38]認為未來電腦將不再以任何固定的形式存在於某種特定的裝置上,而是可以被嵌入在各種日常用品中,例如衣服、鞋子、家具、電器、汽車、房屋等,讓人們在不受時空限制的環境下,透過整合式運用無線網路科技,能以任何方式進行資訊的獲取與處理。因此現在無線網路、寬頻上網都已經融入日常生活中,甚至周遭科技產物與家電用品都逐漸具備連網能力,馬克魏瑟提出的理論正符合今日行動裝置及物聯網(Internet of Things)皆採無線通訊能力進行各類控制、偵測、識別及服務之概念,因此在時時刻刻的使用過程中,也記錄著不少個人隱私訊息。

近幾年隨著物聯網(Internet of Things)科技興起的「穿戴式裝置」(wearable device),[39]智慧手錶、手環等可詳加記錄使用者步

---

[38] 王淑卿,〈普及計算的技術發展與相關研究〉,朝陽科技大學,頁5-8,2008年12月23日,www.inf.cyut.edu.tw/971/971223.pdf,最後瀏覽日:2017年4月26日。

[39] 應用現有的科技開發出微型輕便化的裝置,使其可以穿戴在人的身上以擷取如生理狀態等相關資訊,經由有線或無線通訊方式把資料傳遞到雲端,雲端再把結果反饋到個人行動裝置上,讓使用者得到所需資訊。陳智揚,〈穿戴式科技〉,科學發展,第512期,頁20,2015年8月。

行或跑步距離、消耗卡路里、睡眠狀態等個人生理指標監控訊息，所蒐集的訊息經藍芽串列傳輸至行動裝置，再運用其無線網路功能連結遠端的伺服器儲存。例如：一群由哈佛畢業生創辦，專為專業運動員設計的Whoop智慧手環，除用來進行訓練、分析運動員的應變能力、運動恢復時間及追蹤心率和睡眠等功能，[40]但最大問題是透過智慧手環蒐集數據是屬於開發商、教練還是運動員？穿戴式科技公司沒有偷裝攝影機、沒有派人偷拍，也未公開可供識別特定個人訊息，所以它並沒有違法，它只是從用戶自願購買並穿戴的裝置所上傳的信息，加以蒐集、分析、研判與利用在特定用途上，如：用於高齡化社會健康醫療照護。現今在大數據時代民眾為完成第三方支付，不管使用行動支付或其他方式交易，在最後物件寄送、支付價金等項目，都自願無償提供個人資訊，此時討論網路是否實名制已無必要，除讓電子商務公司賺取利潤外還蒐集用戶個人數據，作為掌握消費者喜好與市場走向，因此當用戶在享受便利、獲取禮物和認同經營之情況下，願意披露信息當下也同時放棄了個人資訊自主權。

　　這些網路平台背後的數據控制者，藉此擁有著我們每一個用戶的個人信息，它們將些個人資料數據化，使用相關運算程式將數據進行分析、處理，甚至可根據用戶的信用卡付款資料和送貨地址了解其身分信息，並將兩者準確匹配從而得出個人準確的身分資料，包括用戶相關興趣、消費、健康、家庭、工作和住址等。因此，當大數據分析藉由數據融合使得技術不斷發展，但眾人的隱私保護也將受到越來越嚴峻的挑戰。目前個人資訊在複製、散播上極其便捷，故普遍存在著隨意蒐集、過度使用、普遍濫用的情形，但實際上只有政府和大型企業，如：Google、阿里巴巴等數據控制者才有技術、資源和能力去利用這些數據，其結果就如同將現實社會中的貧富差距場景挪至網路

---

40 陳良榕，〈穿戴科技的試煉場—里約奧運另類亮點〉，天下雜誌，第604期，2016年8月16日，www.cw.com.tw/article/article.action?id=5077886，最後瀏覽日：2017年4月26日。

上。大數據技術讓個人隱私變得越來越透明,而數據控制者行蹤卻變得越來越隱密。不過雖同屬控制者,如政府以維護國家安全、促進公共利益或配合社會治理,以公權力要求提供其所需數據時,這些跨國企業機構亦無法抗拒其要求。

貳、個人數據之法律保護與非個人數據之法律認定

在傳統立法中的個人資料之認定範圍極為明確,如「個人資料保護法」就清楚訂定出個人資料的用詞定義,[41]如司法院大法官釋字第603號解釋中有關人民換發身分證須強制按捺指紋是錯誤政策,其中所提及的指紋就明確屬於個資法上的保護標的,符合法律應履行保護之義務。反觀若為非個人資料,則沒有適用個人資料保護法的必要。近幾年社群網站提供不少聯繫舞台,讓不少有共同興趣網友,彼此交流互動分享認為是生活中的美好事物,對於認同情事則大力「按讚」,其中以Facebook為代表[42];在跨國網際網路服務商中Google屬於運用大數據最透澈的企業,推出可在雲端上無限制的免費儲存照片的Google Photos相簿,當用戶上傳照片後Google會掃描所有照片,以便更了解用戶習慣、需求、行蹤、喜好等,並適時運用在相關廣告服務上。因此,Google Photos等於集結Google人工智慧、數據探勘與機器學習等技術大成,而且該服務可支援Android與iOS系統及PC裝置,當用戶上傳照片後,即可在所有裝置同步,用戶能直接分享到Facebook或Twitter上,等於讓Google一下子掌握用戶個資與過去所有

---

[41] 「個人資料保護法」第2條第1項第1款規定:「個人資料:指自然人之姓名、出生年月日、國民身分證統一編號、護照號碼、特徵、指紋、婚姻、家庭、教育、職業、病歷、醫療、基因、性生活、健康檢查、犯罪前科、聯絡方式、財務情況、社會活動及其他得以直接或間接方式識別該個人之資料。」

[42] 莊瑞萌,〈Google推Photos服務用戶隱私不保〉,臺灣醒報,2015年6月4日,https://anntw.com/articles/20150604-GHlk,最後瀏覽日:2017年4月28日。

的行蹤，讓人覺得其實「免費才是最貴的」。

　　Google和Facebook均蒐集用戶參與資訊並轉換成為有用的商業數據，再整合成大數據進一步分析及解讀用戶資料，以優化其業務經營策略。但大數據時代裡透過各式電子裝置感測器（Sensor）蒐集之數據，使得個人資料的保護尺度與定義變得模糊和令人疑惑，例如現今政府為達到智慧能源政策，透過安裝智慧電表（Smart meter）隨時監測、分析用戶電力使用的狀況，作為調整住戶耗電量及改善住家與企業能源配送效能，達到節約能源目的，卻無形中帶來極高的隱私風險與網路攻擊，可能發生全面性停電危機。智慧電表不僅可省去人工抄表、預測能源用量及使用電力時間外，亦順勢蒐集各種私密資訊，因每種電器在運作和通電情形下其耗電特徵是不同的，智慧電表能持續記錄並予以分類、蒐集和儲存。若對用電數據分析，可以知道住戶家中生活起居動向及用電行為時刻，進而可以利用長期積累的數據推測人們的生活習慣，如作息時間，若數據外洩將成為竊賊判斷闖空門的犯罪依據，[43]因此應對於智慧電表以網路傳遞用電的信息需施以加密技術。

　　智慧電表為政府大力推動節能方針之一，蒐集這些用電數據再分析個人用電習慣，嚴格而論其目的並非用來窺視個人隱私。對於上述企業透過社群網站、Google Photos相簿及具有智慧電表功能等科技裝置蒐集個人資料，再採用先進運算法對特定人恢復成可識別性加以運用，這均符合「個資法」第2條第1項第1款「間接識別」的個人資料範圍。

---

[43] 林常平、陳貽評，〈從消費端看智慧電表問題〉，經濟部能源局能源報導，2011年9月，頁8-9。

參、個人去識別性及匿名化與企業再識別性的價值差異

　　大數據年代裡數據已經成為經濟發展和社會創造的來源，因此資料持續蒐集與數據共享是大數據維持運作的根本要件，但在蒐集過程中難免會與個人隱私保護產生歧見。由於大數據並不僅於商業上使用，尚可運用於交通運輸、經濟發展、公共衛生及醫療保健等國家政策，故對於個人資料使用需相互權衡利弊得失，因此當公共的利益遠大於個人隱私時即可使用資料，但仍需確保資料處理的安全性與合法性。在大數據挖掘技術與數據分析急速發展下，不斷擴張「可識別性」資料的範圍，即某些資料雖然本身不足以識別特定人，但如果透過與其他資訊交叉比對後，仍然可以達到識別特定人的效果時，此類資料依「個人資料保護法」第2條第1項第2款規定屬於個人資料的一種，故為保護個人資料不再具有可識別性，可依「個人資料保護法」第6條第1項第4款後段規定：「資料經過提供者處理後或經蒐集者依其揭露方式無從識別特定之當事人。」採取去識別性（de-identification）的做法，例如：匿名化、加解密、資料重組等，透過去識別後在兼具個人隱私與商業經濟下，可以讓許多企業發展各自不同的商業模式，例如醫療資訊、市場消費取向等。[44]

　　企業為了能充實資料與數據的完整性，將與去識別性後有明顯差異的數據再識別性（re-identification），應用新技術提升運算法，將大量的數據與不同來源的數據有效結合，增進數據之間的交叉檢驗和對比分析，從中尋找對比相似的數據，讓已匿名化資料也可能再被識別還原，甚至可以辨識出特定人，但卻對於匿名化後所欲保護的隱私權造成巨大傷害[45]。大數據可從現有資料再結合其他數據分析，開創

---

[44] 葉志良，〈大數據時代下的個人隱私保護〉，元智大學大數據匯流電子報，2014年10月，http://innobic.blogspot.tw/2014/09/blog-post_97.html，最後瀏覽日：2017年4月28日。

[45] 劉承愚、蕭家捷，〈大數據行銷與個人資料〉，經貿透視雙週刊，第442期，

新的運用數據，如：Google自駕車運用不斷行駛與測試後累積巨量數據，透過Google雲端強大的資料中心運算數據，來不斷加深學習的訓練，讓公路實測的自駕車更符合安全標準、利用社群媒體及相關數據比對分析，核定出個人信用評級、運用設置高速公路eTag偵測器監測尖峰、離峰、連續假期時車流量數據，交由大數據分析後，讓交通部做好車流量控制。

肆、大數據可能因偏見運算錯誤導致對特定者產生歧視

　　由於大數據分析較少著重在因果關係，而強調相關性，以探究人與事物間的互動模式。因此大數據在蒐集、彙整、分析及使用的各階段都可能因為技術性和操作性產生的錯誤與偏見，或因大數據分析報告使用不當，導致損害弱勢階層的利益、對個別人士錯貼負面標籤並進行不當歸類，導致社會資源被錯誤分配、引發對立與歧視問題。為避免管理人有意實行或無心疏失造就一連串錯誤的數據分析，影響後續政策實行，應以法律明文訂定嚴禁將種族、膚色、性別、宗教、年齡、殘疾狀態、出生國籍、婚姻狀況、基因信息等歧視分類標準寫入演算法和程序中，以利用大數據分析來進行歧視性的分類和評級。[46]

伍、大數據與國家政策法律事件

　　「被遺忘權」（right to be forgotten）：歐盟個人資料保護指令（Directive 95/46/EC），內容原已包含「刪除權」（right to erasure），但由於條文太簡略，未足以在數位時代中保護個人資

2016年12月27日，http://www.is-law.com/post/17/1304，最後瀏覽日：2017年4月28日。

[46] 蔡雄山、李思羽，〈美國人眼中的大數據法律問題〉，壹讀，2016年1月22日，https://read01.com/KkN8x7.html，最後瀏覽日：2017年4月28日。

料。2016年制定歐盟個人資料保護規則（General Data Protection Regulation, GDPR）為加強「資料當事人」對個人資料的自主控制，將「被遺忘權」（right to be forgotten）納入其中，賦予資料當事人有權要求「資料控制者」在不違背公共利益下移除與自己有關的負面、過時資料或紀錄的搜尋結果，俟2018年5月25日全面實施後大部分歐盟成員國的人民將可行使「被遺忘權」。但在歐盟「個人資料保護規則」正式實施前，歐盟法院於2014年初為因應西班牙一項訴訟引入「不再顯示個人資料權」（the right to delisting），資料當事人有權讓他人無法再透過關鍵字找到關於個人的資料，而要求搜尋引擎營運商對此加以移除或封鎖，即使這些資料是合法發布，當搜尋引擎營運商收到請求後，要權衡不同的利益並具體審視個案的情況，再決定是否按當事人的請求移除或封鎖相關搜尋結果[47]。

　　訴訟起因於2010年西班牙一位律師岡薩雷斯（Mario Costeja Gonzalez），因使用Google搜尋自己姓名時發現一篇1998年關於曾因拖欠債務而被政府下令拍賣資產等兩項有關公告，十六年後在搜尋引擎上輸入他的姓名仍能找到這些資料。但他早已還清債務，便向報社與Google聯繫要求移除這些個人資料的報導和相關搜索，但雙雙遭到報社與Google拒絕，便以歐盟「個人資料保護指令」為依據，向當地保護個人資料的主管機構AEPD投訴，控告要求報社與Google移除或更改相關網頁，AEPD認為該報社受政府部門委託合法刊登公告，因此不需移除相關網頁，但對於Google等搜尋引擎部分，歐盟法院於2014年5月13日裁決因受到保護指令規範，因Google為搜尋引擎其所負責任較報章媒體為重，如非涉及公共利益的資訊，資訊當事人應享有隱私權和保護個人資料的權利，有權行使「被遺忘權」，要求移除或封鎖不完整的、無關緊要的、不相關的負面搜索內容，以確保資料

---

[47] 甄美玲，〈在一片爭議聲中「被遺忘權」在歐盟確立和實施〉，傳媒透視，2016年6月，http://app3.rthk.hk/mediadigest/media/pdf/pdf_1466038812.pdf，最後瀏覽日：2017年4月30日。

不再出現。[48]

「被遺忘權」會被多人主張的因素，主要應歸咎於搜尋引擎運算能力太過強大，即使已過十餘載還是可以塵封再現，尤其以Google為代表。但是當一則新聞被媒體披露發布後，如遇有網民轉載至其他討論區、部落格、社群媒體等，縱然搜尋引擎營運商遵照被遺忘權指示封鎖或移除相關網頁，但在用對搜尋方式下還是可以找到隱藏新聞。因在網路數位世界中會在當事人未注意時，已悄悄留下許多難以抹滅的紀錄。被遺忘權如同其他權益般，是否會影響他人權利或公共利益，亦引發許多爭議或發生衝突，造成修正歷史內容或侵害新聞言論自由，例如：被特定人假借隱私之名將不利自己的網路內容刪除，讓罪犯可利用合法方式隱藏不良紀錄，加上法條立意甚好，但由於法律尚有諸多爭論，仍有待立法者與執行者協議，故現今只有歐盟在確實執行。

近代因公民權的提升使得知情權（Right to know）大幅發展，隱私權屬於與其反向權益，因隱私權著重對於自身資訊於何時、何地向何人告知的權利，而知情權指公眾對於國家相關、政府運作與公眾利益部分，應享有知道的自由與權益及檢視其內容，故隱私權與知情權屬於不同概念具有隱藏性衝突存在。隱私權是個人自身權益本就和公益無關聯，只有當判定個人資料屬於大眾因應知情時，兩造雙方才有爭執產生。然而，公共利益定義之認定，至今國家與社會亦尚無一個明確及讓大多數人認同與信服的界定，故應戒慎小心盡量避免假公益之名行私利之實發生，反而傷害到民眾隱私及其他權益。

48 唐鴻，〈肉搜VS資訊控制網路 被遺忘權爭議多〉，北美智權報，2014年6月17日，http://www.naipo.com/Portals/1/web_tw/Knowledge_Center/Editorial/publish-178.htm，最後瀏覽日2017年4月30日。

第五節　結論

　　傳統隱私權注重「獨處權」（The right to be let alone），即「不受他人干擾的權利」，[49]保障私人信息不被他人所知悉、蒐集、利用、干擾及公開的權利；司法院大法官釋字第603號解釋，強調個人資料之自主控制，實亦含有德國法上所發展出之「資訊自決權」[50]。但隨著資通訊科技的蓬勃發展，網際網路的各項應用服務已成為不可或缺之一環，並逐漸改變人們的生活模式及工作形態，因此本文所提及之雲端運算與大數據相關技術的流通與應用層面更是深入群眾日常生活、企業營運策略和政府運作方針。

　　因此在數位化的年代裡，每個人要能確實自我控制個資之流向，應屬難以實現之事。故保護個人資料的最大責任者，始終是當事人自己。但在網路的虛擬世界中，充滿許多料想不到陷阱，例如，部分企業網站以同意服務條款內容後才能行使權益，但同時也讓企業依契約權限可合理使用其個人資料，此時就須仰賴政府及立法者能順應時代趨勢制定完善法律，以保障人民權益並落實法務執行。在此有幾點建議：

　　一、現在許多國家均針對個人資料保護專設獨立執法之主管機

---

[49] Warren and Brandeis, The Right to Privacy, 4Havard Law Review 193 (1890), http://groups.csail.mit.edu/mac/classes/6.805/articles/privacy/Privacy_brand_warr2.html.

[50] 所謂「資訊自決權」之內涵，係指每個人基本上有權自行決定，是否將個人資料交付與供利用。此一個人資訊由個人自主決定的基本權利化，正式成形於德國聯邦憲法法院在1983年所做成的人口普查判決（BVerfGE 65,1.），德國「基本法」第1條第1項之「人性尊嚴」與第2條第1項之「一般人格權」來共同架設其憲法依據，除強調個人資訊保護之必要性與迫切性之外，亦指出所謂資訊的迫切性之外，亦指出所謂資訊的「自主決定」得為了重大公眾利益而受限制「自主決定」得為了重大公眾利益而受限制。李震山，《人性尊嚴與人權保障》，頁277，2001年11月。

關，例如與我國社會、經濟及文化相近的日本「個人資料保護委員會」、香港「個人資料私隱公署」，且歐盟個人資料保護規則第45.2條b款亦規定，認定第三國是否達到對個人資料充分保護，以設置獨立執法之主管機關依法執行公權力，目前我國並未於個資法上明訂專責機構，依法務部函釋為交由各中央、地方機關依權責辦理，而法務部則為個資法解釋機關，因此在多頭馬車下，讓人質疑能否確實落實執行個人資料之保護。

二、匿名加工資料是為保護個資與權益能被適時利用而研發，但大數據運用各式運算法將過去無法處理或無意義零散的個人資料，經由彼此間相互交叉比對、分析後，將已去識別匿名資料重組、還原具識別性。因此，為避免個資業者再次處理恢復其「特定」個人識別性，於原特定目的外的二次利用或提供於第三人，應於修法時要求進行再重組還原時須得到個資所有者同意。

三、現今是數據利用時代，若制定完全偏向個人之個資法，國家、企業之發展將停滯不前；如偏向國家、企業，則個人將會毫無隱私可言。且各行業在蒐集、處理或利用個資在性質上均有所不同，故無法制定一套客觀、完全適用各行業的去識別性匿名化規定。因此，需先設立獨立專責之執法機構，參酌日本近年來在行政規則制定時所導入之多方利益關係人治理模式（Multi Stakeholder Governance, MSG），[51]以避免獨立專責之執法機構在執法時態度過於偏向企業或個人，而損及另一方權益。由專責之執法機構邀請處理個資業者、個

---

[51] 多方利益關係人治理模式（Multi Stakeholder Governance, MSG）是讓有對等代表性之多方利益關係人間，指個人、團體或有直接或間接利害關係的組織，如：企業、公民社團、政府、研究機構和非政府組織，為取得共識解決問題達成目標，能夠共同參與對話、決策的一種機制及治理框架，在於確保決策可以真正應對多方利益的需求，以更即時、彈性、合意的決策過程形成決策內容，保障關係人的權益。和一般立法化的過程不同，讓直接受到決策影響的人，有機會參與決策過程，可反應各種不同意見，藉由平等對話，以增進互相理解而提高彼此信賴關係，並應對利益關係人間的各種顧慮。

資當事人及類似消費保護團體採用多方利益關係人治理模式，相互溝通、交換意見，俟達成協議後制定出適宜的匿名加工規則。

參考文獻

中文部分

1. 李宗鍔、何冠驥、呂哲盈、潘慧儀（2015），《英漢法律大詞典（修訂版）》。

2. 李震山（2001），《人性尊嚴與人權保障》。

3. 林常平、陳貽評（2011），〈從消費端看智慧電表問題〉，經濟部能源局能源報導。

4. 范姜真媺、范姜肱、鄭鎮樑（2011），〈美日兩國金融機構使用顧客資料相關法令之比較─以銀行保險為例〉，核保學報，第19期。

5. 陳明傳、蕭銘慶、曾偉文、駱平沂（2013），《國土安全專論》。

6. 陳柏霖（2017），〈試析歐盟資料保護規則中境外傳輸之要求與我國個人資料保護法之合致性〉，經貿法訊，第196期。

7. 陳智揚（2015），〈穿戴式科技〉，科學發展，第512期。

8. 蔡庭榕（2006），〈反恐的法律挑戰─從人權保障觀察〉，第二屆恐怖主義與國家安全學術研討暨實務座談會論文集。

9. 戴豪君、洪聖濠、周慧蓮、黃菁甯、廖書賢（2004），〈服務業科技應用之個人隱私權保護相關法制之研究〉，資訊工業策進會科技法律中心。

10. CNN中央通訊社，〈雅虎遇駭歷來最嚴重5億用戶個資遭竊〉，2016年9月22日，http://www.cna.com.tw/news/firstnews/201609230016-1.aspx，最後瀏覽日：2017年4月21日。

11. 王立恒，〈三十年來第一次美國國會立法禁止NSA大規模濫權

監聽〉，iThome，2015年6月3日，http://www.ithome.com.tw/news/96404，最後瀏覽日：2017年4月24日。

12. 王宏仁，〈大資料邁入成熟期流動大資料分析時代來了〉，iThome，2016年1月23日，http://www.ithome.com.tw/news/103270，最後瀏覽日：2017年4月24日。

13. 王淑卿，〈普及計算的技術發展與相關研究〉，朝陽科技大學，頁5-8，2008年12月23日，www.inf.cyut.edu.tw/971/971223.pdf，最後瀏覽日：2017年4月26日。

14. 李沛宸，〈歐盟提出現行個資保護指令規範之修正草案〉，科技法律電子報，資策會科技法律研究所，2014年9月，https://stli.iii.org.tw/epaper_hx.aspx?auid=699，最後瀏覽日：2017年4月19日。

15. 李宗翰，〈因應個資法實施Log管理重要性大增〉，iThome，2012年11月9日，http://www.ithome.com.tw/node/77197，最後瀏覽日：2017年4月26日。

16. 林詩遠，〈愛國者法案過期美參院表決自由法案〉，2015年6月1日，http://www.epochtimes.com/b/515/6/1/n4447914.htm，最後瀏覽日：2017年4月25日。

17. 林聰武，〈雲端運算國外案例探討〉，證卷櫃檯，file:///C:/Documents%20and%20Settings/W012/My%20Documents/Downloads/21-3主題二2_國際證券市場雲端應用案例與探討(定稿).pdf，最後瀏覽日：2017年4月25日。

18. 范姜眞媺、劉定基、李寧修，〈法務部「歐盟及日本個人資料保護立法最新發展之分析報告」委託研究案成果報告〉，東海大學，2016年12月30日，pipa.moj.gov.tw/dl.asp?fileName=71191649270.pdf，最後瀏覽日：2017年4月21日。

19. 唐鴻，〈肉搜VS資訊控制網路被遺忘權爭議多〉，北美智權報，2014年6月17日，http://www.naipo.com/Portals/1/web_tw/Knowledge_Center/Editorial/publish-178.htm，最後瀏覽日：2017年4月30日。

20. 張乃文，〈日本個人資料保護法修正案允許變更利用目地引發各界議論〉，資策會科技法律研究所，2015年2月，https://stli.iii.org.tw/article-detail.aspx?tp=1&i=72&d=6787&no=64，最後瀏覽日：2017年4月21日。

21. 莊瑞萌，〈Google推Photos服務用戶隱私不保〉，臺灣醒報，2015年6月4日，https://anntw.com/articles/20150604-GHlk，最後瀏覽日：2017年4月28日。

22. 陳文生，〈資料在地化政策與個人資料保護議題〉，NII財團法人中華民國國家資訊基本建設產業發展協進會，2016年9月12日，http://www.nii.org.tw/Recents/Detail/74，最後瀏覽日：2017年4月24日。

23. 陳良榕，〈穿戴科技的試煉場－里約奧運另類亮點〉，天下雜誌，第604期，2016年8月16日，www.cw.com.tw/article/article.action?id=5077886，最後瀏覽日：2017年4月26日。

24. 陳孟澤，〈臺灣各大學就業履歷分析模型〉，僑光科技大學資訊科技研究所碩士論文，2015年4月，http://ir.lib.ocu.edu.tw/wSite/PDFReader?xmlId=12947&fileName=1439955656194&format=pdf&ctNode=464，最後瀏覽日：2017年4月19日。

25. 陳怡如，〈亞洲最大！Google投6億美元台灣資料中心正式啓用〉，數位時代，2013年12月12日，https://www.bnext.com.tw/article/30406/BN-ARTICLE-30406，最後瀏覽日：2017年4月24日。

26. 雲端開發測試平台Cloud Open Lab，〈雲端運算的定義與範疇〉，https://www.cloudopenlab.org.tw/ccipo_industryDefinition.do，最後瀏覽日：2017年4月22日。

27. 楊惠芬，〈行政院70億元打造10朵政府雲，三年內陸續上路〉，iThome，2012年11月02日，http://www.ithome.com.tw/news/87812，最後瀏覽日：2017年4月22日。

28. 楊麗媛，〈美國：「愛國者法案」2001年頒布〉，壹讀，2016年6

月21日，https://read01.com/47aPjE.html，最後瀏覽日：2017年4月
25日

29. 葉志良，〈大數據時代下的個人隱私保護〉，元智大學大數據匯
流電子報，2014年10月，http://innobic.blogspot.tw/2014/09/blog-
post_97.html，最後瀏覽日：2017年4月28日。

30. 甄美玲，〈在一片爭議聲中「被遺忘權」在歐盟確立和實施〉，
傳媒透視，2016年6月，http://app3.rthk.hk/mediadigest/media/pdf/
pdf_1466038812.pdf，最後瀏覽日：2017年4月30日。

31. 維基百科，「安全港原則」，https://zh.wikipedia.org/wiki/%E5%A
E%89%E5%85%A8%E6%B8%AF%E5%8E%9F%E5%89%87，最
後瀏覽日：2017年4月24日。

32. 趙伯雄，〈資訊隱私權與個人資料建檔－以DNA資料建檔爲探討
中心〉，司法新聲，ja.lawbank.com.tw/pdf2/003趙伯雄.pdf，最後
瀏覽日：2017年4月19日。

33. 劉承愚、蕭家捷，〈大數據行銷與個人資料〉，經貿透視
雙週刊，第442期，2016年12月27日，http://www.is-law.com/
post/17/1304，最後瀏覽日：2017年4月28日。

34. 蔡雄山、李思羽，〈美國人眼中的大數據法律問題〉，壹讀，
2016年1月22日，https://read01.com/KkN8x7.html，最後瀏覽日：
2017年4月28日。

35. 鄭宗庭、王朱福、邱暘智，〈雲端運算之節能資源分配方法〉，
國立屏東教育大學資訊科學系，2013年9月17日，http://140.127.82.
166/retrieve/18832/13.pdf，最後瀏覽日：2017年4月22日。

36. 謝邦昌，〈揭開大數據面紗－考驗倫理與法律〉，臺北醫學大學
大數據研究中心，2016年9月30日，http://bdrc.tmu.edu.tw/index.
php/2016-02-04-02-21-50/2015-06-26-06-46-24/365-2016-10-12-01-
56-23，最後瀏覽日：2017年4月26日。

37. 羅濟威，〈先進國家巨量數據政策分析－以英美日澳爲例〉，
STPI科技政策研究與資訊中心，2015年6月30日，https://portal.stpi.

narl.org.tw/index/article/10108，最後瀏覽日：2017年4月27日。

英文部分

1. Directive 95/46/EC of the European Parliament and of the Council of 24 October 1995 on the protection of individuals with regard to the processing of personal data and on the free movement of such data, Directive 95/46/EC.

2. Id. art. 25, "Principles 1. The Member States shall provide that the transfer to a third country of personal data which are undergoing processing or are intended for processing after transfer may take place only if, without prejudice to compliance with the national provisions adopted pursuant to the other provisions of this Directive, the third country in question ensures an adequate level of protection."

3. Warren and Brandeis, The Right to Privacy, 4 Havard Law Review 193 (1890), http://groups.csail.mit.edu/mac/classes/6.805/articles/privacy/Privacy_brand_warr2.html.

國家圖書館出版品預行編目資料

智財權新研發——財經科技新興議題／曾
勝珍著. -- 初版. -- 臺北市：五南,
2019.05
　面；　公分.
ISBN 978-957-763-406-1 (平裝)

1.智慧財產權　2.法規　3.論述分析

553.433　　　　　　　108006383

1UC7

智財權新研發——
財經科技新興議題

作　　者 ― 曾勝珍（279.3）

發 行 人 ― 楊榮川

總 經 理 ― 楊士清

副總編輯 ― 劉靜芬

責任編輯 ― 林佳瑩、許珍珍

封面設計 ― 姚孝慈

出 版 者 ― 五南圖書出版股份有限公司

地　　址：106台北市大安區和平東路二段339號4樓

電　　話：(02)2705-5066　　傳　真：(02)2706-6100

網　　址：http://www.wunan.com.tw

電子郵件：wunan@wunan.com.tw

劃撥帳號：01068953

戶　　名：五南圖書出版股份有限公司

法律顧問　林勝安律師事務所　林勝安律師

出版日期　2019年5月初版一刷

定　　價　新臺幣420元